触発する歴史学

鹿野思想史と向きあう

赤澤史朗・北河賢三・黒川みどり・戸邉秀明［編著］

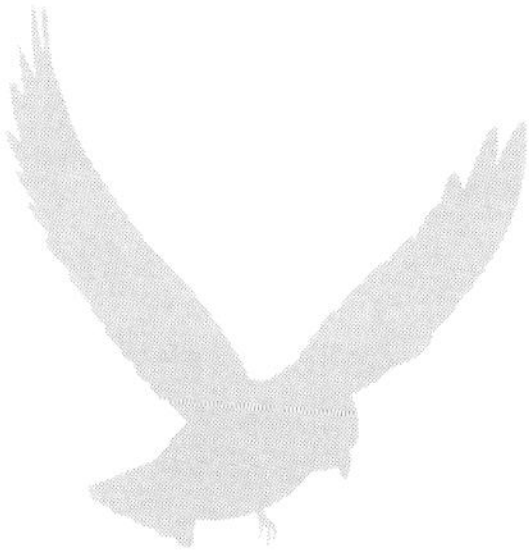

日本経済評論社

目次

第二部　鹿野思想史の焦点／その問題群

【凡例】

一、『鹿野政直思想史論集』全七巻（岩波書店、二〇〇七～〇八年）については、各章における初出のほかは『思想史論集』と略記し、同論集各巻からの引用にあたっては、本文・注とも、巻数を丸付数字で示した。たとえば、（①一〇〇頁）は（第一巻、一〇〇頁より引用）を表す。

二、『思想史論集』所収の文献については、おおむね同論集から引用箇所を示したが、必要に応じて初出等、論集収録以前の著書・論文から引用した場合もある。

三、その他の文献に関する表記は、各章論文ごとに統一をはかった。

四、『鹿野政直思想史論集』全七巻の巻構成は以下の通りである。

第一巻　大正デモクラシー・民間学
第二巻　女性　負荷されることの違和
第三巻　沖縄Ⅰ　占領下を生きる
第四巻　沖縄Ⅱ　滅却に抗して
第五巻　鋳なおされる心身
第六巻　個性のふるまい
第七巻　歴史意識と歴史学

序説　鹿野思想史と向きあう――「近代」への問い

黒川みどり

はじめに

鹿野政直（一九三一－）の名を歴史学界に一躍知らしめることとなった『資本主義形成期の秩序意識』（筑摩書房、一九六九年、以下『秩序意識』と略）が世に問われてから、はや半世紀近くになろうとしている。そして、主としてその後の作品を集めた『鹿野政直思想史論集』（全七巻、岩波書店、以下『思想史論集』と略）が、二〇〇七年から翌八年にかけて刊行された。そのパンフレットには、「近代を問いつづけて」と題する次のような著者の問いが掲載されている。「わたくしにとって「近代」とは何だろう。その問いに発して、精神と秩序の軋みあいを追ってきた。「希望」としての近代を胸中に出発したが、高度経済成長期を経るなかで、「制度」としての近代という視野が開けていった。日本の近代は、わたくしたちをどのように嵌めこんでしまったのだろう」。そして、論集各巻の帯の大半には文字どおり「近代」を問うことばが並ぶ（以下、帯の背・表の順）。第一巻…もうひとつの近代への希求／「めざされた近代」と「嵌めこまれた近代」、第二巻…「女性たちの近代」からの問いかけ／女性史がきりひらく「近代」の相貌、第五巻…心身を嵌めこむ「近代」の鋳型、第六巻…個性たちの希望の輝き／個性たちが希望した「近代」、というように。

鹿野の主題は、まぎれもなく今日にいたるまで一貫して「近代」への問いにあり、それゆえに、その近代と不可分の関係にあるナショナリズムとの対決を不可避としてきた。鹿野は、「戦後民主主義のなかで育って大人になってきた世代の一人として、没ナショナリズムがある」ことを自覚し、「その立場をある程度つらぬきたい」がゆえに、たとえ「健康なナショナリズム」といわれるものであっても、「私はそれにたいする強い警戒心というふうなものが自分の心のなかに本能的に起こってくるのです。つまり国家ということにたいしての嫌悪感というものがどうしてもさきだつ」と述べている。[1] だからこそ鹿野は、ナショナリズムとの対決姿勢を緩めることなく、天皇制やアジア認識を問いつづけ、差別を抉り、沖縄の問題を問うてきたのである。

鹿野は、「学生として歴史学の分野にまぎれこんだ一九五〇年前後は、いまから思えば戦後歴史学の高揚期に当る」と述べて当該時期を振り返りながら、その「戦後歴史学」を、「「マルクス歴史学と近代主義歴史学の問題関心と方法を基軸とし」、アカデミズム実証主義とも「研究の交流と共同を深め合うことができるようになった」」という永原慶二の定義に拠って位置づける。そして自らをその「第二世代に当る一人」と称し、そのなかにあって自分は「戦後歴史学〝体制〟」が「帯びてきていた〝権威〟性に、うまくわが身を合わせられないとの想い」を抱きつつ研究の歩を進めていったことを告白する。それは、戦後歴史学の「真理性と正義性を疑わない自己完結性」への「違和」であり、そこに「スローガンふうに叫ばれる〝正しい〟歴史観」に、戦時の苦い体験が重ねられる（「まえがき」⑦ⅲ～ⅴ頁）。

鹿野は、そうした自らが抱く「違和」をバネに、〝民草〟の主体的契機を「秩序への違和感」のなかに見いだし、[2] 戦後歴史学の内在的批判者の位置にあって独自の思想史を構築してきた。[3] 鹿野が名実ともに師と仰ぐ西岡虎之助の死からまもなくしたためた「西岡虎之助　民衆史家の風貌」（一九七〇年四月、⑦）には、西岡への敬愛の念が横溢しており、「民衆の共鳴をえるに足る歴史」（⑦三九四頁）である西岡の学問・思想を真摯に受けとめることによって鹿野思想史が形成されてきたものであることがひしひしと伝わってくる。鹿野は、「三人の師」と称して西岡とともに洞富雄・家永三郎を挙げており（「まえがき」②ⅳ頁）、なかでも家永に対しては「求道性と主体性の強さ」を評価し（⑦三七七頁）、敬愛の念は深い。

鹿野思想史は、西岡にこの上ない敬愛の念を抱きつつ、一方で本書第三章（「鹿野思想史と丸山政治思想史」）で述べるように、丸山眞男を意識しながら、丸山いうところの『新しき規範意識』に代わる〝民草〟の「生活知」に「変革への巨大なエネルギー」を見いだすことによって築きあげられていったものといえよう。

前述の『秩序意識』は、「文明」＝「資本主義」との対決を明確に打ち出し、「大国」になりあがった日本の「あたらしいかげ」と立ち向かうべく、「秩序にたいする違和感」に注目しながら明治思想史を論じた大作として、学界の注目を集めた。さらに、同時に起こってきた「明治百年」問題や「学生反乱」を文明への問いかけと受けとめた鹿野は、その「違和」を押し進めて「戦後歴史学からの離脱」へと向かい、「主体としての「民衆」像」を定立していく。[4][5]

本稿は、まずこうした鹿野思想史の成立過程を概観し、本書第二部で主にとり上げる一九六〇年代末以後についてもその見通しを述べることで、鹿野が一貫して問いを発しつづけてきた「近代」、そして鹿野にとっての「民衆」に迫るための一つのステップとなり、以下に収められた論文の理解を深めるための一助となればと考えている。

一　『日本近代思想の形成』からの出発——思想史の方法の開陳

一九五三年に大学を卒業した鹿野が、その三年後に世に問うた最初の単著である『日本近代思想の形成』（新評論社）は、冒頭、既存の近代日本思想史研究が、「対象とする思想やその持主である人間」の「進歩的意義」と「限界」を論じて「差引いくらの進歩性（乃至反動性）と結論する収支決算報告が多い」ことを批判し、さらにそれを超えて、「歴史における人間という問題」をどう描くかという問いを全面に押し出す。「はしがき」「序説」をつうじて「人間」という語が飛び交い、思想史は「人間を最も主体的にうちださねばならぬ分野」であることが宣言される（「はしがき」）。ちなみに、亀井勝一郎が昭和史論争の発端となる批判の声を上げ、「人間不在」を問うたのは『文藝春秋』一九五六年三月号でのことであり、言わんとするところは亀井とは異なっているが、それをいくらか意識してのことで[6][7]

あろうか。

そうして、「人間」を主体的にうちだすための思想史のあり方が開陳され、「思想の歴史とは、いわば、秩序に対する考え方の歴史である」（三頁。以下、本節中の引用頁は、辺境社発行・勁草書房発売の一九七六年版による）に始まるそれらからは、早くも、『秩序意識』で全面展開されることの原型がみてとれる。思想史は、倫理思想史であり政治思想史であって、「人間の精神に対する理解を通じて、社会そのものの認識を目標とする」（四頁）といい、それはおのずと「思惟の結果のみ」を予想してきた既存の思想史への批判となり、「思想をその全容において理解しようとするときには、それのみでなく、思惟方法・思惟過程もまた、当然考察の範囲内に含まれなければならないであろう」（四頁）と述べ、既存の思想史に対して、「思想」の幅、ひいてはその担い手も広げられる[8]。

また、制度至上主義への警鐘も鳴らす。「封建制度のみでなく、封建遺制をも含めている」（六頁）とあえていうのも、意識の変革の困難さを念頭においてのことであろう。そうであるがゆえに、そして「近代の超克」に走った過去を意識するがゆえに、鹿野は、「近代」は世界史的にみるならば「克服さるべき対象」となり「いわばその歴史的生命を生き終った」といい、そして日本においてもその事情は基本的には異ならないとしつつも、「擁護し確保さるべき対象として現われていることも事実である」と述べて「近代」へのこだわりを押し出し、「近代にどういう風に対処すればよいのか」という問いに挑む（九〜一〇頁）。

同書が対象とするのは、尊王攘夷思想（吉田松陰）—倒幕思想（高杉晋作）—絶対主義思想（大久保利通）—資本主義思想（福沢諭吉）—社会主義思想（幸徳秋水）であり、「ここではとり扱っていない」ことを断りながら民衆思想史の構想が提示される。鹿野が、「エリートと言われるような人びとも、論理次元で自分が主張する思想ほど日本の土壌から自由であり得るのか、ということが、どちらかというと強いモチーフとしてあった」と述べ、思想家を扱った同書の「受けとめられ方というのは、（自らの意図とは）また別のことじゃないかと思った」と回想しているのは[9]、頂点思想家と民衆の思想を別個のものと割り切ることへの躊躇いが、すでにあったことを示している。それゆえに、ここであえて直接民衆を分析対象としないにもかかわらず、民衆思想史に踏み込んで言及がなされたのであろう。「歴史の矛盾を生きる人間をとくに問題としたために、思想の意味を、体系的な・整然たる思惟構造とその成果に限定することなく、行動の論理という点にまで拡大して解釈」することによってこそ、「思想の本来の意義が一層明らかとなり」「無名の民衆の生き方も思想史において論じられるようになるのではないか」（九頁）と述べるくだりは、民衆思想史の構想をすでに示している。

同書の本論では、封建思想のなかから生じた尊王攘夷が絶対主義の思想に途を開く過程を吉田松陰にみることから筆を起こし、資本主義の最大の敵である無政府主義の出現と圧殺までがみごとに描きされており、なかでも、「文明」＝「資本主義」の推進者としての福沢諭吉との鹿野の対決姿勢が突出しているように見受けられる。福沢の唱える、封建的隷属状態から解放された「個人の独立」も「国家の独立」のための条件でしかなく（一五三頁）、福沢は、資本主義化を推進する明治政府の絶対的な支持者と結論づけられる（一五八頁）。こうした福沢との顕わな対決姿勢が示されるのは、背後に丸山眞男との格闘があったためではないかと私は考えているが、いずれにせよそのような評価は、福沢に「ブルジョア的「限界」」をみていた大方のマルクス主義者[10]と同一線上にあった。それは、鹿野自身が、資本主義化を強行し国民国家を成立させた明治政府と重ねあわせながら戦後の資本主義と闘ってきたがゆえに導き出された結論であったといえよう。鹿野の卒業論文「日本軍隊の成立」（『歴史評論』一九五三年六月）とともに、のちに較べて、いまだ戦後歴史学の大きな影響下にあったことを示してもいる。福沢の「脱亜論」は「反儒教主義」と一直線に結びつけられ、市場開放を求める「ブルジョア・イデオローグ」の末路として位置づけられた（一七八頁）。

二　「大国」日本の「あたらしいかげ」との対決――「秩序にたいする違和感」をバネに

1　『資本主義形成期の秩序意識』のモチーフ――『明治の思想』から

のちに鹿野は、自らのうちに戦後歴史学への問いかけが生まれたのは、一九六〇年代のことであったことを繰り返し告白しており（⑦三頁）、その問いかけの真っ只中にあって、前著に次ぐ『明治の思想』（筑摩書房、一九六四年）は、高度経済成長への途を邁進する同時代と重ね合わせながら、明治時代の急速な資本主義化により「大国」となった日本の「あたらしいかげ」と向き合った作品であった。そこでは、「封建制度が崩壊したこと」により「あたらしい世界」「あたらしい活力」が与えられた反面、「その国家的「栄光」のうらに、さまざまの矛盾を生みだし、それは、少なからぬ数のひとびとを苦しませ、もだえさせることはなかったろうか」との問いが発せられる（三頁）。その問いに答えるために鹿野が注目したのは、「日本近代史のうえに大きな痕跡をのこしている価値意識で、しかも現在のわれわれと無縁でないもの」であり、「それらがつくられてくる過程」を、しかも、「精神の歴史がたんに理性の歴史でなく、情熱とか衝動とかためらいの歴史でもあることを示したかった」という（四頁）。それは、「権力によってあらわにさし示される価値の体系」に対する「自発的な服従ないし協力の姿勢」が定着した「秩序」、そしてさらにそれへの違和感をもととする「あたらしい価値意識」の集積としての「秩序意識」への着目となって提示される（一〇～一二頁）。丸山眞男が求めた、国家との内面的つながりをもった「新らしき規範意識」に替わるものとして鹿野が見いだしたのが、「秩序にたいする違和感」にもとづく民衆のエネルギーのもつ変革の可能性であったといえよう。それから五年後に『秩序意識』が刊行されるが、すでにそのもととなった論文は当該時期から発表されており、そのモチーフはここに示されていた。

2　封建秩序からの脱走／資本主義の推進者――『福沢諭吉』

一九六七年に世に問われた『〈人と思想21〉福沢諭吉』（清水書院）は、「秩序」との対抗がより強く意識されるようになったことによって、先に述べた『日本近代思想の形成』の段階よりも、福沢の肯定的側面が前景化されているといえよう。とくに前半生を描いた「封建秩序からの脱走」では、「封建社会というものに疑問をいだかなかった」大方の人びととは対蹠的に、福沢は「封建社会の秩序に疑問を感じそれからぬけだそうともしてきたがゆえに、近代文明に接したときに、それにめざめることができた」と評される（三五〜三六頁）。しかし、近代化、文明化ゆえに生み出される矛盾を同時代にみていた鹿野にとって、既存の秩序に真っ向から抗った福沢は、「一〇〇年まえの日本にこんなあたらしい人間がいたこと」を「すばらしい」と思わせる存在でありつつも、資本主義の推進者である点で、「にくい」との感情を呼び起こす、克服の対象でもあった（同書裏表紙）。

「福沢が規範として日本社会を照らしだすのに有効にはたらいた「文明」であったが、「文明＝欧米列強のすがたはあまりにも圧倒的であったため、かれは、文明化＝資本主義化＝西欧化というコース以外を構想できなかった」とし、「西欧化におけるアジアでの優等生にみちをめざしはじめた」と説明される（一六六頁）。封建的秩序に徹底的に抗った福沢を「近代日本の最大の思想家」（同書裏表紙）と認めながらも、「民主主義を犠牲にしての資本主義化」という近代日本のあゆみと軌を一にした福沢の思想は、資本主義、そしてそれと等置される「近代」／「文明」の「かげ」と闘っていた鹿野にとって、肯んじることのできないものであった。

3　『資本主義形成期の秩序意識』の成立

すでにこの間に書きためられていた論文をもとにしながら、『秩序意識』が刊行されたのは、それからまもなくであった。

『明治の思想』ですでに追究されていた「精神の歴史がたんに理性の歴史でなく、情熱とか衝動とかためらいの歴史でもあること」を示すという課題（四頁）は、『秩序意識』のなかで「思想史の方法」としてまとめ上げられ提示される。そこでは、「社会にたいする告発者」である「思想史研究者たち」が、どれほどに「当該社会つまり日本の資本主義社会からまぬかれえているだろうか」と問い、「思想史研究者たちの問題のたてかたは、自己のうちに縮尺された秩序を認識するところからはじまるかたちでの、秩序への対決の姿勢の提示でなければならぬ。思想史は、いってみれば、正義感によってだけでなく屈辱感によっても書かれなければならない」と述べる（一二頁）。その力のこもった口調は、自らを振り返っての「〝戦前的な価値〟を外在的なものとして糺弾するにとどまらないで、むしろそれ以前に、みずからのうちなる奴隷性への、嫌悪と焦燥をこめての凝視をともなった」（ⅰ頁）という一節と重なり合う。これまでの著作にもみてきたように、〝戦前的な価値〟をつくり出した「〝明治〟という時代」、すなわち「文明」化、「大国」化への途を歩んだその時代を問うことは、〝戦前的価値〟と対決してきたかにみえる戦後という時代であるにもかかわらず、同書がしたためられていった一九六〇年代において、資本主義化に邁進することによる矛盾がつぎつぎに露見し深刻化していたからにほかなるまい。鹿野は、「戦後民主主義が問われだしたのは、一九六〇年代の後半、〝文明〟がその達成ゆえに、ゆきづまりを露呈しはじめるとともにであった」と述べる（「あとがき」①二三一頁）。

鹿野は、明治百年の時期に、みずからに「明治維新観を軸とするかたちで、戦後歴史学の再検討を強いた」ことを告白しており、それは三つの点で問われることとなった。一つは、既存の維新史研究は、「なぜこういう変革が可能であったのかを追求」する「変革に勝利したがわに主眼をおいてとらえる方法」であり、それらは変革への民衆の期待を矮小化していたのではないかという問いである。二つ目は、そうした研究成果が、明治百年を祝う側に巧みに簒奪されてしまっていることの衝撃であった（⑦八〜九頁）。そのことが鹿野をして、これまで積みかさねられてきた研究はそれほどに「〝無害な〟学問であったのか」との想いにいたらしめた（⑦六頁）。もう一つは、アジア認識を問う際などに顕著にみられる、書き手の「〝感情〟は容易にすがたをあらわさな」い「客観化された歴史叙述」において、「糾弾されているのは〝他者〟ばかりであった」（⑦九頁）というありように対する問いであった。すなわち、アジア認識一つをとっても、〝外部〟に問題となる要因を求めるのみで、自らの心のうちを問うことがあまりに少ないという指摘である。

それゆえ明治を論じた『明治の思想』と『秩序意識』の二著は、「うちなる奴隷性」を見つめ、民衆的視座に立った近代の実現を求めて書かれたのであった。鹿野がいうところの「あたらしいかげ」は、人びとをとらえる「うちなる奴隷性」と等値しうるものではなかろうか。鹿野によれば、それを抉り出すべく、「日常的な生活意識の次元」から対象とし、「一見すれば非理性的なまた神秘的な姿勢のなかにも、変革への萌芽をさぐる」（『秩序意識』一三頁）ことにより、「民衆を歴史の推進者」と位置づけた思想史たりうるのである。鹿野は、「わたくし自身もその点でながい迷いの歳月をへなければならなかった」と述べている（同前一四頁）。のちに鹿野は、ここで提示された方法論は、「丸山の方法への「懐疑」に発するものであった」ことを自ら述べており（「問いつづけたいこと」⑥四三一頁）、鹿野の「ながい迷いの歳月」は、丸山眞男との〝対決〟の過程でもあったといえよう。

三　脱「戦後歴史学」――「主体としての「民衆」像」の提示

1　「歴史の転機」に立って――『日本近代化の思想』

それに続いて一九七二年に刊行された『日本近代化の思想』（研究社）が押し出したのは、一言でいうならば、「かげ」は消えることなく肥大化し、大国に成り上がったがゆえに「人びとの生の可能性」（ⅱ頁）が切り落とされていくことへの危機感であった。それは、高度経済成長がもたらした「富国強兵と大国化のもたらした害毒」、すなわち公害問題の顕在化、言論・思想・教育面での統制の強化などであり、「歴史の非情性」を伴ったと表現される明治維新以来の日本の近代化の歩みと重ね合わせて表明される（ⅱ頁）。そして、それらにもまして鹿野をとらえたのが「一九六九年における学生たちのといかけ」、すなわち「学生反乱」であり、「もしわけられるものとするなら、あえて六八年の明治百年よりも、七〇年の日米安保条約の自動延長よりも、といってもよい。それは文明への問いかけであった」と、鹿野は述べる（ⅳ頁）。その問いかけに最も直截に答えた作品が、のちに述べる『近代日本の民間学』であった。

そのようななかで書かれた『日本近代化の思想』では、「現在」がまさに「歴史の転機」であることがことのほか強調され、鹿野は、「わたくしたちをドレイにしてきた戦前的なものから、永久的に訣別できるかどうかの転機にわたくしたちはいることになる」（ⅲ頁）といい、「めざされた近代」から「制度としての近代」「嵌めこまれた近代」へと視点を転じ[11]、「切りおとされた可能性」のなかから「〝もう一つの近代〟への想念」を探り当てる営為へと突き進んでいく（ⅱ頁）。

当該時期が鹿野の歴史学の転換点であったことは、のちに当人の言葉によっても語られる。「めざされる近代」から「問われる近代」へ——「希望としての近代はもう一つの近代の希求へと位置をずらせていった」と。そして自らその画期となる作品としてあげるのが、「〝近代〟批判の成立——民衆思想における」（『歴史学研究』第三四一号、一九六八年一〇月）である（①ⅷ頁、本書第三章「鹿野思想史と丸山政治思想史」でも論及した）。

鹿野は、明治維新百年祭に向き合っていくなかで、近代の座標軸を福沢から田中正造へと転換させたという。福沢を軸とする維新史研究は、「めざされる近代」として「なぜ維新変革が成立したのか」を解明してきたものであり、それに対してこの時点で鹿野は、むしろ「それがどのように可能性を押しひしいでいったかに眼を向けるべきだ」とするにいたったからであった。「近代」を問い、そして「もう一つの近代」を求めていく、その「近代崩しは歴史学崩しをともなわざるをえなかった」といい（①ⅷ〜ⅸ頁）、それは、もはや「戦後歴史学からの離脱[12]」を意味するものにほかなるまい。それに拍車をかけたのが前述の「学生反乱」であり、鹿野はそれを、「より包括的より根源的に「文明」そのものにたいする問いかけ」であると受けとめたと記す（①.ix頁）。

ここではまず、転換点に書かれた『日本近代化の思想』の本論に立ち返っておきたい。本論は「一　近代化と伝統」「二　集権化と自治」「三　大国化と公理」という、「オーソドキシー」と「切りおとされた可能性」をおのおの対置させた三つの章からなる。〝もう一つの近代〟の可能性をさぐることに重点が移行したがゆえに、オーソドキシーとされるもの、すなわち文明開化・明六社、そしてそこに重ねられた戦後の啓蒙的知識人らを徹底的に撃つことからはじまり、「三　大国化と公理」でふたたび福沢の思想が、大井憲太郎の「興亜論」とともに、「西欧列強とアジアことに中国の分割支配をすすめるイデオロギー」（二〇四頁）として徹底的な粉砕の対象とされる。

なお、同じく「三　大国化と公理」のなかで、与謝野晶子を「生命への讃歌を基軸とした女の論理が、軍国化へのもっとも根源的な対立者の一つとして、近代化日本の思想の遺産目録にかぞえられるのにあたいする」（二四七頁）と評していることに、すでに女性史研究に向かう端緒が示されていよう。

2　国家への照射

『日本近代化の思想』とほぼ同時期の一九六〇年代終わりから七〇年代半ばぐらいまでにかかれた論文を収録したものが、『近代精神の道程――ナショナリズムをめぐって』（花神社、一九七七年）であった。同書の「あとがき」に、「近代の思想をかたるのに、手軽な、といってわるければ、よく用いられる尺度が二つある」として、デモクラシーとナショナリズムがあげられており、当該時期の鹿野にとって、後述する一連の大正デモクラシー研究と同書は、対をなしているといえよう。すなわち大正デモクラシー研究において、〝もう一つの近代〟の可能性が追究されるのに対して、『近代精神の道程』では、前著『日本近代化の思想』を継承しながら、文明の推進者であった国家を見据えつつ、明治中期から末期にかけての、肥大化していく国家を〝照射〟した人びとの足跡が綴られる。

「結び　国家への照射」において、鹿野は次のように述べる。「「国家」はリヴァイアサンであって、なにものをものみこむ魔力をもっている。それと格闘するとき、人びとはしばしば陥穽におちた」。だからこそ鹿野は、「そのどれにも陥らずして、しかも渾身の力をこめて、「国家」と向かいあっていった例」を探し求め、「羯南や雪嶺や漱石や正造や啄木や肇や寒村らは、そのような山脈としてのすがたを、わたくしに示す」ことに光明を見いだすのである（二七九〜二八〇頁）。また鹿野は、「あとがき」のなかで、「ナショナリズムというそれに向かいあうさいは、たえずなじみきれない澱のようなものをのこした」自己を顧み、「それは、国家への献身の末路を、ローティーンの時期にあまりにも多くみたわたくしたちアプレゲール世代の、一つの特徴かも知れぬ」と述べる（二八二〜二八三頁）。このように、そして冒頭（「はじめに」）でも述べたように、国家は当時の人びとを、そして現代の我々をも深く捉え、かつアプレゲール世代はともすると国家をすり抜けようとする危うさをもっていることをも鹿野は認識していたがゆえに、後述するように、「国民国家」論がナショナリズムを簡単に否定し去ってしまうことに厳しい批判を投じることになったのだといえよう。

3　戦後歴史学からの離脱

「国民の歴史意識・歴史像と歴史学」（『岩波講座　日本歴史24　別巻1　戦後日本史学の展開』一九七七年）は、明治百年を契機に「戦後歴史学の自己点検」に踏み出し、「求められるままに、とくに人びとの歴史意識との摺り合わせという角度から、歴史学のいまを手探りする作業を断続的に行うこととなった」手初めとして、鹿野自身があげる作品である（⑦「まえがき」ｖ頁）。それはほかならぬ、「自己完結性のつよい歴史学、かつわたくし自身もそのなかにいる歴史学を、相対化したい」との思いに発するものであり、「戦後民主主義との二人三脚という気味の強かった戦後歴史学」が、「啓発するとともに代弁するとも想定していた人びとの歴史意識との、乖離も目立ってきていた」ことを指摘する（⑦「まえがき」ｖ〜ⅵ頁）。鹿野が、「問題意識は、歴史像造形の起発点であるとともに、じつはその結果として定立された歴史像によってもふかめられる」（前掲「国民の歴史意識・歴史像と歴史学」二五五頁）と述べるように、これまで本稿で概観してきた鹿野の問題意識の推移と、同論文で分析対象としている「国民の歴史意識・歴史像」の変遷とはそのまま重なり合うものであった。

鹿野は、戦後、国家論から出発し、民衆、地域へと視点を及ぼし試行錯誤を続けてきた「歴史学研究のゆきつく先は、主体としての「民衆」像の提示であった」と言い切り、続けてかく記す。「すなわち「民衆」がいわば優位概念となり、他の諸観念はそれをめぐってそれぞれ配置されるという認識が、各時代史研究をつうじて、しだいにあきらかにされていった」。そして、「知識人や著名思想家主導型のでなく、民衆の〝自前〟の変革構想に着目する方向をうちだし、ことに近代史研究の場合、伝統と変革についての〝近代主義〟的認識にきりこむ視点を樹立した」と述べて、民衆史研究の一定の〝達成〟への自負が示される（同前二三九頁）。それは、丸山眞男からの離脱を遂げつつあることでもあったといえよう。

四　「もう一つの近代」を求めて

1　subject としての「民衆」——大正デモクラシー／民間学

〝離脱〟後の作品を収録した『思想史論集』の最初に置かれた大正デモクラシー論は、前述の国家への照射と対をなす作品であった。大正デモクラシーを対象とした著書は、『大正デモクラシーの底流——〝土俗〟的精神への回帰』（NHKブックス、一九七三年）、『日本の歴史27　大正デモクラシー』（小学館、一九七六年）、『近代日本の民衆運動と思想』（金原左門・松永昌三と共著、有斐閣、一九七七年）、そしてやや時間をおいて『近代日本の民間学』（岩波新書、一九八三年）と続く。

なかでも『大正デモクラシーの底流』は、「社会改造」と「国家改造」という「二つの〝改造〟」の潮流を提示するとともに、「デモクラシーがあれほどすみやかに凋落していったのはなぜか」(「序 二つの〝改造〟」①一七頁)を問うた作品として注目を集めた。[13] しかし、むろん鹿野は大正デモクラシーを否定的にばかりみていたわけではない。通史の役割を担う『大正デモクラシー』では、「デモクラシー的諸思潮や諸運動」にも目配りしながらバランスよく描かれており、自らも「そのなかにいた戦後歴史学の、進歩か反動かの二者択一的史観、民主化・近代化を軸としての上昇発展史観によっては、放置される部分があまりに大きいとも思った」がゆえに、「放置される部分」、すなわち「デモクラシー的諸思潮や諸運動をもって塗りつぶされるか(もちろんそれらへの諸反動とともに)、そのように救われないないし救われなくなった人びと」に焦点を当てることになったといえよう。そしてそれは何よりも、先に述べたように、オーソドキシーの確立に伴って顕わとなった「嵌めこまれた近代」ではない〝もう一つの近代〟を探ろうとする営みにほかならなかった。[14]

「学問をなりわいとするに至った人間として、わたくしは、一九七〇年代を、自分の学問(もしそう呼ばれうるものならば、のはなしだが)を自己点検するような気持ですごした」(①四一九頁)と述べる鹿野は、既成の学問を問い、「民間学」の発掘へと向かった。学生反乱を、後年鹿野は、「文明の加害性を指摘するとともに、その推進に加担した、というよりはむしろ、十分に使命感をもってそれに理論的技術的な支柱を与えてきた学問をどう考えるかを、学問をなりわいとする人間ひとりひとりの責任をかけて答えることを求めてやまなかった」(同前)と評し、「問いかけた学生たち」が「たぶん多くはみずからも意識せずに体現していた〝真実〟を、わたくしは疑うことができない。学生はおおむね、生活者としてでなく観念に生きる存在としてあるがゆえに、生活者がそのなかに落ちこんでいた矛盾を、かえっていわば鋭角的に提起した」(⑦四一九~四二〇頁)と受けとめたのであった。『近代日本の民間学』を書き終えて鹿野はいう。「実際、生きるためにどんなにひとは苦しんでいるか、たくさんの問題をかかえているか、しかも学問がないというおびえをもって空しくたたずんでいるか、アカデミズムはいまもあまりにその点についての想像力を欠くのである」[15]。

そのように学生たちの問いかけに応えた『近代日本の民間学』は、「人間」を「学問の主人公」とするために（①二四一頁）、「制度に限定せず、そこにかたちづくられる学問内容、それを担う人びとの自己意識まで含めて、学問の社会的存在様式のすべてを指す」（①二四三頁）ものとしての「民間学」という範疇を立てる。一八名の人物の学問が例示的にあげられ、そのなかで論じられたのは、「擬似アカデミズム化への衝迫」をはねのけてきた（①二七八頁）強靭な精神の持ち主である、柳田国男・伊波普猷・津田左右吉・南方熊楠・柳宗悦・喜田貞吉・高群逸枝らの学問であり、それらは大正デモクラシーとともに、ないしはそのなかで起こってきた「学問界に起きた地殻変動」を代表するものであった（①二四二頁）。なかんずく、民間学の成立過程を概観した「一　民間学への途」は、〝もう一つの近代史〟を描いたものにほかならない。同時にそれらは、日本にこだわり抜くことによってその学問が世界に寄与することをめざしたものであり、ナショナリズムを思考の機軸としていた。鹿野は、十五年戦争下まで含めた民間学の行く末を見つめつつ、それらがもつ「抵抗と同化のそういう微妙さ」、すなわち「民衆生活に根をおろしたつよさ」の一方での「「国体」観念への傾斜というあやうさ」についての指摘も怠らない（①四一七頁）。それは、鹿野が『大正デモクラシーの底流』で描き出した生活者たちの〝土俗〟ナショナリズムとも通底する問題であろう。

これら大正デモクラシーと「民間学」の二つの研究において留意すべきは、「民衆思想史」を代表する研究者とみなされてきた鹿野にとっては[16]、民間学も含めての大正デモクラシー研究で、デモクラシーや運動の高揚のなかで〝投げ出された〟人びとに向き合うことにより、「「民衆」を、わが心に落ち着かせうるようになった」、すなわち鹿野の言葉を借用すれば、「「底流」の角度から「民衆」の主体化を志した」ことになる点である（「問いつづけたいこと」①四三〇〜四三一頁）。「暮しあるいは人生の破綻に直面した人びとが抱え込む鬱屈は、どこへ向おうとするのか。その不定形さに分け入ることなくしては、「民衆」に到達できないと思った」といい、そしてそれに向き合うなかで、「そもそも、筆をもってすれば対象を割り切りがちの「わたくし」自体が、生活者としては二律背反性を無数に抱え込んでいる存在ではないか」との思いにいたったと述べる。「それは、対象を指す表現においては、いきなりではなかったにせよわたくしにとって、「民衆」の、「人びと（＝われわれ）」への移行の始まりであった。「民衆」の、object から subject への移行であったといえるかもしれない。もっともこれとても、「民衆」と表現する場合の居心地の悪さの、最終的な解決というには遠い」と記す（同前、①四二九〜四三〇頁）。鹿野にとっての大きな転機の一つが到来していたことを示していよう。

2　原点としての女性／沖縄

『思想史論集』は、その第一巻の巻頭に書かれた「わたくしと思想史」で、鹿野自身も、「「制度としての近代」「嵌めこまれた近代」の視点へと曳きだされた一九六〇年代以降の稿（原則として）をもって、応えることにした」（①x頁）と述べるとおり、主として転換以後の、正面から「近代」を問うた作品が収められている。

「嵌めこまれた近代」ゆえに作りだされた「抑圧性をもろに受ける人びと」として鹿野が基軸に据えたのは、女性と沖縄であった（「わたくしと思想史」①xi頁）。鹿野は、後述する『「鳥島」は入っているか』（一九八八年）や『化生する歴史学』（一九九八年）に収録される論文をふり返り、「思い返せば、そのころから女性史や沖縄史に向っているが、戦後歴史学への抵抗感が、それらへの発心の、少なくとも一つとしてあった」ことを明らかにしている（「まえがき」⑦vi頁）。それはまた、丸山眞男から離れていくことを意味するものでもあった[17]。

女性史研究で際立つのは、一つは、それらが「歴史の位相を変えるための原点」であり続けることを譲らない姿勢である。それは、描かれた作品のすべてに貫徹しており、自らの女性史研究を振り返った、『思想史論集』第二巻〈女性　負荷されることの違和〉の「問いつづけたいこと」においても、女性史は男性史の補完であってはならず、ウーマン・リブの運動にみられる「〝女の痛覚〟を出発点」とし（三九六頁）、「女性史を〝掘る〟だけでなく、女性史で〝変える〟こと」を自らの課題としてきたことが表明される（三九三頁）。それゆえに鹿野は、女性学・ジェンダー史などの隆盛にたいしても「初心から遠ざかりつつあるのでは」（三九六頁）との問いを発し、またジェンダー史は、「両性に当てはめうるという、一見価値中立的な響きをもつ概念」であるがゆえに、「まぎれなく女性に重心を置く」フェミニズムにこだわり続けたのであった（三九九頁）。

二つ目は、後述する国民国家論とも関わる問題であるが、鹿野は、女性を問う際にも、近代家族論に対して、「「封建遺制」のもつ特殊性への視点が、「近代」のもつ普遍性に解消されてしまっていいのか」との問いを保持し続けたことも明記しておかねばならない（②三九四頁）。

三つ目は、民衆の両義性を見据えていることである。たとえば鹿野は、「家」と対峙し〝良民〟の規範からはみ出すことが今もっていかに困難であるかを問い、「跳びだした戦士たちが狙い撃ちされるのを、彼らの思想にかすかに共鳴する部分をもっていても、見殺しにしたりはては喝采を送ったりする」われわれ「生活者」のありように切り込む。そして同時に、「跳びだした戦士たち」を〝石をもて追う〟そのような人びとのうちにも、明確に自覚されないまでも「規範への違和感」が芽ばえていた可能性に視点を及ぼす（②九七〜九八頁）。

鹿野にとって女性史は、「男性であることの意識化を迫」るものであり、「その結果として自己点検の意味をもって」「私のなかで一つの分野」となったという（「まえがき」②ⅴ頁）。鹿野が「心のなかに「女性史」という項目を立て」た（同前、②三九一頁）ことは、「もう一つの近代」を探り当てることと同根であった。

鹿野の沖縄研究への着手も、前述の戦後歴史学からの逸脱と軌を一にしていた（「まえがき」③ⅲ〜ⅵ頁）。沖縄という範疇を立てることによって、これまで描いてきたものが「本土」の歴史でしかなかったことを痛感した鹿野は、「学問の自立（律）性」に自足する歴史学のありように対して、「普天間の問題に歴史学は、どうすればもっと寄与する途をみいだせるだろうか[18]」との緊張感に満ちた問いを発し続ける。そして「架橋を急ぐよりは裂目の確認に力点を」という立場を崩さない（「まえがき」③ⅶ頁）。同時に鹿野は、「あらたな状況は、あらたな問いを発生させる」（「問いつづけたいこと」③四五七頁）ことを自覚するがゆえに、「非沖縄出身」者として沖縄に向き合うなかで、「周ち上げた瞬間から、その消滅をめざさなければならぬ」（「問いつづけたいこと」④四〇七頁）ことを突き付ける。

縁」、あるいは「マイノリティ」と名指してそこに押し込めてしまうことの無自覚を問い、「マイノリティ」は、「立

3　身体／個性

鹿野が、一九七〇年代から日本に入り八〇年代に隆盛した社会史を論じてきたことへの応答として生み出されたのが、近代がつくりだした「健康観」を問うた『週刊朝日百科日本の歴史97　コレラ騒動――病者と医療』（一九八八年）であった。[20]『思想史論集』第五巻には、「鋳なおされる近代」として、卒業論文（前述）を書いてからは「軍隊・軍部・戦時・戦争自体を、直接に主要な対象とすることなく」きたそれへの「わだかまり」を解禁して（「まえがき」⑤v～vi頁）、一九九〇年代に改めて着手された兵士論が収められている。

また『思想史論集』第六巻は、「個性のふるまい」と題されている。前述の『近代精神の道程』も含むその巻は、戦後歴史学の〝人間不在〟の克服と主体への関心からなされてきたことによるもので、ここでは、鹿野の「個性」へのこだわりが次の点に発していることのみ述べておきたい。「民衆思想史の立場からは、歴史学における「無名の」民衆（人びと、行為者等々）という呼称の無造作な使用に、抵抗感を禁じ得ない（中略）。正確にいえばその人びとは、さまざまな条件によって「無名性（みずからの意志の働く匿名性に非ず）へと押しつけられた（ている）人びと」にほかならず、そうして、どなたの言葉であったか、nobody でも anybody でもなく、固有性を帯びる somebody でありたい（として生きたい）というのは、すべての人びととの願いであろうからである」[21]。すなわち「民衆」という集団に押し込めて何の抵抗感も抱かないでいることは、自らが知識人の高みにいることになりはしないか、そしてまた〝人間不在〟の戦後歴史学と同根ではないのか、との問いかけであろう。

4　歴史学の自己点検――「歴史意識と歴史学」

鹿野は積極的に歴史学と人びとの歴史意識をふり返る仕事をしてきており、本稿でもそれに依拠するところが少なくなかったが、それらは、一九八八年には、『「鳥島」は入っているか――歴史意識の現在と歴史学』（岩波書店）として、それから一〇年後の九八年には『化生する歴史学――自明性の解体のなかで』（校倉書房）と題してまとめられている。そして、その一部は『思想史論集』第七巻「歴史学と歴史意識」のなかに、その二著以外の論文とともに収録されている。

鹿野自身によって再構成された『思想史論集』第七巻をもとにその足跡をたどると、「Ⅰ　「鳥島」は入っているか」の「一　歴史学の自己点検」「二　「戦後」意識の現在」は、主に前述した戦後歴史学を問い、「国民」の歴史意識の「受けとめる側」への移行を認めつつ、自らも含めて「される側」への視野の移動が見つめられている。

続く「三　人間論の現在」では、社会史に紙幅が割かれていることが目にとまる。それは社会史が「歴史学において軸とされてきた「時間」に対してもう一つ「空間」という軸を置いたにとどまらず、鹿野がいうところの「エコロジー型」と「コミューン型」を抱えつつ、ともに「極限された空間を凝視」することで「西洋」「近代」ともに「絶対者」の位置にあった「西洋近代」を相対化する途を開くものだからである（⑦一二八～一三一頁）。のちに鹿野は、『化生する歴史学』のなかで、「社会史の視角と方法は、「思想」史に、ボディ・ブロウのように、じわじわ効いてくるだろう」（「自明性の解体のなかで」一九九六年九月、⑦二二四～二二五頁）といい、社会史が、社会学・女性学などの隣接諸科学とともに「日本思想史学」の自明性を解体させつつあることを問題にせざるをえなくなるのだが（同前、⑦二二二頁）。

もう一つは「人権」への着目であった。田中正造に着目するとき、彼の思想の変遷のなかに「民権」から「人権」へと自由民権思想が深められていく線が見いだされ――「民権運動の大勢」はそれを置き去りにしていったが――、それが「近年発現してきた意識動向」をみる際にも投影され、「「人権」意識の盛りあがりという地殻変動」が発見される（⑦一四四～一四六頁）。しかし、そうした一九七〇年代以後の「人権」意識の高まりがみられた一方で、人びとはしだいに管理社会に絡め取られ、八〇年代には、「こころ」という言葉に象徴される〝内〟へと向かい（⑦一六五頁）、さらには「心」と「身」を統一させようとする「人間」総体（⑦一六九頁）が問題とされるにいたったことが詳述されている。そして、歴史学もまたそれから免れてはおらず、「人間」復活は、階級矛盾の消去や〝精神性〟の強調などさまざまな意味合いをもちうるものではあるが、近年のそれは「あらゆる「非人間的なもの」に抗してとの意味を帯びている」と鹿野は評価し、それゆえに「差別」と「人権」という枠組みを意識化させたのだという（⑦一七三～一七四頁）。

「Ⅱ　化生する歴史学」が問うたのは、一九九〇年代以後に顕著になってきた国民国家論の盛行が止めを刺す形で「国家」の比重が軽くなった」（⑦二一八頁）ことであった。鹿野はいう、「意識のうえでの軽やかな「脱」国民は、かえって「国家」に包摂されている自己への無力感を生むのではないか」と。そして「「国家」主義が伸びざかりの二〇世紀初頭と、いぶかりの眼に曝されている二〇世紀末期の現在とは、状況は同じでない」としつつも、「否むことのできないのは、その期間を通してわたくしたちが「国民」でありつづけたという事実である」ことを突きつけ、次のように述べる。「その意味では、いま「文化」に軸を置いたかにみえる歴史学は、内側から「国家」「国民」を超える視点を準備することにより初めて、未来へ連なることができるだろう。それは、一国史の克服を、そこからべつの立場に乗り換えることにでなく、一国史の彼方に求めつづけてゆくことでもある」と（⑦二一九～二二〇頁）。これまでにも述べてきたように、鹿野にとって「近代」と向き合うことはとりもなおさず「国家」と対決することであり、その鹿野ならではの問いかけといえよう。このようにもいう。「「近代」を過去として清算できたら、また原始への回帰が可能であったら、あるいは「近代」を超えることが実現できたら、ある意味でどんなに〝救われる〟かと思わぬではない。そうしてその身は、依然として「国民国家」に繋がれている」（前掲「私と思想史」①x頁）。われわれを包摂する「国家」への向き合い方は、鹿野もまた、「丸山眞男がつとに抉りだした「旧い」「新しい」のパターン化が、なんの疑問もなく踏襲されている」（⑦二一九頁）と、丸山を引き合いに出しつつ警鐘を鳴らす。まさに丸山言うところの「日本の思想」のあり方に関わっていよう。

鹿野は、戦後歴史学のみならず、国民国家論におけるナショナリズムの問題や社会史、マイノリティー研究などにも問いを投げかけてきた。それゆえ、今、そのような鹿野思想史に立ち返ることは、我々による今日の歴史学の自己点検となろう。

そして鹿野は、今もなお、沖縄の闘いを「日本の問題」とすべく、「傍観者であることは加害者になることだ」と語り続け[22]、歴史学の有効性そのものへの問いを突きつけているのである。そして自らも街頭に出て、警告を発し続けている（「講演　沖縄の問いにどう向き合うか」『わだつみのこえ』第一四五号、二〇一六年一一月）。

おわりに

鹿野は、あらゆる場に成立する〝権威〟に抗うことを求め、「うちなる奴隷性」（「はしがき」『秩序意識』）を見つめ、疎外されている人びとの声を拾い上げ、日本の現実的な問題に〝正対〟してきた研究者である。鹿野の学問研究の手法は、学会の主流に身を置かず、主として作品そのものをとおして読者に直接にはたらきかけるというものであった。おそらくはそのことも一因となって、鹿野思想史は、必ずしも研究者に限定されない幅広い層の読者を獲得してきたといえよう。そのように、鹿野思想史に影響を受けてきた人は多いが、民衆思想史研究者として鹿野と並び称せられる色川大吉や安丸良夫を論じた作品がすでにいくつか世に問われているのに対して、鹿野については、これまでほとんどそうしたことがなされてこなかった。鹿野思想史は、研究史に則って説きおこされるのではなく、〝わたくし〟、すなわち個人的な〝経験〟を前面に押し出して形づくられているため、それが読み手を魅きつけ心に食い入る一方で、鹿野思想史を〝論じる〟ことの障壁を高くしてきたのだともいえよう。また、すでに述べた、「あらたな状況は、あらたな問いを発生させる」「立ち上げた瞬間から、その消滅をめざさなければならぬ」という文言に示されるとおり、鹿野の思想史もまた丸山のそれと同様、ある種の永久革命論であることが、それを研究対象とすることから遠ざけているのではないかと私は思う。

しかしながら、ようやく最近、鹿野の研究についての史学史的言及もみられるようになってきた（本書第一章北河論文注2参照）。そうして『思想史論集』の刊行がなされてから九年近くが経過した今、私たちも、それぞれに鹿野の研究に教えられ、触発されてきた立場から、それに応答してゆきたいと考えるにいたった。本論集のメンバーは、かねてから日本現代思想史研究会と称する小さな会に集ってきた人たちであり、そのなかには、鹿野に直接教えを受けた者もいれば、鹿野の謦咳に接する機会がほとんどなかった者もおり、また世代の幅も大きい。それだけに、それぞれの異なる立場から、自らの問題関心に引きつけて鹿野思想史を論じており、むしろその多様な受けとめ方を示すことに、本論集のメリットもあるのではなかろうか。

本論集は二部構成をとっており、「鹿野思想史の成立と方法」を論じる第一部と、「鹿野思想史の焦点／その問題群」を扱う第二部とからなる。第一部では、『秩序意識』にいたるまでのいわゆる前期鹿野思想史の確立過程と、鹿野思想史の方法論や特徴などについて議論を展開している。

第二部は、主に『思想史論集』に収められた作品群が対象となる。すでに述べたように、一九六〇年代末の「明治百年」問題や〝学生反乱〟を機に、しだいに「戦後歴史学」からの離脱へと向かい、「主体としての「民衆」像」を打ち立て、沖縄と女性を軸に据えながら幅広い視野で大量の研究成果を生み出していった、その作品群である。本論集では、それらを必ずしも網羅的にとり上げることはできていないが、個性、大正デモクラシー、女性、沖縄、「健康」観、兵士論等をめぐって、それぞれ論じている。

注

（1）〈Ⅱ　ナショナリズムと天皇制――その歴史と理論〉鹿野政直「問題提起1　精神構造としての天皇制」日高六郎編『シンポジ

ウム　意識のなかの日本』一九七二年、朝日新聞社、六六・一一二〜一一三頁。
（2）鹿野政直『近代日本思想案内』岩波文庫、一九九九年、五頁。
（3）鹿野は、藤田敬一との対談のなかで、「発展もなく、それ〔「秩序への違和感」〕で五十年やってきました」と語っている（「〈日本の近現代思想と人権②〉対談＝鹿野政直＋藤田敬一　人間の佇まいから考える」『こぺる』第一八八号、二〇〇八年一一月、五頁）。
（4）「はしがき」（鹿野『日本近代化の思想』研究社、一九七二年）iv頁。
（5）鹿野政直「国民の歴史意識・歴史像と歴史学」『岩波講座　日本歴史24　別巻1　戦後日本史学の展開』岩波書店、一九七七年、二三九頁。
（6）鹿野が教えを受けた家永三郎への敬愛の念は深いが（鹿野「家永三郎　求道の思想史学」⑦）、この批判は家永にも該当しており、それについては、成田龍一「違和感をかざす歴史学」（『思想』第一〇四八号、二〇一一年八月、七八頁）を参照。なお、丸山眞男も、家永が思想を「善悪できる」点を批判している（『著作集』と『講義録』、ガン患者として　一九九五年八月――丸山眞男先生を囲む会最後の記録」『丸山眞男話文集』続四、みすず書房、二〇一五年、一七六頁）。
（7）大門正克編『昭和史論争を問う――歴史を叙述することの可能性』（日本経済評論社、二〇〇六年）を参照。
（8）思想についての鹿野の考え方は、「はじめに――思想と向きあう」（前掲『近代日本思想案内』）でも明らかにされている。
（9）色川大吉・鹿野政直・安丸良夫（聞き手・今井修）「私たちの半世紀――民衆思想史とともに」（『色川大吉対談集　あの人ともういちど』日本経済評論社、二〇一六年、初出『図書』二〇〇九年三月）二四四頁。
（10）「近代日本と福沢諭吉」（『三田評論』一九八四年一一月、『丸山眞男座談』第九巻、一九九八年、岩波書店）七五頁。
（11）「わたくしと思想史」①x〜xi頁。
（12）それはけっして戦後歴史学を否定するものではなく、鹿野自身が、小山仁示が用いた評言「戦後歴史学の自己変革」という意味（「問いつづけたいこと」①四三二頁）であると述べており、内在的批判にほかならない。
（13）鹿野は、「救済への願望とデモクラシーへの敵意とをいきなり等置したわけではないが、閉塞と感じられる状況のもとで、まま独裁制待望へとも揺れる〝底流〟を視野のそとにおいて、一九一八年の米騒動以後も含め、デモクラシーの高揚のみを追求する方法には、みずからを対置しなければと思った。〔中略〕戦後民主主義に自足していていいのかとの、わたくしなりの問いでもあった」と述べる（「まえがき」①xvii頁）。
（14）鹿野は、家永三郎との対談のなかで、自らを省み、「あまり共同体論の立場に立って近代主義を全面的に批判することは、自分にまだ正直でないものが残るように思っています」と述べた上で、「去年だしました小著の『大正デモクラシーの底流』は、そういう問題に自分なりにぶつかってみようとしたものですが、書きながら、自分の心がずいぶんゆれ動くのを感じました」と語っており（家永三郎・鹿野政直、司会江村栄一「〈新春対談〉歴史と人生」『歴史評論』第二九七号、一九七五年一月、一四頁）、鹿野にとっての転機となった作品であることがうかがえる。

(15) 鹿野政直「〈自著を語る〉『近代日本の民間学』岩波新書」（『ほんだな』第四四号、一九八四年一月）一〇頁。

(16) 鹿野自らも、歴史学界で「民衆思想史派の一人と数えられてきた」と、その「居心地の悪さ」の表明とともに記す（「問いつづけたいこと」①四二七頁）。

(17) 前掲「私たちの半世紀」二五〇頁。

(18) 「〈思想の言葉〉民衆思想史の立場」（『思想』第一〇四八号、二〇一一年八月）二頁。

(19) 「歴史意識の現在——社会史をめぐって」（『歴史学研究』第五三二号、一九八四年九月）。⑦I－三－1のもとになっている。

(20) のちに『健康観にみる近代』（二〇〇一年、朝日選書）所収。

(21) 前掲「民衆思想史の立場」六頁。

(22) 前掲「沖縄の問いにどう向き合うか」。

第一部　鹿野思想史の成立と方法

一　触発する歴史学――鹿野思想史の特徴と性格について

北河賢三

はじめに

『鹿野政直思想史論集』全七巻（岩波書店、二〇〇七～〇八年）では、第一巻の「わたくしと思想史」、各巻の「まえがき」および「問いつづけたいこと」において、自らの研究の初心と自己批評、各テーマについての自解が示され、さらに現状認識と立場が表明されている。読者（私）にとってはありがたい著作集なのだが、そこには鹿野思想史の特徴と性格が記されているとも言えるので、屋上屋を架すことになりかねず、また本書の各論考と重なるところが少なくないが、鹿野思想史を触発されるところの多い独特の歴史学とみる見地から、その所以と性格について考えてみたい。なお、ここでいう「性格」とは、「その学問が持つ第一義に優れた特色」[1]（戸坂潤『科学方法論』）との意であり、この「性格」をつかむことが方法的理解なのである。

以上の点に照準を合わせて、『思想史論集』と他のいくつかの著作、前者ではとくに、一九六〇年代末から二一世紀初頭の鹿野の時代認識が端的に表明されている第七巻の「Ⅰ　「鳥島」は入っているか」「Ⅱ　化生する歴史学」に収録された論考を中心に検討する[2]。なお、以下の引用文中の……、〔　〕は北河に拠る。

一　「秩序意識」論と思想・思想史のとらえ方

意識と思想を切りはなさず、むしろ意識を、思想発酵の素と捉えたい……。自己を秩序に埋没させきらず、そこに芽ばえる秩序への違和感、自己への懐疑として発現する意識こそが、思想形成への契機をなします。〔中略〕思想をそのような発現の場から切りはなし、自己完結性をもって認識することは、摘みとられた花をめでるにひとしいとさえ思われます。〔中略〕政治や経済の歴史は、因果関係〔構想力および戦略・戦術とその政策化・制度化の関係〕で塗り固められた歴史となりがちです。〔中略、それに対して思想の歴史は〕政策化され制度化されたかどうかを、価値の決め手とはしません。〔中略〕その点で思想の角度は、歴史を、可能性や構想力の欠落や陥穽《かんせい》から洗い直してゆく効用をもちます（『近代日本思想案内』岩波文庫、一九九九年、五〜七頁）。

以上の思想・思想史のとらえ方は、戦後歴史学に対する違和感にもとづく鹿野思想史の特徴を示しており、代表的思想家によって担われる思想に対比される民衆思想への取り組みや、政治思想史との緊張関係における倫理思想史の立場と不可分なのであろう。このうち後者に関して、『思想史論集』第二巻「まえがき」では、「秩序の在り方を規定する価値基準を倫理と呼ぶならば、どのような秩序を欲するかという意志の表明である思想は、つねに倫理思想としての性格を帯びなければならない。〔中略〕思想史は、つねに倫理思想史であるとともに、またそれ故に政治思想史でもなければならない」という『日本近代思想の形成』（新評論社、一九五六年、九〜一〇頁）の記述の後半部分を引き、当時「学問の対象としての思想といえば、ほとんど自動的に「政治思想」を指すのが、ほぼ常識であった」なかで、「思想史の対象が政治思想に一元化されることへの拒否感」があったと述べている。

ここでいわれる政治思想史が、戦後歴史学における政治思想史ならびに丸山政治思想史を指すとすれば、鹿野の両者との緊張関係は、初発から一貫していたということになる。また、政治思想史と対比される倫理思想史は、西欧思想史上の倫理思想史一般ではなく、いわんや和辻倫理学的なそれではない。鹿野は『婦人・女性・おんな――女性史の問い』（岩波新書、一九八九年、二一～三頁）において、「政治思想は、支配の思想やそれに対抗する思想を内実としています。〔中略〕しかし倫理思想の場合、まず克服すべき〝敵〟は、往々にして自分のうちにみいだされます。前者〔政治思想〕では、踏みつけにされているとの憤りが、機軸です。しかし後者〔倫理思想〕では、いかに踏みつけにしているか、また、されたことが習性化しているか、の点検が欠かせません。〔中略〕器械的にいえば、婦人論をもって、それぞれの思想のホンモノ度を測るリトマス試験紙にしようとの気分もありました」と述べ、「進歩的精神を比較的正確に測定し得る対象は、家族道徳に関する見解である」という家永三郎のことばを引いている。したがって、鹿野のいう倫理思想（史）の核心が、（男性として）女性と家族道徳への向き合い方を問うことにあったことは、明らかである。

一方、鹿野による「秩序意識」論の趣旨は前引のとおりだが、その意味するところは具体的な歴史叙述をみることでいっそう明瞭になる。次の文は、「秩序意識」論の観点から萩原朔太郎の思想を近代日本思想史のなかにおいてとらえようとした一節である。

近代詩の黎明を告げたとされる前者〔島崎藤村『若菜集』一八九七年〕には、秩序のかたい殻を破って解放されてゆく感情がみなぎっていたのに反し、口語自由詩の確立そのものとなった後者〔萩原朔太郎『月に吠える』一九一七年〕には、秩序からはみださずにいられない、それでいてあるべきものが明確なかたちをとってこない救いのない心象が込められている。わずか二十年間に起ったこの方向一変は、たぶん日本の、遅れてきた近代の悲哀を反映する（初出一九七七年、⑥三九四頁）。

あるべき近代の追求と直面した近代の現実、その落差をとらえた萩原の直観は同時代において際だっており、後述する歴史と個性の連関を示す好例でもあろう。なお、この種の秩序からの逸脱についての具体的叙述は、すでに『明治の思想』（筑摩書房、一九六四年）のなかで、田岡嶺雲の文明批判、幸徳秋水らの無政府主義、田山花袋らの自然主義を論じた「十　異端者意識の先鋭化」や、中山みきから『青鞜』の思想までを取り上げた「十一〈新しい女〉の出現」などに明瞭に顕れている。「秩序意識」論は、それら「異端者」や〈新しい女〉たちへの着目と相即的だったといえるであろう。

二　全体像の追求と個性への愛着

1　全体像の追求

鹿野は『資本主義形成期の秩序意識』（筑摩書房、一九六九年、以下『秩序意識』と略）の「はしがき」および「問題と構想」において、「明治期における日本人の精神動態」の「すべてを」とらえること、思想史的立場から「社会構造＝全体像をえがきだす」ことをめざすと述べている。鹿野は初期の著作では「全体像」「全体史」ということばを用いていないが、『秩序意識』では一般的「概念」から演繹するのではなく、「実体」から出発して、いわば帰納法的に「全体像」を描き出すことをめざした。しかし、その後の鹿野は『秩序意識』のようなスタイルでの体系的な著書を著しておらず、そこに「方向転換」をみてとることができるだろう。だが、全体像・全体史追求への志向を放棄したのではなく、一九七〇年代以降、従来の研究を点検し、その欠落を補填し充実させるべく研究対象を広げるとともに、対象とする時期を現代にまで及ぼしていった。すなわち、鹿野思想史の機軸であった幕末・明治の思想の研究にくわえて、足尾鉱毒事件と田中正造の思想、女性史、沖縄近現代思想史、大正デモクラシーと大正期の思想、民間学、戦後史と戦後意識・戦後思想、病気・医療と健康観、兵士論などと、同世代の歴史研究としては比類のない多彩な研究が生み出されたのである。そして、それらを貫いているのが、「「鳥島」は入っているか」という視点であった。そういう意味において、歴史（近現代史）の全体像が追求されているといえるだろう。

全体像の追求という場合、あれもこれも視る、あっちもこっちも見落とさないというだけではなく、それぞれのテーマについて対蹠的な位置・立場・要素相互の関係を見きわめることによって、はじめて（一定の視角からする）全体像の把握が可能になる。たとえば『現代日本女性史――フェミニズムを軸として』（有斐閣、二〇〇四年）の冒頭で、鹿野は次のように述べている。「できるだけ日常性の次元から問題を立てるべく努めた。そこに発酵する一人ひとりの歓び・苦しみ・惑い・悩み・創意、いやあきらめまで含めてそれらの総体が、究極のところ歴史を規定するとわが身にいい聞かせてきたからである。その意味では、日常性とリブ・フェミニズムとのあいだに横たわるおそらく誰の眼にもみえる乖離よりも、後者が前者にもつ根と、それゆえに両者間に存在する相互触発性を重視しようとの気持ちのほうが、わたくしにはつよかった」（四頁）。このような視点からすれば、或る種の女性史・ジェンダー史研究に対する批判も当然に生じることになる（本章第三節）。

また、社会史の特徴として、「第一に、遍歴・放浪や無頼・無籍へのつよい関心」、「第二に、人間と人間とのきずなの回復への模索」があることを指摘し、「これら二つの意識は、一方が「無縁」をめざし、他方が「絆」の回復を求めるというふうに、一見、対蹠的な志向性を帯びている。だがそれらは、一方でいまある秩序からの脱離をめざし、あるべき結合を求めるという意味で、いわば裏腹の関係にある」（⑦一二三～一二七頁）と述べている。社会史の理解・定義は人によってまちまちだが、ここには鹿野の社会史のとらえ方が示されている。とともに、「社会史の手法とともに歴史上の人びとが、受動性・匿名性へじりじり追いつめられていることが、どうしても心の底に引っかかっている」（⑦二二六頁）と、社会史への懐疑も表明されている。

前記のいくつもの主題についての主な研究としては、幕末・明治の思想を論じた『明治の思想』（前掲、一九六四年)、『日本近代化の思想』(研究社出版、一九七二年)、『近代精神の道程──ナショナリズムをめぐって』(花神社、一九七七年)などのほかに、『大正デモクラシーの底流──〝土俗〟的精神への回帰』(NHKブックス、一九七三年)、『近代日本の民間学』(岩波新書、一九八三年)、『沖縄の淵──伊波普猷とその時代』(岩波書店、一九九三年)、『兵士であること──動員と従軍の精神史』(朝日選書、二〇〇五年)があり、宿題が残されている部分もあると思うが、いずれも問題提起的な労作であった。また、それらと並行して、『日本近代史──黒船から敗戦まで』(西岡虎之助との共著、筑摩書房、一九七一年)、『日本の歴史27 大正デモクラシー』(小学館、一九七六年)、『ジュニア日本の歴史6 近代の日本』(編著、小学館、一九七八年)、『日本の歴史9 日本の現代』(岩波ジュニア新書、二〇〇〇年)のような近現代の通史や、『戦前・「家」の思想』(創文社、一九八三年)、『祖母・母・娘の時代』(堀場清子との共著、岩波ジュニア新書、一九八五年)、『戦後沖縄の思想像』(朝日新聞社、一九八七年)、『近代日本思想案内』(前掲、一九九九年)、『健康観にみる近代』(朝日選書、二〇〇一年)、『日本の近代思想』(岩波新書、二〇〇二年)、『現代日本女性史──フェミニズムを軸として』(前掲、二〇〇四年)、『沖縄の戦後思想を考える』(岩波書店、二〇一一年)などの問題史的通史・概説が著された。「岩波新書の思想史」として書かれた『岩波新書の歴史』(岩波新書、二〇〇六年)もその一つであり、『日本の近代思想』などとともに、「「鳥島」は入っているか」を問う鹿野ならではの著作である。

2 個性への愛着

以上の研究と並行して、というよりも、上記の著作をふくむ鹿野の研究を貫いているのが、個性＝個人(史)への志向である。

個人を、必然性と可変性との結節点とみるとき、個性は、その両者が接触し火花を散らすところにかたちづくられる、ということになろう。その意味では、個性的なものは必ず普遍性に通じる要素をもち、普遍性は個性を宿り木として顕現する。人物を主題とすることは、少なくともわたくしには、個性の輝きのなかに時代を読みとる楽しみを与えた（⑥「まえがき」v頁）。

歴史学を考えるに当って、「体験」や「個性」への固執は、わたくしの素志というべきものであった。〔中略〕結局、個人のかけがえのなさという視点を抜きにして、いかなる歴史（叙述）もありえないとの結論に到達する。〔中略〕個人を対象とすれば、如上〔歴史の全体性への嗜好から幾度か試みた通史叙述〕の不完全燃焼感はおおかた解消する。その個人の抱える問題の〔中略〕全容に立ち向えるからである。そこには〔中略〕個人と個人との抜きさしならぬ関係が、不可避的に成立する（⑥「問いつづけたいこと」四二一～四二三頁）。

鹿野の個性への執心は、自身の生い立ち（『戦前・「家」の思想』の「はしがき」）と、おそらくはその経験と不可分の読書経験、および戦争の時代の経験にもとづくとともに、⑤戦後歴史学、とくに「科学的歴史学」に対する違和感と表裏の関係にあり、鹿野思想史を特徴づけるものとなった。

鹿野が論じてきた個人を『思想史論集』各巻から拾うならば、「個性のふるまい」と題された第六巻には、「国家はどうあるべきかを問い返した」（⑥「問いつづけたいこと」）明治期の代表的思想家である、福沢諭吉、中江兆民、徳富蘇峰、陸羯南、三宅雪嶺、馬場辰猪、夏目漱石、石川啄木、河上肇、荒畑寒村、田中正造のほかに、山川菊栄、飯島喜美、塩沢美代子、福田克彦、吉屋信子、小倉金之助、比嘉春潮、萩原朔太郎、高村光太郎、剣持勇、また第一巻には、柳田国男、伊波普猷、津田左右吉、南方熊楠、柳宗悦、喜田貞吉、高群逸枝ら（以上は『近代日本の民間学』収録の人物）と中里介山（『大菩薩峠』の作者として）、第二巻には、中山みき、平塚らいてう、与謝野晶子、市川房枝、鹿島光代、高群逸枝、伊藤雅子、第三巻・四巻には、新川明、川満信一、大城立裕、伊波普猷、目取真俊ら、第五巻には、金子光晴、宮柊二、浜田知明、仲宗根政善、第七巻には、西岡虎之助、E・H・ノーマン、黒羽清隆、家永三郎、鶴見良行が取り上げられている。以上のほか、『明治維新につくした人々』（さ・え・ら書房、一九六六年）、『高群逸枝』（堀場清子との共著、朝日新聞社、一九七七年）、『近代日本思想案内』（前掲、一九九九年）、『近代国家を構想した思想家たち』『近代社会と格闘した思想家たち』（ともに岩波ジュニア新書、二〇〇五年）があり、最後の二著には、上記の人物との重なりもあるが、計五〇人が取り上げられている。そのうち上記以外の人物は、渡辺崋山、坂本龍馬、吉野作造、美濃部達吉、内村鑑三、岡倉天心、宮崎滔天、朝河貫一、金子文（ふみ）子、石橋湛山、出口なお、幸徳秋水、大杉栄、北一輝、戸坂潤、北村透谷、寺田寅彦、横山源之助、石原修、山本宣治、野村芳兵衛、丸岡秀子、若月俊一、知里真志保、松本治一郎、柏木義円、黒島伝治、清沢洌、竹内好である。さらに『思想史論集』刊行後には、阿波根昌鴻が論じられている（テッサ・モーリス－スズキ編『ひとびとの精神史』第2巻、岩波書店、二〇一五年）。以上にみられるように、マルクス主義者は少ないが、『近代日本思想案内』では主なマルクス主義思想が通覧されており、そのなかで鹿野がとくに注目するのは、文学者の中野重治であろう[6]。

なお、『明治維新につくした人々』をはじめとするジュニア向け著作は、上記のいくつかの文献のほかに、『福翁自伝と福沢諭吉』（編著、さ・え・ら書房、一九七一年）、『岩波高校生セミナー① 歴史を学ぶこと』（岩波書店、一九九八年）があり、計八冊に及ぶ。後述するように、鹿野には専門家向け・一般向けを区分けするという発想がなく、あらゆる読者に向き合おうとする鹿野の姿勢を示すものであろう。

吉田松陰や福沢諭吉をはじめとする幕末～明治の代表的思想家に始まった個人研究は、女性史、沖縄史、民間学をはじめとする研究領域・テーマの広がりと相まって増え、版画家の浜田知明やデザイナーの剣持勇にまで及んでいる。歴史研究において特定個人を中心に据えるのは常道だが、鹿野の場合には、前述のように個性への愛着と敬慕に根ざし、多くの個人（史）像の造形を軸にして歴史像がつくられているといっても過言でない。そこに鹿野史学の特徴があり、私たち読者を触発する所以であろう。

三　文章・ことば遣いへの着目

……行くてが定かにみえぬままに、岐路に立っているという予感に間断なく襲われつつ、いやそれだけにまず、いまを認識しようとの意志、確認したいとの渇望が、高まっているといってよいだろう。「――は、いま」あるいは「――の現在」という類の表題やキャッチ・フレーズがしきりに眼につくのはそのような意識の反映にほかならない（初出一九八四年、⑦一三一頁）。

鹿野は、文章・ことば遣い（ここでは文体＝styleとは区別している）に敏感で、ことばの選択やことば遣いの変化などにたえず注意を払って論じている。文章・ことば遣いには書き手の姿勢や思考のありようがうかがわれ、ことば遣いの変化には時代を映し出す面があるからなのであろう。自身が書く際にも同様で、ことばを選ぶことに細心の注意を払っている。文章・ことば遣いへの注目は早くからみられるが、『「鳥島」は入っているか――歴史意識の現在と歴史学』（岩波書店、一九八八年）以降いっそう顕著となり、場合によっては、それ自体が読み方と批評の基準になっているともいえるだろう。たとえば『現代日本女性史』では、フェミニズムとジェンダー論について、次のように述べている。

もっとも戦闘的なフェミニズム論者である大越愛子でさえ、つぎのようにいう。「フェミニズムはジェンダー概念の登用によってその告発的形態を中和させ、その闘争的側面に違和感を持っていた女性たちや男性たちを、フェミニズム言説の中へと巻き込んでいくという画期的な、認識変換を行った」。そのあとで彼女は、価値中立を装うジェンダー利用への警戒を説くのだが、上述の一文を読むかぎり、それまでのフェミニズムの耳障りな言動に代え、ジェンダーが拒否反応を大幅に減衰させた快い（つまり無害な）言葉として登場したことを、画期的と評しているというほかはない（一六三〜一六四頁）。

また、日本のフェミニズムについての代表的アンソロジーである『日本のフェミニズム』全七冊+別冊一冊（岩波書店、一九九四〜九五年）を読んで、「「愛」や「セクシュアリティ」という言葉がとびかう反面、「貧しさ」ということへの視野がほとんどないことに驚いた。〔中略〕口が割けてもいいたくないことだが（といいつつ、その禁を破れば）、フェミニズムはそれだけエリート性と結びついてしまった」（二一二頁）と、いうべきこと（！）を言っている。そういう鹿野の独特な（毒を含んだ）言いまわしが、（毒のない私には）印象的だった。

そもそも鹿野がことば遣いに注目するのは、ことばを通して、その「根」にあるもの・思想が「発酵する土壌」に思いを致すからである。それは書き手・語り手や芸術作品の制作者の姿勢すなわち精神に眼を向けることでもあろう。そういう思想の核心的部分への着目は、たとえば田中正造を論じた論考にうかがうことができる。田中についてはば遣いの変化に注目して論じている。田中の日記や書簡に「鉱毒」が登場するのは一八九一年九月、次いで九七年ころから「殺ス」の二字が登場し、九九年には「非命（ノ）死者」の認識に至ることを指摘し、「（一）「公益」を呼号する立場から「被害民」を軸とする立場へ、（二）「財産権」の侵害を主張する立場から「生命」権の侵害を見つめる立場へ移行」する、と「「民権」から「人権」へ」の思想的転成を論じている（一三二頁以下）。『思想史論集』第六巻に三本の論文が収録されているが、第七巻の「I「鳥島」は入っているか」では、田中のこと

また、各主題の時期ごとの特徴を多くの文献・資料のなかから突きとめて一言で表現し、その変遷をたどって歴史をとらえるのが際だった特徴である。『健康観にみる近代』では、「健康」・「体質」・「体力」・「肉体」・「体調」・「生命」の時代、と各時代の健康観を名づけ、明治維新期から今日までの健康観の推移を描いている。そのほか、戦後歴史学は、原始・古代史研究においては、歴史における「国家」、中世史研究は「民衆」、近世史研究は「地方」（その

後「地域」)、近代史研究は「世界」を、それぞれ提示したという論(『「鳥島」は入っているか』二九頁以下)や、戦後の近代像を、「希望としての「近代」」「豊かさとしての「近代」」「制度としての「近代」」の、三変としてとらえた論(『化生する歴史学』校倉書房、一九九八年、三二四頁以下)などがある。この種の歴史や歴史研究の把握は、鹿野の洞察力・構想力と結びついたことばへの注目にもとづいている。

そのほか、詩歌のことば遣い、学術論文にみられる語法、時代の流行語、儀礼的文章における紋切り型のことば(鶴見俊輔のいう「言葉のお守り的使用法」も含まれる)などを取り上げて、その背後にうかがわれる意識とその変化に注目して論じている。鹿野が着目することば遣いには、時代状況・思潮を的確にとらえたものもあれば、逆に無自覚・無意識に用いられているケースもあり、後者のなかには後出のような無自覚の差別意識も含まれる。

『思想史論集』第五巻「Ⅱ　兵士であること」の「一　動員と従軍」では、一方で、宮柊二のようなことばを操ることに習熟した歌人の戦場詠や、戦場の体験を反芻し表現技法を研ぎすまして制作された浜田知明の版画に、他方で、紋切り型ことばで書かれた農民兵士の軍事郵便に、照準を合わせて検討されている。従来の軍事郵便について論じた研究には、大江志乃夫『兵士たちの日露戦争――五〇〇通の軍事郵便から』(朝日選書、一九八八年)のようなことば遣いに留意した研究はあるものの、なお不十分だった。軍事郵便を中心に検討した「村の兵士たちの中国戦線」は、それを意識的に推し進めた論考である。

『思想史論集』第七巻「Ⅰ　「鳥島」は入っているか」には、「一　歴史学の自己点検」「二　「戦後」意識の現在」「三　人間論の現在」が収録されている。「一　歴史学の自己点検」では、戦後歴史学の意義とその批判・自己批判および再構築の模索、「二　「戦後」意識の現在」の「1　批判としての「戦後」的日本史像の提示」では、戦後日本史研究の特徴とその意義、ついで西欧志向からの転換と東アジア的視点の自覚、『昭和史』論争を経て六〇年代の「民衆」の浮上など、「2　自己肯定としての「戦後」的日本史像へ」では、一九六〇年ころからの歴史ブームと司馬(遼太郎)史観のもつ意味、「3　「戦後」意識の終焉」「4　「戦後」意識のかなたに」では、「「戦前」への緊張感をもつ「戦後」意識」が消滅する一方で、ベトナム戦争や公害問題を機に一九七〇年代から「される側」からの視点と「にとって」の視点が醸成されたことに注目し、他者感覚の生成、被害と加害の連鎖の認識など、新たな社会意識・歴史意識の形成を指摘している。「三　人間論の現在」の「1　岐路にたたずむ意識と社会史」では、社会史の隆盛とその特徴および人びとの社会意識・歴史意識との関連、「2　「民権」から「人権」へ」では、前記の「人権」の思想としての田中正造の思想への注目と諸領域での「人権」意識の深まり、「3　「人間」復活への胎動」では、管理社会化のもたらす疎外・荒廃から「人間」復活をめざす学問・実践が指摘されている。また、「Ⅱ　化生する歴史学」の「一　化生する歴史学」では、一九八〇年代を経過する中での歴史意識の変貌と歴史学の変容、および「文化」への関心の高まりと国民国家論の盛行、「二　自明性の解体のなかで」では、歴史学における「化生」、「脱構築」をめざす動きおよび他の学問分野での変化が論じられ、「三　「わたしたち」をいかに回復するか」では、切れてしまった「わたし」と「わたしたち」を回復する試みを紹介し批評している。そのなかの「三　「わたしたち」をいかに回復するか」では、西村絢子・藤村久美子・牧原憲夫編『わたしとわたしたち――人権と民権を考える』（町田市教育委員会、二〇〇一年）を取り上げて、次のように評している。

〔鹿野は、「人権とは束ねること・束ねられることへの怖さの意識化から出発すると思ってきた」という。〕この人権把握に立つならば、「束ねない」ことを目ざすこの本は、「束ねない」文体ないし語り口をもたなければならない。問いかけの多用や体言止めの挿入など、工夫があって教えられた反面で、読者への呼びかけで「みなさん」が頻出することに、対手に網をかける「束ねる」いいかたではないかとの思いも残った。〔中略〕わたくしたちは、眼をみて話すことに相当する文体をまだもたず、したがってこれから造りだすべきなのかもしれない。

読者との応答を不可欠の要素としたこの本の成否は、いかに読者との接点をもちえたか、読者を触発したかによって測られる（⑦二三五頁）。

最後の一文は、ひるがえって、昨今の鹿野自身の姿勢を示していると言えるだろう。

以上に挙げた『思想史論集』第七巻の論考には、一九七〇年代以降の社会と人びとの意識の変化、およびそれにともなう文章やことば遣いの変化への注目が目立つ。さらに立ち入ってみるならば、学生用語である「しらけ」と「シコシコ」（一六四頁）、「こころ」の流行（一六五～一六六頁）、「人間」復活への機運（一六九～一七六頁）、「こだわり」、「問い」の連発、「読む」の流行（二一〇～二一二頁）などがある。たとえば、「こだわり」については、次のように論じられている。

> もともと「こだわる」「こだわり」という言葉は、マイナスの意味を込めてしか用いられなかった。〔中略〕だがここ数年、それはプラスの意味へと転化し、……。そこには、それぞれの価値・それぞれの拠りどころを求めようとの、精神の姿勢がある。「みんな」が崩れて「それぞれ」となった。〔見田宗介が『朝日歌壇・秀歌選』（朝日ソノラマ、一九九一年）のなかから「それぞれ」という表現のもつ意味に注目した歌、「それぞれにそれぞれの空があるごとく紺の高みにしずまれる凧」を引用して〕それだけいまが不安定との証左でもあるが、またそれだけ人びとは、絶対者への帰依と紙一重のかたちで、一人ひとり固有の価値を求めはじめているのだ、ということができる（⑦二〇九～二一〇頁）。

また、「東南アジア学」を唱える矢野暢の文章について、「その地の人びとの表情、民衆の息づかいが、一向に浮びあがってこないのに驚いた」（七五頁）との記述や、「アジア学」における「現地人」ということば遣いの指摘[⑦]（八〇頁、田中彰が引用する小泉允雄によるアジア学批判）。藤田省三のいう「安楽」（「「安楽」への全体主義」一九八五年）から「安心」「安全」などの不在を込めた「不安」への転化（四二九頁、ただし、藤田の指摘する「安楽」志向は、「不安」と表裏をなしている）。さらには、軍事用語である「空中戦」を使うことへの留保（二〇五頁）、体言止めへの留意（二三五頁）。体言止めは、単なる字数の節約のほか、効果的なケースもあれば、思考停止を示す場合もあると思う。なお、前記の「村の兵士たちの中国戦線」では、或る兵士の手紙における句読点の打ち方の変化にも注目して論じられている（⑤三〇三頁）。

四　書く姿勢と「立場」

学界では、叙述にさいし、しばしば、専門家向けと一般向けという区分けが口にされる。〔中略〕そうした区分け自体、わたくしには理解できぬものであった。だれかに向けて書くという心境から遠く、終始、己れに向けて書いてきたとの感のみ深い（「わたくしと思想史」①ⅳ頁）。

鹿野は著書において、初発から「筆者」などとは書かず「わたくし」と表記しており、通常の学術論文とは異なって、しばしば「わたくし」の独白的記述がみられる。「己れに向けて書いてきた」というように、『戦前・「家」の思想』の「はしがき」に書かれているような生い立ちや自己内対話は読者に開示されており、自らの経験を原点として思想史が構想され、それが読者に向けての問いかけとして受け止められるのだと思う。また、鹿野の書く姿勢や「立場」については、次のような記述がみられる。

わたくしたちが拠って立っていた「日本思想史学」の自明性は、こうしていまやそれぞれの分節（「日本」・「思想」・「史学」）で、再吟味の濤に洗われている。少なくとも、「日本思想史学」という概念を安定した基盤としえなくなったということだ。

といって未来が視えているわけではない。これまでの学問の固定性から離岸はしたが、出航したといえるほど目的地は明瞭ではない。そんなとき安丸良夫の『〈方法〉としての思想史』（校倉書房、一九九六年）を読んで、いたく感銘した。〔中略〕ここではとくに、その「立場」性ということをいいたい。〔中略〕わたくし流にそれを読んで、一人ひとり決意を秘めての、いや公示しての、出発しかありえないと思った（初出『日本思想史学』第二八号、一九九六年、⑦二二五〜二二六頁）。

立場を公示するとは、私の理解では、歴史研究者としての自らの立脚点を示すことであり、諸理論の意味を受け止め理論的省察をおこなうことは当然であるとしても、そこから自動的に立場が導きだされるわけではない。直面する現実と史料に向き合うなかで問題の発見があり、それにもとづいて自らの立場と方法が形成され、また再形成される。理論はその一環ないし一助であろう。

鹿野における「立場」は、すでに『「鳥島」は入っているか』のなかで明示されているが、『化生する歴史学』や『思想史論集』第七巻の「問いつづけたいこと」では、いっそう明瞭に打ち出されている。

たとえば、『化生する歴史学』では国民国家論について、「国民国家論の盛行は、ほとんど宿命のように両肩にのしかかっていた「国家」の重荷を、軽くするか振り払おうとの心理の所作である。〔中略〕そこにみられるのは、みずからが「国民」として縛りつけられていることへの意識の希薄化である。意識のうえでの軽やかな脱「国民」は、かえって「国家」に包摂されている自己への無感覚を生むのではないか、と言い換えてもよい」（四一〜四二頁）と、批判的に評している。また、「沖縄をめぐる／に発する「文化」の状況」（二〇〇六年）では、沖縄エッジ論について、「語られ消費される沖縄論と紙一重の位置にもある」と指摘し、「ポストコロニアルへと意気込む」上村忠男の文章を批判しており（④三七三・三九六頁）、いずれも第七巻の「問いつづけたいこと」にまっすぐにつながっている。これらの指摘は、国民国家論やエッジ論の趣旨を否定しているのではなく、そこにうかがわれる心理的陥穽に眼を向けたものであり、そうした着眼やものごとの両義的把握・複眼的考察は鹿野の文章に一貫してみられる特徴である。

前記の第七巻「問いつづけたいこと」では、「歴史構成主義や国民国家論では、極言すれば「人びと」は、「遊び駒」（野家啓一）や「やどかり」（西川長夫）の位置まで転落させられてしまった」（四二五頁）、「歴史修正主義・歴史構成主義・国民国家論と並べてみたときに、三者ともに、（その主張の鮮明さによってであろうが）自他の峻別・他者の裁断・自己の貫徹という、〝支配〟への欲望に支えられた政治力学を体現していることにあらためて気づかされる。その体質と、それらの学説に通有の、「人びと」の存在感の稀薄化とは、おそらく繋がっていよう」（四二九頁）との指摘に示されるように、ことば遣いへの注目を介して、三者に対する批判とともに、鹿野の「立場」が明示されていることが重要である。

これに対して、『思想』（二〇一〇年八月）の「特集　ヘイドン・ホワイト的問題と歴史学」では、成田龍一が「三つの「鳥島」――史学史のなかの「民衆史研究」」のなかで、右の鹿野の批判を取り上げて、「歴史を記述するという行為そのものがはらむ権力関係、および（中略）「国民」が持つ規範性こそ、歴史構成主義と国民国家論が批判的に提起した議論」であり、「歴史修正主義を含めた三者は、戦後歴史学や、その延長上に位置する（中略）民衆史研究の立場とは切断されている」と、歴史構成主義の観点から「戦後歴史学」と「民衆史研究」を批判的に論じている。成田は「三つの「鳥島」」を対比してその違いに着目して論じているのだが、その関心は、鹿野が同時代の思潮・学問の批評として『「鳥島」は入っているか』を書いた動機（危機意識と新たな思想・学問形成への期待や希望など）とその内容よりも、歴史学・（メタヒストリーとしての）史学史それ自体に向けられている。『「鳥島」は入っているか』は、私たちが歴史学のあり方を考えようとするとき、現実が突きつける諸問題と、人びと（私たち）の現在の意識・無意識および歴史意識の変化に向き合うことが不可欠であることを提示した点に喚起力があったのだと思う。(8)

右の特集をうけて、「思想の言葉」（『思想』二〇一一年八月）のなかで、鹿野は「民衆思想史の立場」（傍点は北河）と題して次のように述べている。

既存の歴史学はもとより、メタヒストリーにあっても、歴史学という枠自体は不問に付されている……。〔中略〕だが民衆思想史は、歴史学（界）に終始する思考あるいは志向から、そもそも外れていた。〔中略〕営為と視野が、歴史「学」に完結することへの違和を蔵していた。なぜならば民衆思想史は〔中略〕、歴史学を主体として疑わずその意味でみずからを過去の判定者とする意識への、拒否感を基軸に発芽したからである。結果として、歴史学（界）のうちに或る位置を認定されるに至ったが、わが心情においては、第二義第三義のことでしかなかった。〔中略〕歴史意識を発酵させる土壌は、そこ〔「言語論的転回」論やメタヒストリー〕では、おおむね認識の埒外に置かれたままである。

ここには、認識論的論議に終始し「学」に自足することへのきびしい批判がある。

鹿野は歴史叙述について、すでに『大正デモクラシーの底流』（一九七三年）において次のように述べている。「民衆の、それも思想をあつかうとは、肖像権の侵害にも似た気持ちをともなうものである。あるいは、民衆自身がのぞんでもいないところへ、土足でふみこむような感じをおさえがたい。その一方で、〝民衆〟と一括することによって、人びとを顔のない存在へと押しこんでしまうような感じもする。専門家は、民衆を純粋に分析対象とみなすことによって、かれらを実験物体視する傲慢を露呈するか、あるいはみずからをも民衆の一人とする虚構に身をまかせて、べつの傲慢におちいるか、専門家にとってそれ以外のみちは、目下のところほとんどないようにみえる。〔中略〕知的専門家と〝民衆〟のあいだに真のコミュニケーションをなりたたせるみちは、両者間に存在するへだたりをなんらかの〝偽善性〟で糊塗せずにみきわめつつ、専門家のがわから率直に問題をだして、批判の集中砲火をあびる方向以外にはないだろう」（二一六～二一七頁）。

なお、『思想史論集』第一巻の「問いつづけたいこと」では、『大正デモクラシーの底流』について、「対象を指す表現においては、〔中略〕わたくしにとって、「民衆」の、「人びと（＝われわれ）」への移行の始まりであった。「民衆」の、objectからsubjectへの移行であったといえるかもしれない」（四三〇頁）と述べている。さらに第七巻の「問いつづけたいこと」では、「一人ひとりにとってどうであったか？を問うことなくしては、いかなる歴史（学、叙述）もありえない……。歴史専攻者も、そうした一人ひとりのうちに在る以上、この視点は、書く主体と書かれる対象との二分化の自明視を克服し、両者の相互性への視野を育むことになる」（四三三頁、傍点は北河）と述べている。

歴史研究者としての鹿野は、そういう地点に立ち、問いかけている。

歴史認識は、よく言われるように、歴史上の人物やできごととの対話であり、相互に呼びかけ応答する関係にある。鹿野の文章からは、通常の学術論文にみられる実証や解釈に止まらず、いわば全身で対手を受け止め応答しようとする姿勢と、そこに込められた著者の想い（敬愛や共感）が伝わってくる。そうした姿勢が、個人史について指摘したのと同様に、私たち読者を触発する所以なのであろう。

その姿勢は、同時代の事態への向き合い方においていっそう顕著である。一九七〇年代から管理社会化が進むなかで、鹿野は「「人間」を全体として捉える視点をもたなければ、疎外や荒廃からの回復がないとの認識」が不可欠であることを指摘し（⑦一六七頁）、『思想史論集』第五巻の「問いつづけたいこと」では、「ことば」と「からだ」が規律によって統制され衰弱している事態に向き合い、心身をほぐすための「レッスン」に取り組んできた竹内敏晴らの著作を取り上げて、人びとの心身の深刻な実情を伝えている[9]。また、教育現場の実情に想いを馳せてきた鹿野は（⑦一六三頁）、「君が代」強制によって教員が置かれた現場の状況に向き合って、「君が代」に代えて「民が代」を口ずさむことを提唱するという、自らの「白昼夢」を記した文章（二〇〇〇年）を再録しているが（⑤四三一～四三二頁）、ここには鹿野の姿勢と想いが如実に顕れている。そして、「本土の人間」として「沖縄の呻吟」に寄せる想いは深い（『沖縄の戦後思想を考える』など[10]）。

おわりに

仲宗根政善は、説明は「ことの葉」であって「ことの根」ではない、「根」を伝えることは不可能だが、「根をこそ伝えるべきである」と記している。[11] これに倣っていえば、鹿野史学は「ことの葉」を通して「ことの根」にどこまで迫ることができるかを追求する思想史学であり、それが、私たち読者を触発する歴史学だという所以である。

鹿野の研究は、『沖縄の淵』などにみられるようにすぐれて実証的であり、また歴史的規定性・存在被拘束性が強く意識されているが、鹿野は歴史の必然性・法則性よりも、秩序への違和感・自己への懐疑とともに「個」の思想形成を注視してきた。そういう点で、歴史の必然性・法則性を重視するマルクス主義的「科学的歴史学」と対照させるならば、「文学的歴史学」と言いうるであろう。ここで「文学的」というのは、近代日本の思想は科学（とくに社会科学）よりも文学に体現されており、文学は人びとの生の経験から生まれる情念（鹿野のことばを用いるならば、歓び・苦しみ・創意・不平・不満・愚痴・怒り・恐怖・屈辱・嘆き・悲しみ・あきらめなど）を凝視してきた、という意味においてである。鹿野の研究は、思想が発酵する場としての〝文学〟（ジャンルとしては、記録・伝記・評論などをふくむ広義の文学）に注目して「個性たち」や民衆の思想に向き合い、その思想を時代とのかかわりのなかで見定めようとする思想史学である。文学と思想史学において、相渉り切り結ぶ労作は双方にあるものの、そういう作品は限られており、鹿野思想史はそれを切り拓いてきた思想史学の一つであろう。

これまでに述べてきたように、時代の現実が突きつけるさまざまな問題への応答が次々に繰りだされるところに鹿野思想史の特徴があったのだが、その底には何よりもまず〝受け止める〟という姿勢と器量（と忍耐）があり、そこに鹿野史学の源泉があるのだと思う。

注

（1）『戸坂潤全集』第一巻（勁草書房、一九六六年）五頁。

（2）鹿野史学・思想史の特徴に立ち入って論及した論文として、今井修「現代歴史学のなかの個人史研究——民衆思想史研究を中心に」（『歴史評論』一九九五年一月）、成田龍一「三つの「鳥島」——史学史のなかの「民衆史研究」」（『思想』二〇一〇年八月）、同「違和感をかざす歴史学——史学史のなかの民衆思想史研究（前期および中期）」（『思想』二〇一一年八月）がある。

（3）『大正デモクラシーの底流』について、鹿野は色川大吉の『明治精神史』（黄河書房、一九六四年）に触発されて「「戦後歴史学の自己変革」への意図を込めた」と述べている（①「問いつづけたいこと」四三二頁）。なお、本文で「宿題」というのは、『大正デモクラシーの底流』についていえば、民衆史・社会史的観点から三輪泰史（「大正デモクラシーと紡績労働者」『歴史評論』二〇一四年二月）の応答があるものの、同書でも検討されている一九三〇年代の民衆意識を究明することが、私たちに残された課題だと考えるということである。

（4）『日本近代史』は、文学作品、伝記、生活記録、新聞、雑誌などを多用し、「意識的にすべての人を固有名詞で語る手法」（①「わたくしと思想史」）で書いたという日本近代史である。同書は、その原稿の大部分が一九六四年までに執筆されたというから（同書「共著者の一人によるあとがき」）、実質的には『秩序意識』以前に書かれた最初の通史である。

（5）戦争の時代の経験が思想形成の原点となったのは、戦中派世代において際だつ印象があるが、戦時期に少年・少女期を送った後続世代にも、その経験についての痛切な想いがあり、鹿野には同世代人である山中恒、小田実、野坂昭如らの「〝みんなで〟主義」への「拒否の精神」と、それゆえの「個」へのこだわりに対する共感がある（⑤四二一～四二三頁、⑦八四～八五頁）。鹿野は自身の戦争の時代の経験にしばしば言及しているように、「皇国少年」としての経験は自らの思想形成の原点であり、譲ることのできない核心（確信）なのであろう。そして、そうした「個」へのこだわりは「歴史の全体性への嗜好」と齟齬する面をもつことを認めているが（⑥四二二～四二三頁）、前述のように、両者への志向が相まって鹿野思想史を特徴づけている。丸山眞男は「忠誠」と「反逆」について、両者は相互に反対概念 contraries をなすが、矛盾概念 contradictions ではないことを指摘している（『忠誠と反逆——転形期日本の精神史的位相』筑摩書房、一九九二年）。鹿野の個性への志向（嗜好）と全体性への志向（嗜好）は矛盾するものではなく、相即的なのであろう。とはいえ、アプリオリに個即全と断じることはできないはずで、全体性の追求には鹿野の構想力が媒介となっていると思う。

（6）そのほか、鹿野が「日本文化論の現在」（『「鳥島」は入っているか』所収）のなかで戸坂潤を取り上げているのは当然である。戦前日本のマルクス主義思想を論じる際に戸坂論は欠くことができないはずであるが、歴史学においては意外に乏しく、戸坂の一面にふれる程度に止まっている。

（7）こうした「アジア学」とは対蹠的な新たな「学」として鹿野が注目するのが鶴見良行の「アジア学」であり、『ナマコの眼』（筑摩書房、一九九〇年）から受けた刺戟を記すとともに、「民間学がナショナリズムのくびきを、どう超えたらよいのか」という課題について、同書は「民間学の未来を示唆している」と述べている（「鶴見良行　アジア学への旅立ち」⑦三一七頁）。鶴見らの「アジア学」とともに、水俣病の記録をはじめとして、ドキュメンタリーや写真をふくむ「民」の側の（行政や企業の側は重要な記録を残さないか、公表しない）数々の傑出した記録作品が編み出されてきた。それらは民間学というべき質の作品であるが、「官学」の権威性が著しく低下した今日の「学問」をめぐる状況において、それらをあえて民間学という枠組みで論じる必要はないのではなかろうか。

（8）鹿野の『「鳥島」は入っているか』執筆の動機は、その「あとがき」に記されているとおりだが、わが身をふり返っていえば、高度経済成長期を経過するなかで明らかになった社会の変容と、それがもたらす惨害・残酷に対する社会運動・思想運動やルポルタージュ・ドキュメンタリーなどによる問題提起に直面していたにもかかわらず、後になってから問題の深刻さと運動や作品の思想的意味に気づかされたことが多く、歴史学のあり方が問われていることにも鈍感だった。それゆえに「『鳥島』は入っているか」という問いは、頂門の一針だった。

（9）鹿野は二〇〇六年から〇七年に「レッスン」を表題にふくむ文献がめだつことを指摘しており、そのとおりなのであろうが、竹内敏晴（一九二五－二〇〇九）は、一九七二年に竹内演劇教室を開設して「治癒としてのレッスン」に取り組み、『ことばが劈かれるとき』（思想の科学社、一九七五年）では、「ことば」と「からだ」が劈かれて自由になることの必要を多くの事例を引きながら説いており、以後、竹内の「レッスン」は多方面の人びとに注目されてきた。竹内については、今野哲男による評伝『竹内敏晴』（言視舎、二〇一五年）を参照。

（10）最近の発言の記録として、講演「沖縄の闘いにどう向きあうか」とシンポジウム（『わだつみのこえ』第一四五号、二〇一六年一一月）、鹿野政直・堀場清子・新垣毅・鎌田慧『シンポジウム　沖縄――戦後史から問う』（現代女性文化研究所、GJKブックレット10、二〇一六年一二月）、「沖縄史の日本史からの自立」（発言と追記）と座談会「歴史の自立をめぐって」（森宣雄・冨山一郎・戸邉秀明編『あま世へ――沖縄戦後史の自立にむけて』法政大学出版局、二〇一七年）がある。

（11）仲宗根政善『ひめゆりと生きて――仲宗根政善日記』琉球新報社、二〇〇二年、一六七頁。引用した仲宗根の言は、言語表象と実在の関係についての一般論ではなく、自らの沖縄戦の経験から発せられた痛切な想いである。

二　前期鹿野思想史学の確立過程――『資本主義形成期の秩序意識』の形成にそくして

戸邉秀明

はじめに

全七巻にわたる『鹿野政直思想史論集』は自選集であり、数編の人物論を除くと、一九七〇年代以降の著作を再編した書物となっている[1]。また今日参照される鹿野の著作も、この年代以降のものにほぼ限られる。鹿野の歴史研究を七〇年代初頭で前後に別つならば、前期はほとんど検討されていないことになる。これでは後期の成果を適切に位置づけることも難しいはずだ。そこで本章では、前期の集大成である『資本主義形成期の秩序意識』(筑摩書房、一九六九年、以下『秩序意識』または同書と略、本文で頁数のみ挙げる場合はすべて同書からの引用を指す)の成り立ちとそこに込められた野心的企図を把握し、鹿野思想史学に一貫するもの、変化したものの把握を試みる。

『秩序意識』は、卒業論文をもとにしたデビュー作「日本軍隊の成立」(一九五三年)以来、二〇～三〇歳代に発表した主要論考のほぼすべてを投入した六六五頁に及ぶ大冊である。また同書には修士論文を公刊した『日本近代思想の形成』(新評論社、一九五六年、以下『形成』と略)や、勤務校での講義にもとづく『明治の思想』(筑摩書房、一九六四年、以下『明治』と略)を、自己批判を通じて練り直す意味があった。初出論文の大幅な改稿・増補や文章単位の微細な組み替えまで、その再構成の徹底ぶりからうかがえるように、同書は鹿野の思想史研究にとり、内容面でも方法面でも前期の決算書となった。初出から『秩序意識』に至る軌跡とその間の異同を検証すれば、前期の確立過程と、それがいかに後期を準備したかについて、何らかの手がかりが得られるだろう。

この前期鹿野思想史学の約二〇年は、近代日本を対象とした思想史学の本格的な自立の時代にほぼ重なる。それは鹿野にとってもおよそ三つの意味で、己の学問を自立させる過程であったといえる。第一に、丸山真男と家永三郎という思想史学の巨人の圧倒的な影響下で育った若手研究者が、どのように自分なりの学問を作り出せるかが試された。第二に、彼らの世代が研究者に成長する五〇年代後半には、六全協やスターリン批判が打撃となり、戦後歴史学が厳しく再検討を迫られていた。鹿野たちには、その学問潮流の弱点でもある思想史・文化史を手探りで作り上げる課題が託されていた[2]。第三に、戦後歴史学のなかで思想史を、しかも新たな潮流として作り出すことは、民衆思想の歴史家たちが切磋琢磨して互いの方法を磨き上げ、相互に自立する過程でもあった。『秩序意識』を頂点として、前期の鹿野が「方法」や「全体」を激しく求めた背景には、こうした何重かの自立の要請があった。ならば『秩序意識』は、自立をめざした航跡においていかなる意味で里程標たりうるのかを考えてみたい。

一　思想史による明治期全体史の展開と特長

まず、現在では手に入りにくい『秩序意識』の骨格となる展開を概観し、その特長を確認しておきたい。表2－1の同書目次と、それに対応する「対象」の欄を併せて参照すれば、扱われている対象の広がりも見渡せるだろう。『秩序意識』は、幕末維新期から明治末期まで、約六〇年間の日本社会の「精神動態」を、権力と民衆という二つの系統の思想的対抗関係の歴史として捉える。いわば思想史の観点からする〈全体史〉である。この二系統の各々が抱く近代＝資本主義体制下の秩序構想をめぐる角逐の有り様が、大きく三つの時期に分けて検討される。

序章では、「後期幕藩体制下の精神状況」を概観し、本論の前提とする。一九世紀前半、幕藩権力における正統的世界観は、朱子学的秩序・名分論・忠誠観念によって硬直化し、封建制の動揺にともない、漸次的に崩壊の道をたどりつつあった。他方、民衆は知足安分思想、共同体への帰属意識、具象的精神世界への密着により隷農精神にとらわれていたが、この頃になるとさまざまな逸脱的現象が起こり、変化の兆しが見られた。

この静かな変貌を下敷きとして、開国から民権運動が高揚するまでの「封建秩序解体期」を扱うのが第一部である。秩序の解体に対峙して変革思想が簇生し、その路線をめぐって競合する時期と把握される。権力側の志士的変革思想の路線は、身分制を打破する志向と、それを推進する指導者意識、実学を重視するリアリズムの精神、大胆な反規範意識を足場として倒幕思想へと発展していく。他方、民衆側では民衆宗教や世直し思想の爆発的興隆により、従来の隷農的な人間像に対して、萌芽的ながらも自立的人間像や土地支配に抗する農民的変革主体を生み出した。またそれを通じて、民衆は具象世界に沈淪する状態から解放され、観念的規範を自ら育んでいく。

二つの変革の路線は、啓蒙思想の衝撃を受けてそれぞれの秩序構想を育て、やがて自由民権運動で対決する。権力を掌握した志士的変革の路線は、資本主義を急速に扶植すべく開明的専制主義を採用する。藩閥勢力は、天皇の名において集権を進め、社会に対しては立身出世と実学思想の普及を勧めて、国家規範に沿う改造へと誘導しようとする。他方、農民的変革思想は啓蒙思想との出会いを経て市民的変革思想へと成長する。幕末期には復古を通じてしか表現できなかった民衆の解放願望が、権利意識の覚醒により反身分制の意識を獲得し、民権結社に見られるように水平的結合を求めて指導者意識を相対化し、さまざまな分野で実験の精神が躍動する。これらが封建秩序解体の裂け目から、一八八〇年代初頭の民権運動の高揚となって噴出する。

だが民衆の目覚めは、民権運動をねじふせる官僚的路線により逼塞する。第二部は、民権運動の解体から日清戦争に至る「資本創出期」＝原始的蓄積期における官僚たちの秩序構想と、民衆のそれとが対決し、後者が屈折ないしは変態を遂げる過程を扱う。国家官僚たちは、民権運動の脅威に対抗すべく、天皇制理念の権力主義的造形に注力して状況突破をはかる。そのため、彼らが以前有していた変革的要素は権力を正当化する道具に堕した。すなわち身分制

	a	政治からの離反と逃避	17	植木枝盛	東洋社会党、北村透谷、キリスト教・報徳教	民権運動屈折期の民衆意識	1957.4	近代日本史研究　3
	b	組織者の意識の解体	12		景山英子	［未発表］	1969.4	
	c	リアリズムの分解	14		中江兆民、二葉亭四迷、津田仙・学農社	民権運動後期における実学の精神の崩壊:リアリズムの歴史のひとこま	1960.6	日本歴史　144
	d	規範への不信の念の顕著化	3	［小括］		［未発表］	1969.4	
二－3		市民的変革思想の観念論的展開	(89)	【民衆 6】				
	A	体制改良派の場合	(46)					
	a	政治相対論の発生	24	平民主義（徳富蘇峰、『国民之友』掲載論説）国粋主義（陸羯南、志賀重昂、三宅雪嶺）		＊二－3－A 全体が以下の 2 論文を再構成（構成の基調は前者）		
	b	地方優先論への移行	12			「田舎紳士」たちの論理：平民主義におけるあたらしい価値意識の展開	1961.1	歴史学研究　249
	c	反形式主義の形成	10			国粋主義における資本主義体制の構想	1961.1	日本史研究　52
	B	体制拒絶派の場合	(43)					
	d	反現世意識の生誕	10.5	北村透谷	植村正久・『六合雑誌』	天皇制確立期における抵抗の精神［第 1 節］	1962.4	日本歴史　166
	e	個人至上主義の確立	7.5		『文学界』	［未発表］	1969.4	
	f	主情主義の醸成	12		中江兆民、二葉亭四迷、大西祝、島崎藤村、内村鑑三	天皇制確立期における抵抗の精神［第 2 節］	1962.4	日本歴史　166
	g	観念論的市民精神の破綻	13	平民主義、国粋主義		「田舎紳士」たちの論理［第 4 節］	1961.1	歴史学研究　249
						国粋主義における資本主義体制の構想［第 3 節］		日本史研究　52
三		資本制確立期における地主・ブルジョア的路線の優越と小市民・プロレタリア的路線の抵抗	(197)	【1895－1910 年】				
三－1		天皇制理念の権威主義的粉飾	(52)	【権力 6】				
	a	同化・吸収路線の生誕	11.5	詔勅、山県閥、伊藤博文、原敬		明治後期における国民組織化の過程［はじめに、第 1･2 節］	1964.3	史観　69
	b	国民統合論の展開	7.5	高山樗牛（日本主義）、山本滝之助（青年会運動）				
	c	ブルジョア路線による補完	6	『太陽』、尾崎行雄、三宅雪嶺、久米邦武、高田早苗、浮田和民		「太陽」：主として明治期における［第 1 ～ 3 節］	1961.12	思想　450
	d	国民組織化の遂行	16	地方改良運動、原敬、床次竹二郎、井上友一、江木翼、山﨑延吉、留岡幸助		＊以下の 2 論文を再編・加筆		
						明治後期における国民組織化の過程［第 3・4 節］	1964.3	史観　69
	e	良兵即良民像の育成	11	青年団の官製化、町村是、沢柳政太郎		戦後経営と農村教育：日露戦争後の青年団運動について［第 2･3 節］	1967.11	思想　521
三－2		市民的変革思想の変態	(81)	【民衆 7】				
	a	“文明”批判の醸成	7	徳富蘆花、島崎藤村、内田魯庵、横山源之助		日清戦争後の民主主義思想：秩序観をめぐって［第 1 節］	1964.3	社会科学討究 9-2
	b	プロレタリア理念の自立	17	貧民、横山源之助、片山潜、『労働世界』		初期労働運動の性格	1957.8	史観　49
	c	農民による亡国像の提示	10	足尾銅山鉱毒事件、田中正造		田中正造：その人民国家の構想	1968.6	展望　114
	d	“文明”嫌悪の心情の明確化	15	田岡嶺雲、夏目漱石		明治の思想［第 10 章＝田岡関係］	1964.7	筑摩書房
						明治社会における法意識［第 4 節］	1961.3	史観　61
						夏目漱石と明治国家：松山ゆきまで［第 3 節］	1967.3	史観　75
						夏目漱石における地方社会と西欧社会［第 3 節］	1967.9	日本歴史　232
	e	理想的社会像の造形	14	国木田独歩、徳富蘆花、内村鑑三、木下尚江、安部磯雄		日清戦争後の民主主義思想［第 2･3 節］	1964.3	社会科学討究 9-2
						内村鑑三小論：日本における一プロテスタントの歴史的運命［ごく一部］	1957.1	思想　391
	f	社会主義的未来像の定立	18	幸徳秋水、木下尚江、安部磯雄、矢野文雄、「予は如何にして社会主義者となりし乎」		“近代”批判の成立：民衆思想における［第 3 節　＊二－1－d、三－1・2 でも使用］	1968.10	歴史学研究　341
三－3		ブルジョア的価値との対決	(64)	【民衆 8】				
	a	戦争路線との激突	16	平民社『平民新聞』幸徳秋水堺利彦西川光二郎荒畑寒村大杉栄石川三四郎安部磯雄木下尚江片山潜		平民社反戦論の思想史的考察	1957.2	日本歴史　104
	b	科学的社会主義への模索	10			［未発表］	［1958→1968］1969.4	
	c	ブルジョア的価値の否定	12		北一輝、森近運平			
	d	“大国”日本への挑戦	14		田添鉄二、山本飼山	［未発表］	［1968］1969.4	
	e	新文明への展望とその圧殺	12		立川文庫、宮崎滔天、古河力作、山本飼山	山本飼山小論［一部］	1962.12	史観　65 ～ 67 合冊

	初出論文題目ならびに掲載書・掲載誌一覧	1
	索引	31

＊初出一覧にあるが本文に直接対応しない→	文明開化論への一視角	1967.5	日本歴史　228
＊一－3－c・d に該当するはずだが未見→	啓蒙思想家たちの社会的役割	1966	国語科通信　3

注：初出論文は、いずれも該当する目次の内容の一部である場合が多く、節単位でそのまま使われている場合はむしろ少ない。事実関係だけを抜き出して用いたり、数行のみ活用の場合もある。また圧縮・要約して組み入れてある場合も少なくない。その上で全体にわたって大幅に増補されているため、通常の「初出論文」と著作＝論文集の関係にはまったくあたらない点には注意が必要である。
掲載紙誌等のタイトルのあとの数字は巻号をあらわす。

表 2-1 『資本主義形成期の秩序意識』目次・初出論文対照表

章立	目次	頁分量（合計）	主要な対象（人物、書物、政策等）＊【 】内は参考のため作成者が補足		該当初出論文 ＊[ ]内は採用部分	初出年［執筆年］	掲載紙誌等
はしがき		4			[未発表]	1969.4	
問題と構想		(21)	【方法論的序説】				
1	思想史の批判	7			思想史の課題：とくに近代日本を対象として	1964.4	社会科学の理論と方法（早稲田大学出版部）
2	思想史の方向	6					
3	思想史の構想	8			[未発表]	1969.4	
序章	後期幕藩体制下の精神状況	(48)	【19 世紀前半】				
序－1	正統的世界観の漸次的解体	(22)	【権力 1】				
a	朱子学的秩序観の衰弱	8	朱子学・陽明学・古学・心学・国学・洋学、経世思想		[未発表]	[1967] 1969.4	
b	“実学“の萌芽	12	広瀬淡窓・咸宜園				
c	忠誠観念の形骸化	2	『武道初心集』『葉隠』				
序－2	隷農精神からの逸脱の顕著化	(26)	【民衆 1】				
a	理念型としての隷農像	6.5	二宮尊徳（報徳仕法） 鈴木雅之（国学）		[未発表]	[1967] 1969.4	
b	知足安分思想からの逸脱	8.5		百姓一揆、ばくち・旅・おかげまいり・ちょぼくれ、身分上昇	(←近代思想の萌芽[第 4 節])		
c	共同体帰属意識からの逸脱	6.5		家出・夜逃げ・逃散、村方騒動、老農			
d	具象的精神世界からの逸脱	4.5		経験主義、抽象的世界			
一	封建的秩序解体期における志士的路線と農民的路線の競合	(180)	【1853－1881 年】				
一－1	志士的変革思想の形成	(46)	【権力 2】				
a	触発される危機意識	4.5	[序説]		＊一－1 全体が、以下の 3 つを再構成し大幅に加筆		
b	反身分制意識の析出	12.5	吉田松陰 高杉晋作	水戸学、藤田東湖、大国隆正	近代思想の萌芽［第 2・3 節］	1962.5	岩波講座 日本歴史 14 近代 1
c	富国強兵論への展開	10.5		会沢正志斎『新論』、伊藤博文			
d	指導者意識の生誕	5.5		大橋訥菴、清川八郎	幕末・明治初期の政治思想	1966.1	歴史教育 14-1
e	実学の精神の成長	10		大橋訥菴、久坂玄瑞、橋本左内、横井小楠、木戸孝允	日本近代思想の形成［第 1 章第 1 節］	1956.6	新評論社
f	反規範意識とその自己目的化	3	[小括]				
一－2	農民的変革思想の対抗	(43)	【民衆 2】				
a	逸脱から批判へ	14	三浦命助、菅原源八、ちょぼくれ・狂歌・替え歌		近代思想の萌芽［第 4 節］	1962.5	岩波講座 日本歴史 14 近代 1
b	救済への願望	18.5	民衆宗教：黒住教（黒住宗忠と門人）、天理教（中山みき）、金光教（川手文治郎）				
c	自立的人間の希求	4.5					
d	土地領有制への対決	4	世直し観念、世直し一揆、ええじゃないか				
e	観念的規範への帰依	2	[小括]		[未発表]	1969.4	
一－3	開明的専制主義の政策化	(48)	【権力 3】				
a	変革思想の天皇への収斂	11.5	天皇巡幸、大久保利通		幕末・明治初期の政治思想［ごく一部］	1966.1	歴史教育 14-1
b	集権制の推進	6.5	軍隊整備過程		日本軍隊の成立［第 1・2 節］	1953.6	歴史評論 46
c	世俗的成功の鼓舞	12.5	福沢諭吉	学制、明六社同人	明六社	1964.2	国文学 9-3
d	実学思想の展開	9		内務省（殖産興業）、津田仙・学農社	福沢諭吉と西周［ごく一部］	1961.9	国文学 6-11
					明治の思想［第 3 章＝福沢関係］	1964.7	筑摩書房
e	規範としての“国家”の定立	8.5		地券請願の書式	明治社会における法意識［第 1 節］	1961.3	史観 61
一－4	市民的変革思想への結晶	(43)	【民衆 4】				
a	復古の幻想	10	菅原源八、新政反対一揆、「頑民」		明治初期における民衆の「我」の発展	1956.4	近代日本史研究 2
b	権利意識への覚醒	13	啓蒙思想とその受容（田中正造他）、地租改正反対運動、民権運動・国会開設運動		福沢諭吉の受けとめられかた：とくに福沢の思想と民衆の覚醒について［第 3 節］	1957.3	福澤研究 8
c	組織的大衆運動の展開	9	不平士族、騒擾、民権結社		[未発表]	1969.4	
d	実験する精神の生誕	6	津田仙・学農社、徳富一敬		文明開化の村落的展開［4－a・b にも一部活用］	1963.1	日本歴史 176
e	地上的なものへの規範の回帰	5	[小括]		[未発表]	1969.4	
二	資本創出期における官僚的路線と民衆的路線の対決	(167)	【1881－1895 年】		明治中期の権力と国民：一つの思想史的検討	1962	1962 年度早稲田大学文学部国史専修 3 年用教材
二－1	天皇制理念の権力主義的造形	(32)	【権力 5】				
a	強者の論理の定立	13	加藤弘之 井上哲次郎 福沢諭吉	穂積陳重、伊藤博文、穂積八束	明治社会における法意識[第2節]	1961.3	史観 61
b	特権意識の定着	6		「軍人勅諭」、「脱亜論」	[未発表]	1969.4	
c	実学思想の変質	4					
d	差別から統合への移行	9		穂積八束	明治社会における法意識[第4節]	1961.3	史観 61
二－2	市民的変革思想の分裂と観念論化	(46)	【民衆 5】				

打破の志向は打破を成就した自己を正当化する強者主義となり、差別を当然のこととした。また指導者意識は官僚の特権意識に、実学の精神は極端な便宜主義・現世主義となって現れた。

運動の解体で追い込まれた市民的変革思想は、二つの系列へと分裂を余儀なくされる。まず平民主義・国粋主義に代表される体制改良派では、政治から離反した主体が、名望家として地方利益の増進に向かう。そのため、彼らはやがて地主階級として官僚的路線と癒着し、秩序に溺れていく。他方、北村透谷等の思想家に代表される体制拒絶派は、政治や秩序から逃避して規範の観念に対する不信を強めていく。反政治的心情は反現世の厭世主義となり、指導者意識は個人至上の先覚者的なエリート意識へと屈折した。実学の精神は侮蔑され、空理と主情性がむしろ嗜好の対象となった。こうして市民的変革思想は、現実を離れて観念論と化し、有効性を喪失する。

時代が第三部の「資本制確立期」、産業革命や日清・日露の対外戦争によって諸矛盾が噴出する明治後半期に入ると、権力・民衆それぞれで秩序構想を担う主体が変化し、新たな路線対立の構図が生まれる。権力側の秩序構想は、支配階級の一角を占めるようになった地主・ブルジョア勢力の意志を体現するかたちで変化を遂げる。深まる階級矛盾を糊塗すべく、天皇制の理念が権力の権威主義的な粉飾に威力を発揮し、体制改良派とそれに指導された民衆の国民統合が進行する（地方改良運動等）。権力側は、もはやこの時期には圧倒的な優越を誇った。

だが、民衆側から新たな構想と担い手が現れ、抵抗を強めてもいく。市民的変革思想の一部は小市民的路線へと生き延び、具体的な矛盾を焦点に文明・社会批判を展開し、抵抗の足場を築く。また労働者や農民の変革主体としての成長は、統合と差別に対して弱者の連帯を模索してゆく。これらは当初、反近代主義による近代の全称否定や「民衆の怨念」として表れるしかなかったが、やがて社会主義運動が、現秩序との全面対決のなかで天皇制・資本制の秩序を初めて全体的に批判しうる「あたらしい文明像」を生み出した。だが、それは民衆との「未発の結合」を恐れた国家権力の激しい弾圧を被り、大逆事件による圧殺でいったんは終焉を迎える。

膨大な対象を〈権力対民衆〉の一貫した枠組に整序することで、明治期の思想の全体像が描き出された。知識人の言動を可能な限り民衆思想の表出として読み解くことで、思惟体系の再構成をもっぱらとしてきた従来の思想史とは大きく異なる作品となった。さらに内容上のより具体的な特長としては、以下の点に注目できるだろう。

第一に、啓蒙思想以前の近世後半期の民衆思想が詳細に叙述され、その自生的な発展の面が浮かび上がった。近世以来の民衆の生活世界における「逸脱」や幕末の「復古」的思想こそが近代思想の「萌芽」であり、民権運動に連なるとの解釈である。明治前期の対抗関係を国家・民権運動・民衆の三すくみとして捉える一九九〇年代以降の研究動向からすれば、このような系譜的見通しは多分に牧歌的に映るが、農民的変革思想が文明開化の衝撃を受けて市民的変革思想へと成長するなかに、民衆の主体性を説得的に描こうと努めていたことがわかる。

第二に、明治思想史の不可逆的な転換点は、官僚的路線と民衆的路線の対決の結果、民権運動が敗北し、後者が二系列に分化して権力と対峙する志向を喪う過程に求められた。挫折の衝撃と自壊作用とが、その後の民衆側の秩序構想、ひいては近代日本の思想のあり方に根本的な影響を及ぼしたことが強調された。そこには、一九五〇年代の戦後革命運動や国民的歴史学運動、あるいは一九六〇年の安保闘争など、反体制運動の〝その後〟における自己省察の欠如に対する鹿野の鋭い批判が重ねられている（この点は『明治』の該当章をも参照）。

第三に、日露戦争後の民衆側の秩序構想として、さまざまな立場・視点からの「文明批判」がいっせいに登場するさまを包括的に描き出した。「ブルジョア民主主義思想」における「発展の契機」として「文明批判」の観点に着目することで、民権思想から社会主義へという変革思想の古典的な発展段階の図式では、民権運動挫折以来の民衆思想の「屈折」と「変態」の軌跡を内在的に把握できないことを明らかにした。

第四に、初期社会主義の思想に対して、独自の観点から高い評価が与えられた。社会主義思想は当初、「志士仁人」意識や倫理上の要請から出発しながら、非戦論によって国家方針と明確に対決するなかで、「秩序を批判するにべつの価値体系を定立した」。その「内在的発展」の過程を、最後の八〇頁を使って詳細に描いていく（五六〇・五六五頁）。思想の「科学化」を評価する際も、他の思想との断絶より、「文明批判」の共通性や民衆思想との関連を重視し、社会主義思想内部の相違については党派的評価から解き放ち、対立よりも共通の位相に着目している(3)。興味深いことに、こうした特長には、後述する一九五〇年代の鹿野自身による評価とは異なる面が少なくない。

二 「全体」を求める思想史学——『秩序意識』にみる方法意識

『秩序意識』の豊富な内容を緊密な叙述で織り上げるには、一定の方法が不可欠だろう。同書の方法意識を貫くのは、熾烈なまでに「全体」を希求する志向である。では思想史の観点から「全体」を追求/追究するとは、どうすれば可能なのか。著者の意図と方法意識の内実を、同書の「はしがき」、方法的序論にあたる「問題と構想」から読みとってみたい。その際、先行する二冊の単著、『形成』と『明治』との異同にも注意しつつ検討を進める。

『秩序意識』は、「明治期における日本人の精神動態」の「すべてを」対象とする、との「途方もない」構想を打ち出す(ⅰ頁)。一見、「科学としての資格を欠いている」ように映るが、科学の放棄どころか、「思想史は、いかにすればみずからを社会科学にまでたかめることができるだろうか。思想史は、疎外から自己を回復するためにいかにすれば有効たりえようか」(四頁)と自問し、自己革新を通じて思想史学の自立をめざす立場を明言した。そのため、分野史としての明治思想の通史ではなく、「それぞれの立場から社会について、その社会構造=全体像をえがきだすべきもの」を思想史学によって描ききる試みが、必要とされた(一五頁)。戦後歴史学のうちに胚胎した思想史として、それは近代日本の資本主義発達史を、思想史の観点から捉え直し、描きつくす課題を意味した。

「すべてを」、と提起した背景には、従来の科学に対する強い批判が蔵されてもいた。概念や抽象的原理を取り出すために対象を「純粋培養」する〝科学的〟手法は、「人びとの人生にたいする冒瀆」でしかなく、求められる自己変革に比べて「あまりに無力に思われた」(ⅰ〜ⅱ頁)。それゆえに「人間」の「主体性」をもっともよく捉えうるはずの思想史学が選択されたのだった。この点は、早くも『形成』において、「思想史学は、歴史学の諸分野のなかで、人間を最も主体的にうちだされねばならぬ分野であろう」(『形成』一二頁)と自覚されていた。

では思想史からする「全体」の追究とは、いかなる方法で可能なのか。それに答えるのが秩序意識論である。鹿野はすでに五〇年代から、「思想とは畢竟、秩序に対する考え方の表明にほかならない。それ故に思想の歴史とは、いわば、秩序に対する考え方の歴史である」(『形成』九頁)と定義していたが、『秩序意識』ではより人間論的で原理的な省察が示される。人間の精神活動の原初的あり方として「秩序にたいする自覚」をあげ、「秩序にたいして違和感をもつこと、つまり秩序のなかへ自己を埋没させきらないこと」を、動物から別つ「人間であることのあかし」と位置づけ、そこに思想史の起点をおく。しかも、「われわれをとりまくすべての状況、すべての形式が秩序の具体的な様相」として考察の対象となるばかりでなく、「違和感がもっとも原初的な契機となって、あらゆる変革が行なわれてきた、すなわち歴史がつくられてきた」と、歴史の原動力の核心に据えもする[4](以上一〇〜一一頁)。

原理的検討をふまえ、「思想」を構成する重層的な要素を縦断的に捉える視角がさらに提起される。個の感性の次元に発する秩序への違和感も、各々の経験や日常の生活意識に規定されつつ、具体的な行動に現れる実践の論理や、人生観等の衝動的・即自的な形態へと汲み上げられてゆく。さらに価値体系へと意識的な抽象化が進めば、理念や構想といった知の構築物となる。このように思想の全体を捉える点に、鹿野の野心的企図が現れている。

民衆思想こそ、以上のような方法で初めて対象化できるはずのものだった。確かに「思想」のこのような拡張は、民衆思想史の研究者に共通するが、鹿野の場合、始めから被支配階級としての「人民」や「民衆」を把握するための方法として措定されたのではなく、より全面的・包括的な「人間」把握のための模索であった。この点は、後期に形象化される鹿野の「民衆」像の、他の民衆思想史家との違いにも反映しているように思われる。

秩序意識論と並んで、「全体」を追究する方法として『秩序意識』で据えられたのが、「制度」の観点である[5]。鹿野は、近代日本の思想(家)と、それを研究する思想史家に共通する欠陥として、「制度論的視角の欠如」を挙げる。思想が支配秩序への違和感に発し、やがて対抗的な秩序を構想するまでになるとき、「思想は本来みずからを制度化しようとする衝動をもつ」。ところが思想家たちは、思想が実体化した法律や制度に対しては、その実際の機能や効果も含めてひどく無関心であった。とりわけ反体制思想ではその純潔をまもろうとする方向が強く、自由民権運動の「挫折」以来、思想の制度への定着を「断念することによって思想の純潔をまもろうとする方向が顕著になった」（以上八頁）。

その結果、近代日本の思想史は「挫折」の連続と見なされ、次々と新たな思想が（おおむね輸入品として）継起するだけで、思想独自の展開は内在的に追究されてこなかった。ならば〝日本的〟近代思想のこのような体質への批判として「制度論的視角」をおいたとき、思想史の「全体」に向けた処方箋はいかに書かれたのか。

制度化のような「思想の機能の把握が軽視された」結果、思想史研究は「民衆との関連を追求する視点」と「権力の論理にいかにはたらきかけたかの視点」とを欠落させた（九頁）。それを克服するための方法が、明治思想史の全体像を「権力と民衆という二つの論理の拮抗・対抗関係の歴史として構想すること」であった。そのため、一方では支配思想の研究でも、虚偽意識の暴露にとどまらず、国民統合のための雑多な諸構想や法理念をめぐる論争などを媒介として有機的に接合させ、「権力の論理」を読み解く新たな歴史叙述が生み出された。他方、民衆思想は一般に「支配階級の理念にあつくおおわれている」。民衆思想からたえず流れ出す「変革への契機」を広く深く捉えるには、権力と民衆の秩序構想が競合する場において、互いがどのように規定しあい、「投影」しあっているかに眼を凝らす必要がある（以上一四〜一五頁）。また思想の全体を見通すためにも、思想相互の葛藤・緊張をはらんだ内在的な「発展の契機」を見出すことが重視され、思想の自生性への注目が高まっていく（九頁）。

従来の思想史方法論に対するこのような全面的かつ包括的な批判は、同時に、自己をも刺し貫く実存的な問いに発していた。鹿野の方法意識の特徴として、この点を外すことはできない。敗戦時に「〝戦前的な価値〟からの解放という志向がわたくしをとらえてこのかた」、「日本の近代」の方向を決定づけた明治との「対決」は、「宿命のようなもの」だった（ⅰ頁）。卒業論文で「日本軍隊の成立」を扱い、「かくて臣民は天皇に対する忠誠を至上価値として担わされていた」と書きつけることから日本近代史の研究に出立したのは、それゆえであった(6)。

ただしこの「対決」には、「〝戦前的な価値〟を外在的なものとして糾弾するにとどまらないで、むしろそれ以前に、みずからのうちなる奴隷性への、嫌悪と焦燥をこめての凝視」が必要だった（ⅰ頁）。この態度は、戦後歴史学の主流（講座派）に見られた権力の外在化と変革主体への同一化の傾向とは大きく異なっていた。変革主体を検出して「いかに解放されてきたか」を語るばかりでなく、「いかにとらえられているかという視点から」歴史を見ることに、研究者の主体性を求めた。問いは必ず対象と方法と自己とを貫いて質さなければならぬ、との姿勢は、鹿野の研究者人生に一貫している。〝とらわれた〟己を凝視し、対決を迫る思想史は、「秩序がわれわれの周辺に発見されるばかりでなく、われわれの内部にもみいだされる」ことの自覚を育み、やがて学生反乱や環境破壊、政治の反動化に対して無力な己の加害性の自覚へと、鹿野の模索を押し出していく[7]（以上一一～一二頁）。

以上のように徹底して進められる「全体」の希求は、しかし「宿命」との「対決」を意識すればするほど、近代日本の病理に対比されるヨーロッパを、正統な近代として幻視する特殊対普遍の構図を免れがたくした。〈在来に移植したために思想の二重構造をもつ日本〉に対して、〈自生的な思想の発展を見せたヨーロッパ〉が析出され、近代思想が内在的に発生した後者では、「代表的な思想家は社会意識をかなりひろくまたふかく代弁しえた」、とされる（七頁）。鹿野は六〇年代前半から、近代日本の矛盾は「封建遺制」によるものに限らず、「近代そのもの」から生じると捉えていた[8]（八頁）。にもかかわらず、前期の業績を集約しかつ克服するはずの『秩序意識』でも、近代という文明総体への批判に達しながら、近代観の根底にある日本対西洋という図式の解体はなお抑制されていた。

三　その深化の軌跡――初出論文と『秩序意識』との異同を測る

方法意識が一貫性を保ちながらより包括的になってゆくのにともない、叙述はどのように遷り変わるのだろうか。前掲の表2－1によれば、『秩序意識』所収の論考は時代をくだるように順に執筆されたのではなく、時期によりいくつかのまとまりが見られる。そこで『秩序意識』に至る道を三つの段階に整理し、初出に遡って異同を精査する。

第一に、明治中後期の内村鑑三や労働運動・社会主義等の思想を主要な対象とするまとまりが、一九五〇年代後半に見出せる。鹿野は当時、『形成』で採った枠組、すなわち思想潮流の各々を体現する人物を通して思想の発展段階をたどるという方法をさらに推し進めていた。そのため、どの対象を論じても、資本制の段階論やエートス論に対応させた分析が目立つ。たとえば内村は、彼の「プロテスタンティズムの倫理意識」が「労働者階級の隷属的な地位を永遠化しようとする」方向に働き、「キリスト再臨の信仰は、その反近代的な口調にもかかわらず、露骨にブルジョア的なものだった」と極めて否定的に評価された。[9] 明治末期の社会主義者の「分裂」は、「キリスト教的社会主義者の脱落」にほかならず、「内村鑑三や田中正造のほぼ同時期におこった隠遁とも関係のある」「明治の市民的精神」の「限界」とされた。[10] このように、ある思想家や集団が歴史的に担うはずの役割と価値意識がまず設定され、それにふさわしい意識や行動であったかが測られ、本質と現実との落差が日本の思想の特殊性として析出されるという手順は、いずれの論文にも共通していた。

またこの時期には、維新期民衆の復古的な反応や心情についても、のちに比べると評価はだいぶ低い。明治新政府の開化政策に対する民衆の反抗には、「新奇なものにはとかく反発しがちの村落共同体的な視野のせまさがうたがいもなく存在していた」。「民衆の我の発現」が「しばしば旧体制への復帰をのぞむもの」だったことは、「盲従的」な「農奴的人間類型を一歩ぬけでた」「真の近代社会への可能性をさししめしていた」と評価できるものの、「それが衝動的なものであったことをものがたっている」といたくそっけない。[11]

もちろん、右の引用部分はいずれも『秩序意識』にはなく、評価は反転している。では、いつどのように変わるのか。第二の時期は、同書第二部に活かされる諸論文の発表が集中した一九六一年に画される。なかでも論文「明治社会における法意識」は、「権力と民衆という、秩序の形成に実際的な力をもつ二つの主体が、法の理念をめぐっていかに影響しあいまた拮抗したか」を、「明治全期にわたり考察」している。[12] 制度の観点や権力対民衆の構図を初めて採用した点からして、これは『秩序意識』のもっとも早い原型といってよい。実際、この論文の中心部分では、民権運動敗北後の展開が平民主義・国粋主義の再検討によって跡づけられ、他方で北村透谷等の秩序からの逸脱・否定派が位置づけられた。同年発表の「田舎紳士」論や国粋主義論は、この見通しにそって両主義をさらに詳述しており、六〇年に執筆されたと目されるこの三論文は、同一の構想のもとで書かれたことがわかる。

民権後の思想の展開については、『形成』刊行直後から取り組み、「この屈折〔豪農たちの政治からの離脱〕は、たしかに一つの屈折ではあるが、新らしい人間類型＝価値意識を生みだし、かっての政治運動ほど派手ではないが秩序を根柢《ママ》からかえはじめるに足りる力をやしなうのに役立ってゆく」と、その積極的意義を論じていた(13)。ところが六一年に相次いで発表された平民主義論・国粋主義論では、国家権力に対抗的な資本主義構想により、地域の中小ブルジョワジーたちを支え活性化させる積極性を持つと評価しながらも、権力に圧倒されるなかで、もう一段の屈折を経る過程に、より注意をはらっている。民権運動そのものの敗北（政治的敗北）ではなく、彼らが経済構想において再度、権力と対決・競合したにもかかわらず、再度の敗北が敗北として自覚されるよりも、秩序への依存へと変態していくところにこそ、日本の近代思想特有の問題を見てとる姿勢がはっきり現れている。民権運動の「挫折」が、無自覚な転向に至る論理の推移を描ききる動的な叙述が生まれた。それは、『形成』で検討できなかった明治思想史上のもっとも重要な論点でもあった(14)。ここに、戦後歴史学における思想の捉え方とは異なり、また五〇年代後半に鹿野が見せた理念型の発展段階との距離で思想家を判定する態度でもない、鹿野独自の視角による明治思想史の描き方が始まる(15)。

これらの成果を得て、一九六二年の大学講義原稿「明治中期の権力と国民」では、権力対民衆の枠組が全面的に採用され、第二部全体の構図がまずできあがる。この枠組で時代をさかのぼり、同年の論文「近代思想の萌芽」では、民衆宗教や世直し一揆、ええじゃないかの運動をとりあげて、復古的な主張からも「萌芽的土地革命思想」の発生を読み解くなど、史料についても、評価の基準についても、民衆思想への新たな接近を図っている。

しかしながら、この時期に獲得した視点も、そのままでは『秩序意識』に直結しない。前述の論文「明治社会における法意識」は、後半の論調が『秩序意識』とは大きく異なるからだ。民権運動の敗北後、秩序への惑溺と秩序からの逃避に両極分解した民衆思想のなかからも、「やがて反秩序の意識は」、「反価値を主体化したかたちで突破口をみいだす」。その思想的表現を無政府主義と自然主義に認めたものの、両者の実践は「法をとおさないかたちでの権力との対決」でしかなく、「前者は法を無視し後者は法から逃避する」との低い評価しか与えられていない。それを集約的に体現するのが、直訴以降の田中正造に対する理解である。「かれは法の名においてあらそう地点から身をしりぞけてゆ」き、「直訴文に示されているように天皇の「深仁深慈」のみを期待する態度へと帰着していった」と捉え、晩年の田中についても「法への不信が完全に定着してゆく」とまとめている[16]。制度論的視角をリゴリスティックなまでに徹底することで、この新たな視野は獲得された。だがそれにより、権力が現実に制度化した法の外にある規範的価値の意味をめぐる鹿野の視野は、かえって狭められていたことがわかる。

次なる明確な変化は、一九六四年に始まる。ここから『秩序意識』刊行に至る第三期は、明治思想像の「全体」化にむけた方法論を深めながら、その「全体」を収斂させうる価値的な観点を模索した段階といえるだろう。

六四年は『明治』の刊行とともに、思想史の方法論について総括的な省察が進んだ年でもある。同年に発表された「問題と構想」の初出論文が、一部の削除を除いて大方『秩序意識』に活かされたことからも、同書への直接の起点と位置づけられる（なお、この初出論文と同じ文言が『明治』の「序説」にも散見される）。また「全体」を強く意識して同書を構想するにあたっては、当時の色川大吉の存在も大きかったと思われる。色川の『明治精神史』（黄河書房、一九六四年）は「くみつくせぬ示唆をあたえてくれる労作」（一四頁）と、『秩序意識』のなかでも例外的に絶賛されている。その色川が同じ六四年に、『明治』とその「原テキスト」とされる「明治中期の権力と国民」を併せて批評している。色川は『明治』の叙述を、「（小学校の掛軸によくある）人類発生枝葉図や神経系統図のような、形式論理臭の強いもの」と辛辣に評した。鹿野の歴史叙述が「きれいごとに陥っている」のは、「明治の民衆思想の生きた全体性歴史性」を捨象しているからであり、捉えるべき民衆の「実体とはあくまでも全面的なものでなければならなかったこと、最初に研究者の主観による主題の論理的選別がおこなわれた後での、部分的な実体であってはならなかった」ことを強調した。

この厳しい批判が、『秩序意識』の体系化志向や「すべて」を追究する姿勢にどれだけ直結するかはわからない。だが、「全体」への強烈な志向は、民衆思想史家が自己の方法を追求するなかで、いずれも強調している。色川の批判も、思想史方法論の確立という年来の課題を共有する「われわれと同種類の人」と鹿野を遇するからこそ激しさを増した。方法面で鹿野を真正面から問うた数少ないこの批評は、鹿野の「全体」志向を強める方向に働いたであろう。そして『秩序意識』こそ、「生きた全体性」を追究せよとの色川の要請に対する全面的な回答の位置に立つ[17]。

内容面でも六四年の変化は明瞭である。前の時期につかんだ権力対民衆の対抗構図のもとで、明治後期の思想を眺望できる視点と対象が探られた。一方で地方改良運動におけるイデオローグの思想とそれに対応する農村青年の思想を論じ、他方で一連の反近代主義が勃興した思想史的意義について本格的な検討を開始する。

前者の国民統合に関する先駆的な研究は、その後さらに青年団を支配の客体としてだけでなく「生活の立場によって国家の要求にたち向かった」主体としても把握する方向で深化し、権力と民衆が「投影」しあう相互規定的なダイナミズムがより鮮明に捉えられていく[18]。後者については、島崎藤村や国木田独歩ら文学者から安部磯雄らキリスト教社会主義者に及ぶ思想家の発言が、「文明批判」の観点による「民主主義思想」の再生、「市民的変革思想」の「変態」として一望され、明治後期の民衆思想を収斂させる焦点がつかみとられた[19]。

ここに至って鹿野の近代観がゆらぎを見せ、後期につながる観点が現れる。高度成長で形式的には近代化が達成されつつあるなか、噴出する社会矛盾を受け、鹿野は西洋や発展段階を基準にした近代日本の歪みや遅れではなく、近代それ自体が生み出す問題を直視するようになる。「それまでの国家的目標は近代化＝資本主義化であって、権力の路線に抵抗する人びとの構想も、その資本主義化をいわば民衆的に遂行し、いわゆる市民社会をつくろうとするものであった」が、いまや「そうした路線までもが再検討の対象とされた」（五六〇～五六一頁）。この観点が、明治後期にいっせいに現れた文明批判者たちや青年団が統合のなかで発した「生活の立場」の〝発見〟につながる。

しかも当時は、教科書検定等の反動政策や、近代化論で粉飾された「明治百年」キャンペーンに立ち向かうことが同時に求められた。そこにすぐ大学紛争が追い打ちをかける。その渦中で、近代化をめざした明治日本の行方と、封建遺制の克服と近代の達成をめざした戦後の行方とが、鹿野のなかで二重写しになっていく。「かつては封建にたいして措定された文明は、いまやその存立の根本にたちかえって意義をとわれようとした」、「それまでいわば解放の象徴であったような文明の理念は、抑圧のイメージをもたされつつ対決をせまられる存在となっていった」と、明治後期の思想的転回を告げる『秩序意識』の記述は、六〇年代日本の現状診断にもなっている（五一五頁）。鹿野は困難な模索の時期に、時代が我が身に問いかける課題にも答えるべく、全力で大著を完成させた。

その過程で、反体制知識人も含めた広義の民衆思想を反近代の視点で一貫して見通すことで、これまでの自身の研究を批判的に捉え直したのが、一九六八年発表の論文「〝近代〟批判の成立」だった[20]。この観点から、五〇年代後半に著した論考も全面的に改稿され、とりわけ初期社会主義思想について、政治思想のみならず「倫理思想においても独自の価値意識をうちたて」、新たな文明像を提示するまでに成長しえた軌跡が高く評価された（五八〇頁）。社会主義者が直面した、「市民的価値の克服を究極の目標としなければ、市民的価値の実現も期せられがたいという状況」を、「いまもなおわれわれにせおわされているところの、日本の近代の運命」として重ね合わせるところに、明治の民衆思想の達成に対する鹿野の敬意と、自らを含めた戦後日本への苦い反省が込められている（五六一頁）。

こうして明治後期の思想の見取図について独自の視点が確立するなかで、六〇年代の後半に鹿野のなかで大きく浮上する人物が二人いる。夏目漱石と田中正造である。前者は、「〝文明〟への絶望」にもかかわらず、秩序から逃避せずに「文明理念」を追求する「二重の姿勢」で日本の現状と対決した稀有な知識人として（五三〇頁）。後者は、近代こそが生み出す公害に対して、「文明批判」のただなかから人民の「叛乱権」や「生存権」など近代的諸価値を独自に捉え直した「あたらしい秩序＝人民国家」の構想者として（五一四頁）――二人への高い評価と羨望にも似た愛着は、後期の鹿野の志向を充分に予感させる。

以上のように、『秩序意識』に至る一九五〇〜六〇年代の鹿野の思想史学は、おおよそ二つの画期を経て方法的に深化し、かつ近代観の変化によって、五〇年代の評価が反転した場合も見られる。それらは、鹿野が自前の枠組と評価の基準を打ち立てようと腐心した軌跡であり、思想史家としての自立はこの人にしてなお容易ではなかったことを物語る。しかし他方で、七〇年代以降の鹿野思想史で開花する要素が潜在的に含まれていたことも確認できよう。

四　「全体」の桎梏から解放へ

にもかかわらず、『秩序意識』は従来なぜ正面から論じられてこなかったのか。[21]なによりも鹿野自身の本書に対する低い評価は、どのような点に由来するのだろうか。数少ない同書への言及から、それを推定してみたい。
だいぶのちになるが、自由民権思想の研究者である江村栄一は、鹿野の精力は「全体としての思想史的鳥瞰図」の作成に費やされ、思想史から「全体」を再構成し返すはずが、基底となる政治史・経済史の理解は通説的見解の域を出ないため、既成の政治史・経済史の認識枠組そのものへの批判にはなりえていない、と指摘している。[22]
より内在的な批判には、安丸良夫の批評がある。『秩序意識』では、「既成の秩序意識からの脱出過程に主力が注がれているために、既成の秩序からの脱出がじつは新しい秩序へとじこめていく過程でもあること」がうまく捉えられていない。また民衆と権力、互いの内部で諸思想の配置が考えられているため、「支配イデオロギーと民衆意識との複雑なかかわりあい」が対象化できていない。結果、思想の「発展」面に「やや甘い評価になっている」[23]。
むろん両者の批判は、この労作に対して最大限の賛辞を惜しまぬことが前提である。それにしても、これらの批判は鹿野にとって厳しいものであったにちがいない。「思想の歴史の面自体から、全社会構成的な像をつくりあげてゆくことが必要なのである」（九頁）、「一定の解放の結果がただちにあたらしく拘束要素＝疎外要件としてはたらき、それへの違和感がつぎの解放をもたらしてゆく」（一二頁）といった言及で、すでに江村や安丸の批判は織込済みのはずだったからだ。それならば、いずれの批判も、鹿野がめざしたものが本論の具体的な叙述では実現していない、少なくともそのように読まれる要素が『秩序意識』にあることを示唆する。

逆に次のような好意的な評価は、鹿野にはどのように映ったのだろう。のちに「最後の講座派」を自認する経済史家の中村政則は、一九七〇年、民衆思想史家の三人を「「主体性論」的民衆運動＝思想史」と括りながら、この時点ですでに三者の相違についても鋭く指摘している。鹿野は、色川・安丸ほどには「いさぎよく近代主義から訣別できない」がゆえに、近代主義的な思想把握には批判的ながらも、「究極的には民衆の成長の度合を近代的市民精神を基準にはかるという特徴を示している」[24]。中村は『秩序意識』の狙いと方法をかなり正確につかんでおり、そのように受容されたのならばなおさら、鹿野が求めた思想史学の変革は途半ばであったといえよう。

のちにつながる要素が充分に盛り込まれたこの〝主著〟が、それでも著者自身によって否定的に評価されている理由は、以上のように受けとられる限界を本書が持っていたからだと推測できる。ではそうなったのはなぜか。

最大の問題は、『秩序意識』で採られた「全体」を描くという企図そのものにあろう。「全体像の体系化は、第一に全体像という点においてすべての歴史事象をふくまなければならず、少なくともすべての歴史事象におのおのの席をあたえうるような構成をもたねばならず、第二に体系化という点において、事象と事象とが有機的に関連づけられていなければならない、いわば価値づけられていなければならない」――これは七〇年代以降の鹿野の著作に親しんだ者にとり、もっとも驚かされる格律の表明である。「全体」や「体系」を構築するために、『秩序意識』では各思想の「論理と形態」ごとに「類型として把握」し、それぞれの傾向をつかむために「思想家をいわばインデックスとしてとらえよう」としたという（以上二〇～二一頁）。実際、「すべて」に言及はできない以上、本書はもっとも包括的な対抗構図を設定し、これまでの知見をはめ込んで再構成するやり方をとっている。

しかしその結果、体系化の意図が対抗構図の図式的配置として前面に浮き出てしまい、初出論文にはあった問題関心の表明や研究史への批判等の文脈も抜け落ちて、膨大な数の個々の対象が、個々の「事例」になってしまったきらいがある（したがって初出論文は、それ自体で固有の意義を失っていない）。また「全体」を大きく俯瞰する視点が必要となれば、周辺はいきおい見えにくくなる。対象によりそった、あるいは対象の側からみた世界は、萌芽的に描き込まれていても、「全体」のどこかに席をあてがわれるにとどめられた。

もちろん、萌芽は『秩序意識』のあちこちに見出せる。ここでは「社会主義への回心」を遂げた人々を挙げた箇所に注目したい。約七頁にわたって、のちに有名になる者、『平民新聞』でしか確認できない「無名」の人々、その別まったくなく、時間的な先後関係だけで、ひたすら例示を連ねていく（五五三〜五六〇頁）。全六八名、さながら明治社会主義の墓碑銘のようだ。著者は、わかる限りの固有名を書き通し、一人一人の「回心」という実践を写しとることで、「全体」を整合的に説明しようとする『秩序意識』の流れを自ら塞きとめ、この異物のような列挙によって、無名や匿名、あるいは社会集団や社会意識へと個を還元することを許さない立場を鮮明にしている。

おわりに

『秩序意識』は、若き思想史家の出発から二〇年近い「挑戦の決算」（iii頁）であり、一九五〇〜六〇年代の日本近代史研究において思想史学の自立をめざすもっとも果敢な試みであった。「挑戦」は、その間に、おおよそ二度の転機＝深まりを見せ、内容面では多くの点で、後期の鹿野思想史学を予感させる主題を準備した。また『形成』で打ち立てた方法意識をさらに練り上げるとともに、六〇年代半ばにつかんだ近代批判の観点で、「戦後」的価値が顛落した七〇年代以降の「現代」に向きあっていこうとする覚悟を先駆的に提示したものとしても注目される。

そのような鹿野の発心にあった志向は、実存的な個＝我への執心であり、国家の奴隷として総力戦を生きた経験を、疼痛をもって想起せざるをえない彼らの世代に特有の関心であった。鹿野はそれを、人間の全体を思想史によって捉え返す＝奪い返すという「途方もない」企図によって遂行する。しかし、「全体」「すべて」を追究する『秩序意識』の方法は、後期の要素が萌芽的に現れた実際の叙述と衝突し、その芽を見えにくくする効果を生んだ。

では『秩序意識』は、六〇年以上に及ぶ鹿野思想史学の長い軌跡のうちで、どのような位置を占めるのだろうか。本章の検討からすれば、前期から後期への変化は、同書を唯一の分水嶺と見なしてはうまく見通すことができない。今後さらに、『秩序意識』と同時期の著作をあわせ検討することで、〝転回〟をより精細に跡づけなければならない。したがって依然として推論の域を出ないが、最後にこの点に関する私見を述べてむすびにかえたい。

「全歴史像への渇仰おさえがたいものがあった」（ⅱ頁）鹿野は、「全体」へ向けて、研究の蓄積を視点の変化もろともに『秩序意識』に注ぎ込んだ。その結果、「全体」を描き通すことで、「全体」や「体系」が、六〇年代後半に見えてきた自身の思想史学を表現する器としては不適当であることを、この大著の全重量をかけて表現したのだといえる。こうして鹿野は、戦後思想が共有していた「全体」への衝動から脱却していく。「全体」への欲望を拒否し、ある具体的な一点、たとえば個から問いを立て、「全体」が部分でしかない欺瞞を問い返すことで、私たちの全体性への視野を押し拡げた。それが後期鹿野思想史学の方法意識、「「鳥島」は入っているか」という姿勢につながっていく。同時にその変化は、「ひとびとの思想」を描くことで、「全体」を経ずに普遍を示唆する方へ、鹿野が舵を切ったことを意味する。それこそが、「固有性の追求の先に普遍性をめざす思考への転換」であった。[25]

注

（1）これは、『色川大吉著作集』全五巻（筑摩書房、一九九五～九六年）や『安丸良夫集』全六巻（岩波書店、二〇一三年）が、ほぼ全期間の著作活動から、各巻の主題ごとに論考を選択して再編成したのとは大きく異なる。

（2）詳しくは以下の拙稿を参照されたい。「神島二郎の一九五〇年代と思想史研究の模索――「民衆思想史」に至る史学史的文脈の再定位」赤澤史朗・北河賢三・黒川みどり編『戦後知識人と民衆観』影書房、二〇一四年、二三一～二三八頁、「マルクス主義と戦後日本史学」『岩波講座 日本歴史22 歴史学の現在』岩波書店、二〇一六年、一四五～一四九頁。

（3）なお、こうした特長が、各思想に関する同時代の研究状況といかなる応答関係にあったのか、今回は言及できなかった。特に初期社会主義については、飛鳥井雅道や松澤弘陽の研究との対質が不可欠であることを痛感する。
（4）この考察の背景にあるのは、あえて図式化すればマルクスとカントだろう。人間の精神活動のすべての出発点に違和感をおく発想は、自然との対自的関係をこそ根本とみたマルクスに想を得たものではないか。また違和感を自立と不服従の源基とする発想には、国家の奴隷たる戦時中の自己からの解放を自らに命じる、カント的な企図が読みとれる。当時の鹿野にとり、マルクスとカントとは、戦後歴史学と家永史学の緊張関係にも通じている。
（5）この観点について、『秩序意識』では中村雄二郎「制度論的視角と日本型思想」（『思想』第四五七号、一九六二年七月）を挙げ、強い共感が示されている。ただし、後述するように鹿野はこの観点を、中村論文の前年にすでに打ち出しており、中村の視角をそのまま導入したわけではない。鹿野が「制度」を重視した経緯については、鹿野「〈書評〉中村雄二郎著『近代日本における制度と思想』」（『社会科学討究』第一三巻第三号、一九六八年三月）も参照。
（6）鹿野「日本軍隊の成立」『歴史評論』第四六号、一九五三年六月、五三頁。同論文では、「軍人勅諭」で政府が初めて公式に用いた「臣民」の語に象徴される近代日本の人間像を抉り出し、「臣民」の訳語 Subject について「即ち「けらいのたみ」である」と喝破している（同五六頁）。言葉が帯びる効果と働きに敏感な鹿野の特長が、すでにここに現れている。
（7）後期の主調音となる自己の加害性への痛覚は、『秩序意識』ではまだ明確に現れないが、社会主義者の思想を高く評価するにあたって、「みずからのうちなる加害者の立場にめざめ」たことで、「被抑圧国民としての韓国人と被抑圧民衆としての自己とのあいだに真の連帯意識を生みだ」した点に注目していることは興味深い（六〇七頁）。
（8）たとえば、「官尊民卑」の風潮が「封建遺制」由来ではなく、身分制を打破した維新官僚による自己正当化（「公的価値の私的独占」のための「疑似武士化」）による新しい現象であることの指摘などを参照（『明治』第二章）。
（9）鹿野「内村鑑三小論――日本における一プロテスタントの歴史的運命」『思想』第三九一号、一九五七年一月、一二〇・一二三頁。
（10）鹿野「平民社反戦論の思想史的考察」『日本歴史』第一〇四号、一九五七年二月、四二頁。
（11）鹿野「明治初期における民衆の「我」の発展」『近代日本史研究』第二号、一九五六年四月、四頁。
（12）鹿野「明治社会における法意識」『史観』第六一冊、一九六一年三月、四四頁。
（13）鹿野「民権運動屈折期の民衆意識」『近代日本史研究』第三号、一九五七年四月、五頁。
（14）『形成』における「自由民権運動の完全な黙殺」が、当時、「日本における近代の自生的性格」を追究していた戦後歴史学の「学界の常識」からいかに外れていたかは、岩井忠熊による『形成』書評の厳しさからうかがい知れる（『立命館文学』第一三八号、一九五六年一一月、七六〜七九頁）。

(15) 当該期の転回に安保闘争の体験がいかに作用したか、直接わかる鹿野自身の当時の文献は確認できない。今後の課題としたい。

(16) 以上、前掲「明治社会における法意識」五七・六〇・六一頁。

(17) 以上、色川大吉「明治の思想と思想史家」『歴史評論』第一七一号、一九六四年一一月、二〇・二一・二四〜二六頁。

(18) 鹿野「戦後経営と農村教育——日露戦争後の青年団運動について」『思想』第五二一号、一九六七年一一月、五七頁。ただしこの引用を含む第四節は『秩序意識』では採られていない。のちに『大正デモクラシーの底流』（NHKブックス、一九七三年）で展開される視点が現れてもいるが、まだ「時報」史料を参照できていないためか、指摘も断片的だ。

(19) 「文明批判」の観点は、家永が田岡嶺雲研究で提起した反近代主義概念から示唆を受け、拡張したものである（五一八頁）。

(20) 鹿野「〝近代〟批判の成立——民衆思想における」『歴史学研究』第三四一号、特集「天皇制イデオロギー——「明治百年」批判」一九六八年一〇月。自身の研究の総点検と自己批判を展開した本論文の前半（『秩序意識』には採られていない）は、『秩序意識』のもうひとつの序論、ないしは『秩序意識』に設けられなかった「あとがき」としてふさわしい。

(21) 管見の限り、書評紙・新聞等の短評をのぞけば、同書に対する同時代の書評はほぼ皆無である。その後の言及も乏しいが、成田龍一「違和感をかざす歴史学——史学史のなかの民衆思想史研究（前期および中期）」（『思想』第一〇四八号、二〇一一年八月、のち成田『歴史学のナラティヴ——民衆史研究とその周辺』校倉書房、二〇一二年所収、特に一二三〜一二七、一三二〜一三三頁）が例外的に、同書を取りあげて比較的詳しく論じている。本章がふみこめなかった同時期の色川大吉や安丸良夫との比較についても優れているため、ぜひ参照されたい。

(22) 江村栄一「近現代思想史研究の方法によせて」同編『歴史科学大系20　思想史〈近現代〉』校倉書房、一九八三年、三二八〜三二九頁。江村と同趣旨の指摘は、成田前掲論文一二四頁にも見られる。

(23) 安丸良夫「思想史研究の立場——方法的検討をかねて」『東京歴史科学研究会11月講座』一九七二年、のち『安丸良夫集6　方法としての思想史』岩波書店、二〇一三年、三四〇頁。

(24) 以上、中村政則「現代民主主義と歴史学——六〇年代歴史学の人民像」歴史学研究会・日本史研究会編『講座日本史10　現代歴史学の展望』東京大学出版会、一九七一年、一八・二一〜二五頁。鋭敏にも中村は、鹿野思想史学のこのような特徴に、「抵抗権思想を中核とする」家永三郎のブルジョア民主主義思想史研究に「つらなる位置」を見ている。本章ではふみこめなかったが、家永思想史学と鹿野思想史学との共鳴の有り様、そして鹿野がそこから自立していく軌跡としても、鹿野思想史学の「全体」が検討されねばならない。

(25) 鹿野『近代社会と格闘した思想家たち』岩波ジュニア新書、二〇〇五年、一〇頁。

三　鹿野思想史と丸山政治思想史——ドレイ性の剔抉

黒川みどり

はじめに

鹿野政直が丸山眞男について、ある程度まとまって語っているのは、「丸山眞男における「国民」」（『丸山眞男集』第四巻月報二、岩波書店、一九九五年一〇月、以下『集』巻数と略記）と「問いつづけたいこと」（二〇〇七年八月三〇日、⑥）の二つを除いてほとんどない。それらは鹿野にとって丸山眞男という存在が重くのしかかってきたことをうかがわせるものであり、なかんずく後者の次の一節は、それを如実に物語っている。

いま「懸絶」と記したが、そこには、はるか高いところにいるひとという意味と、深いクレバスを挟んでのあちら側のひととの意味を込めている。それでいて、勉強を始めたころに受けた丸山の〝劇薬〟的効果は、いまもどこかで持続しているらしい。わが家では年来、丸山眞男の「従属者」との冷評をえている。その落差が、みずからが丸山に〝正対〟することをえさせぬのである。〝正対〟すれば、そのさいの主題は、「知識人と「大衆」」ということになるのだろうが。（⑥四三二頁）

鹿野が、西岡虎之助をはじめ洞富雄・家永三郎を師と仰ぐ（本書序説「鹿野思想史と向きあう」参照）のに対して、丸山は、まさに「クレバスを挟んでのあちら側のひと」であり、しかし、家人に自らを丸山の「従属者」と言わしめる存在なのである（⑥四三二頁）。その丸山の存在をすり抜けて鹿野思想史を論じることは十全ではなかろう。鹿野は、「それにしても丸山眞男は恐ろしい」（前掲「丸山眞男における「国民」」八頁）と、自らにとっての重圧をも率直に表明し、その一方でまた違和も隠さない。

見通しを述べるならば、丸山が〝民草〟化されている大衆に、「新らしき規範意識」を獲得した「国民」になることを求めたのに対して、鹿野は、〝民草〟の「生活知」に「変革への巨大なエネルギー」を見いだし、民衆思想史を築きあげていった。鹿野は、「丸山の反対側ばかり追い求めてきた」（⑥四三二頁）ともいい、まさしくその相違は、「知識人と「大衆」」という主題に行き当たる。しかし、鹿野は、丸山の営みが「ドレイ性の剔抉」であったと述べるように（前掲「丸山眞男における「国民」」八頁）、そして鹿野自身も「みずからのうちなる奴隷性」の凝視（「はしがき」『資本主義形成期の秩序意識』筑摩書房、一九六九年）を語るように、両者はその点において結びつく。以下に述べるように、丸山いうところの「永久革命としての民主主義」も、鹿野の「秩序にたいする違和感」の追究も、ともに「ドレイ性の剔抉」のための営為にほかならなかった。そして私は、そこにこそ両者が今なお読み継がれる意義が存在していると考えている。

本稿ではその点を見据えながら、鹿野思想史と丸山政治思想史を、「知識人と「大衆」」の問題を軸に考えてみたい。

一　軍隊という「体験」

鹿野が丸山について語ったものは限られているなかで、前述の「丸山眞男における「国民」」は、なかでも丸山の民衆観に対峙した貴重なものといえよう。鹿野は、丸山の民衆観を形づくる上での軍隊体験を重視しており、それに触れてこのように述べる。

丸山眞男の民衆観の原体験は、日本軍隊の内務班にあった。その体験は、知識人としての、それへの生理的な嫌悪感につながる。だがその内務班―軍隊は、村のがわから眺めると、上昇ステップの一つとしてあった。〔中略〕そんな村の構造のうえに、日本社会は成り立っていて、人びとは総体としてのしたたかさという生活知を身につけていた。それは、涯しないまどろこしさを生むとともに、それゆえに変革への巨大なエネルギーの源泉でもあった。「国民」化を志向するだけに、丸山は、不定型ともみまごうこうした庶民・大衆を、その爆発力や叩頭性まで含めて、当然、視野に入れなければならなかった。おそらく彼は、可変の可能性に賭けたと思うが、その期待が満たされたとの言葉を、彼から聴くことはできない。（八頁）

ここで注目されている丸山の軍隊体験については石田雄が論じており[1]、一言でいうならば、「軍隊ほどいやなところはなかった」という丸山自身の言葉に尽きるのだろう（「戦争と同時代――戦後の精神に課せられたもの」一九五八年一一月、『丸山眞男座談』第二巻、岩波書店、一九九八年、二〇三頁、以下、『座談』巻数と略記）。丸山は、のちにこのようにも語っている。「それは肌で民衆と起居を共にするいい機会なんです。あの頃の兵隊で高等教育を受けたなんていうのはほとんどいない。インテリというのは実に孤立しているんです。まわりじゅうの人間が、明けても暮れてもワイ談したり、食い物を盗んでビンタくらったりするのを見てるんだな。そのなかで人民を信頼するというのは大変なことですよ。そしてその人民をいかにつかむかという組織論でもね、革新はまったくダメなんだ。イデオロギー主義、大衆のやってることとまるっきり無縁ですよ。」（「魯迅の会　好さんへの追悼（あまり原稿）」一九七七年、『丸山眞男集　別集』第三集、岩波書店、二〇一五年、二三七頁、以下、『別集』巻数と略記）。

丸山は、野間宏らとの座談「日本の軍隊を衝く」（一九四九年六月、『座談』一、岩波書店、一九九八年）において、軍隊内で横行した私的制裁に注目し、「無法者、ならず者という種類の人間」が相当多く存在することにも言及しながら（一七〇～一七二頁）、朝鮮の内務班にいたときに自らが喰らった「総員ビンタ」の経験にふれ、そういう「アブノーマルな現象」も「軍隊という特殊組織の中からは、或る程度必然的に発生するもの」であるが、その認識を超えてそうした残虐行為を「教育」として合理化しないとおさまらない面があると述べる（一八一頁）。精神主義の、その反対物であるところの「形式主義への転化」がなぜおこるか、それは、一面で「いろいろレベルの違った兵隊を、大量的に教育するということから生れた」もので、かつては便所でしゃがむ位置から教えたという、古兵から聞いた話を例にあげ、「目的と手段との連関を考えないような、レベルの低い人間には、金隠しから拳一つと教えるのが一番確実なわけです。そういったところから軍隊教育のトリヴィアリズムがきていると思う」と述べる（一八二～一八三頁）。また、「一般の兵は内面的な道徳というものを持たないから、外からいわば物理的な枠で囲っておくというような底流観念があるために、さほど制裁がきびしくない面もある」ともいい（「日本の思想における軍隊の役割」一九四九年一月、『座談』一、二六三頁）、そうした「形式主義」の実行者であった下士官は、社会では中小商工業者とパラレルな位置にあり、その「被抑圧者が、抑圧者のつもりで」、兵隊に対しては支配者として君臨したのであった（前掲「日本の軍隊を衝く」一八九頁）。ただしその下士官のなかに、大学出の兵隊に対する「表立っては軽蔑するが、内心は畏怖を感じる」、「いじめながら、しかも一方では絶えず劣敗意識を感じているという二重の反応」が存在する（前掲「日本の思想における軍隊の役割」二七二頁）。丸山は、民衆のそうしたありようにも目を塞ぐことなく、そこに「社会的反動の集中的表現」をみ、戦後の社会についても「軍隊の下士官はなくなったけれども、リトル・オプレッサーとしての社会の下士官は現在でも日本の民主化をはばむ大きな力となっている」との見通しを示す（傍点は原文、前掲「日本の軍隊を衝く」一九〇頁）。

　丸山はまた、「「地方」の社会的地位や家柄なんかは（皇族をのぞいて）ちっとも物をいわず、華族のお坊ちゃんが、土方の上等兵にビンタを喰っている」理由を、「日本の軍隊の疑似デモクラティックな要素」に求め、それが、現実には存在する相当の「社会的な階級差」に対する不満の「麻酔剤」になっていたことを指摘する（前掲「日本の思想における軍隊の役割」二六〇頁）。しかしながら知識人は、自らの住む世界が「観念的にはかなり近代的」であって、一般国民の生活を規定している「思想」からは遠くかけへだたっているということの自覚がないため、戦争中の「神がかり的ファシズムの出現が突発現象としてしか受け取れない」こと、しかし実は「毛細管のように国民の下層にまで陸軍の神経が通っておって、そこから兵隊が出て」おり、いつも「国民意識とマッチ」していたのが陸軍だったこと（同前、二六六〜二七七頁）、さらには、自分の内務班だけはきれいにして、隣りの班がみていなければ、そっちの方へ埃を追いやるという「日本社会の家族的なエゴイズム」との近似性（同前、二六八頁）をみてとる。そうした民衆社会のありようを直視した丸山は、鹿野も戦後の丸山を「人びとの精神態度を主題としてこの点にもっとも鋭くメスを入れた政治学者・思想家」と評しているように[2]、大衆の精神構造の病理を抉り出していった。そして、民主主義は「絶えず内面から更新され、批判されなければならぬ」（『自己内対話』みすず書房、一九九八年、一七頁）として、それを支える近代精神を根づかせることを希求しつづけた[3]。

一方、鹿野は、「兵士であること――戦争論の現在」（二〇〇〇年）のなかで自己をふり返り、一五歳になる直前に敗戦を迎えた人間として、「自分は兵士たるべく運命づけられていた人間であったということを離れて、戦争を眺めることはでき」ず、「そういう意味で「兵士であること」にこだわりたいという気持」があり、大学の卒業論文として「近代日本軍隊の成立」を書いたと語る（⑤一四七頁）。それから歳月を経て、鹿野は「兵士性」を問うた。一つは「戦争に関わってゆくこと」を疑わなかった兵士たちについて、もう一つは、戦後、男たちが「企業国家の兵士になった」という点においてであった（⑤一六一〜一六二頁）。そしてその根底には、「「兵営」に入ることへの恐怖感」があったことが語られている（「あとがき」『健康観にみる近代』、朝日選書、二〇〇一年、および⑤四一九頁）。ひとりの〝民衆〟として戦争を体験した鹿野は、歴史学という手法で、「軍隊」という組織、そしてそれを機能させた戦争そのものと向き合い、その担い手となる「兵士」を正面に据え、その研究に至るまでには、戦争を生んだ日本の近代を問うてきたのであった。

丸山も、「どんな場合でも軍隊は御免だという感じ」（前掲「日本の思想における軍隊の役割」二八〇頁）を核にもち、「二つの世界」の「平和共存」を求めて平和問題談話会の活動を担っていくのであるが、一方で、軍隊経験が、戦争や軍隊そのものではなく平時の日本社会の病理を抉り出すことに生かされていったのは、丸山政治思想史の大きな特徴である。[4] 丸山が「国民」としての政治主体形成のために求めた「新らしき規範意識」は、丸山自身によって以下のように語られてきたものであった。「もとより、日本の直面している事態は、近代的自由の正統的な系譜をあらためて踏みなおす事で解決される様な単純なものではない。「自由」の担い手はもはやロック以後の自由主義者が考えたごとき「市民」ではなく、当然に労働者農民を中核とする広汎な勤労大衆でなければならぬ。しかしその際においても問題は決して単なる大衆の感覚的解放ではなくして、どこまでも新らしき規範意識をいかに大衆が獲得するかということにかかっている」（「日本における自由意識の形成と特質」一九四七年八月二一日、『集』三、一九九五年、一六一頁）。

鹿野は、〝民草〟の「政治主体化」への使命感に充ち満ち、政治からの逃避を許さぬこうした丸山の態度に対して、それを求めることは容易ではない、ないしは妥当ではないという思いを「これは少々しんどいな」と表現し、「丸山の期待は応えられただろうか。日本人はみずからを、「国民」＝政治主体として再構築しえただろうか」と問う（前掲「丸山眞男における「国民」」八頁）。そして鹿野は、民衆の「生活知」に着目し、〝民草〟の主体的契機を「秩序への違和感」に求め、「薙ぎ倒されようとする人びとの復権」を追求してきた。[5] 鹿野は、「政治主体」になりえない人びとの可能性をさぐり、「自己を秩序に埋没させきらず、そこに芽ばえる秩序への違和感、自己への懐疑として発現する意識」にこそ「思想形成への契機」を見てとり、[6] 後述する『資本主義形成期の秩序意識』という大著をまとめ上げていく。のちに、「発展もなく、それで五十年やってきました」[7] と語っており、そこに鹿野〈民衆〉思想史の真髄があるといえよう。そこに至るまでに鹿野が、おそらくは背後に丸山を見ながら対決していったのが福沢諭吉であり、まずはその足跡を追ってみたい。

二　福沢諭吉との対決

鹿野の評価軸は、出発時点から戦後歴史学、ことに講座派のほうに軸足を置いていたが、その鹿野の最初の単著『日本近代思想の形成』（新評論社、一九五六年、のちに辺境社発行、勁草書房発売、一九七六年）では、福沢諭吉に紙幅が割かれ、福沢の徹底的な粉砕が目ざされている。

丸山は、自らを「福沢いかれ派」（「近代日本と福沢諭吉」一九八四年一一月、『座談』九、一九九八年、八四頁）と称し、「ある意味で、これほどかつがれながら、これほど本当の意味で影響を与えなかった思想家はない」（「福沢諭吉」一九六八年九月、『別集』三、一一四頁）ことを慨嘆しつつ、松沢弘陽も指摘するように、「超歴史的に福沢と対面するということ」の大事さを強調し、「要するに、ただ明治一四年政変のときどうしたとかこうしたとかいう歴史的役割をこえて、今日のわれわれに呼びかける思想家」として福沢をみる（前掲「近代日本と福沢諭吉」『座談』九、九二頁）。それゆえ、「丸山の福沢論には基本的に、福沢についての誤解・歪曲（福沢支持、福沢批判をとわない）が支配的だという状況認識のもとで、福沢の真実を擁護するという態度が強く、福沢批判を中心に押し出すことはしなかった」[8]。その結果、丸山と福沢の思想を同一視しての両者への批判が生じたのであるが。

鹿野は、『日本近代思想の形成』の「資本主義思想の形成とその性格」と題する一節を福沢に充てて論じているように、福沢を「文明」=「資本主義（化）」（一五三頁、本節中、断りのないものは『日本近代思想の形成』の頁）の推進者ととらえる点で一貫しており、そこから次のような評価が導き出される。第一に、福沢は国家の独立を第一義としており、そのための条件が「個人の独立」であった。「資本主義化を推進する存在としての明治政府に対して絶対的な支持を与えていた」のであり「封建社会に対する憎悪の念においては、明らかに第三階級の理論をなしていたけれども、本来半封建的である政府を絶対的に支持する（より正確には、政府の庇護を待望する）という点において、ブルジヨア・イデオロギーとしては極めて不徹底であることを、おのずからにして暴露する論議であった」という（一五八頁）。同書は、のちの鹿野の作品と較べても講座派の圧倒的に強い影響が見てとれ、福沢評価にもそれがそのまま現れていよう。さらに、福沢の政府支持の背後には、「平民に対する絶望感」「いわば日本停滞性論」があったといい、その論拠を、福沢が維新の主役を士族とみなしていたことに求める（一六二〜一六三頁）。それゆえ「彼は、日本の資本主義化に熱狂的であればあるほど、旧い制度の温存を必要としなければならなかった」といい（一六五頁）、福沢が「ミドルクラス」の形成に期待をしていたという丸山の評価とは対蹠的である。(9)

第二は、文明＝ヨーロッパ文明の国家権力との一致である。「福沢は原理的にはほとんど完全にヨーロッパ化をめざしていた、とさえいえる」が、「それらの思考がもつ近代のかがやかしい姿は、ひとたび日本の社会に適用されるとき、いな適合させられるとき、直ちに色あせてみすぼらしい姿とならざるを得なかった」。それゆえ日本の資本主義化のために政府の保護を要望したため、「ヨーロッパ文明の全面的な受容は、つねに国家権力に対する基本的な支持を伴っていた」とする（一六七頁）。この点においても丸山の、「西洋文明の将来にたいして、いささかも幻想をもっていなかった」「福沢にとって、近代化はむしろ「宿命的なもの」と言う意味をおびていました」（「福沢諭吉の人と思想」一九九五年、『集』一五、一九九六年、三一六頁）という評価とは異なる。

第三に、福沢の反儒教主義から、儒教文化の脱却、ひいては一八八五年の「脱亜論」が説明される。そして、「それは福沢の思想の必然的な帰結であり、また日本の資本主義思想の、明治一〇年代における在り方でもあった」とし（一六九頁）、福沢の文明論と政策論は一体とみなされた。福沢の「脱亜論」をはじめとする東洋政略論をめぐっては、平石直昭が鹿野論文も含めての緻密な研究史整理を行っており、平石が指摘するとおり、反儒教主義から説明するとすれば、「脱亜」はあくまで「儒教的旧文明」からの脱却を意味するはずである。(10) ところが、「日本の資本主義思想」の共通性をそこに見ていた鹿野にあっては、政策論と文明論の区別は意味がなかったのであろう。『通俗国権論』（一八七八年）以後、「日本の資本主義が列強との競争を念頭におくほどに成長しはじめたこと」にともない、「少なくとも、東洋に市場を確保しておく必要を、ブルジョア・イデオローグは嗅ぎ取るに至っていたのである」（一七八頁）といい、このような福沢と明治政府との一体性の強調は、しばしば争点となる福沢の官民調和論に対しても、「国民に納税の義務を観念づけるお説教を原理としながら、自由民権運動の吸収と、官尊民卑の解消とを、原理の具体的な適用としてもつ論議」という厳しい評価を生んだ（一七六頁）。

この点について丸山は、「事実はむしろ反対に、福沢が当時の政府と民党との激烈な抗争自体のうちになにか本質的に「文明の精神」と相容れざるもの、それを近代的な政争にまで発展させることを妨げる精神の「しこり」を臭ぎつけたればこそ、彼は一方藩閥政府や立憲帝政党に対する批判をすこしも緩めることなくして、しかも他方自由党一部のラディカリズムを「駄民権論」として排せざるをえなかったのである」（傍点は原文）といい、福沢が、藩閥政府の民権党攻撃と、民権党の政府・官憲党攻撃に「同じ様な精神構造」をみていたことを指摘する。さらに、「民権論者がひたすら専制政府の打倒と政権の獲得にエネルギーを集中する態度、その政治万能主義と中央権力への凝集傾向それ自体、福沢においては「権力の偏重」の倒錯的表現であり、政治的権力に一切の社会的価値が集中している社会における必然的な随伴現象であった。とすれば、こうした社会における開化と進歩への方向はそうした民権論における「政治主義」を煽り立てることではなくして、むしろ逆に、政治的権力の価値独占を排除して之を広汎な社会分野に分散させ、国民的エネルギーをこの多面的な価値の実現に向わせることにあるのは明白だろう」と述べ（「福沢諭吉の哲学――とくにその時事批判との関連」一九四七年九月、『集』三、一八九～一九〇頁）、加えて、自由民権運動における、いかなる権力も侵してはならない個々人の「人権」という観念の欠如を福沢がみていたことをあげる。「福沢が、今の民権論者が権力を取ったら薩長政府と同じように官尊民卑になり、むしろ人民の政府という大義名分で何でもかんでも干渉してくるだろう、というのはそれなんです」ともいい（前掲「近代日本と福沢諭吉」『座談』九、八三頁）、民権派を絶対視しない視点が福沢にあるという点を見抜いての評価であったといえよう。

福沢を資本主義のイデオローグとみなすがゆえの鹿野の評価は厳しく、女性解放論についても同様に、「このような福沢の婦人論が、当時にあってどんなに新らしい意義を担っていたかについては、今さら述べるまでもないであろう」としつつも、「だから、それが既成の家族道徳に対する全面的な攻撃であったという点を論ずることは控えて、それがどのような意識をもってなされたかという点のみを考えることとする」（傍点は引用者、一八一～一八二頁）とし[11]、資本主義確立のための論理に帰着させていく。そして、「いずれの場合にも、「富国強兵のための」という大義名分はゆるぎなく貫かれていたといわなければならない」（一八五頁）という[12]。丸山は、永田広志や鳥井博郎ら唯物論研究会のメンバーを念頭に置きながら、「唯物史観の基本的な立場から言って結局は、つまり封建的な思考を打破して、ブルジョア的世界観を押し出したという意味で歴史的役割があったということですから、ひっくり返せばブルジョア的「限界」の指摘ということになってしまう」（前掲「近代日本と福沢諭吉」『座談』九、七四～七五頁）と述べており、その点では遠山茂樹[13]の、そして鹿野の福沢評価もそれに連なろう。むろん、鹿野の福沢論が書かれて以後に、新たに丸山の福沢論が世に出ることとなったという状況を鑑みなければならないが、何よりも鹿野は、反資本主義、非ヨーロッパ近代の途を探り当てようとするがゆえに福沢を肯定せず、丸山、そして戦後「迷蒙と非合理にたいする理性の勝利の力づよい宣言の観を呈していた[14]」「近代」との徹底的対決を、あえて自らに課したのではなかろうか。

　鹿野の最初の福沢論から一〇余年を経て、『〈人と思想21〉福沢諭吉』（清水書院、一九六七年）が刊行されたのは、後述するように『資本主義形成期の秩序意識』がまとめられつつあったときであり、福沢の「封建秩序からの脱走」が肯定面として押し出されるに至ったとみられる。同書の裏表紙に記された次の文章には、福沢と丸山とが二重になった複雑な思いが示されているように私には思える。

> 福沢諭吉の思想と生涯は、日本の近代化の本質をずばりと、しかも多面的にあらわしている。それだけにかれのうちには、近代日本の栄光と悲惨が鮮明に体現されている。わたくし自身はといえば、初めて福沢の文章に接したとき、一〇〇年まえの日本にこんなあたらしい人間がいたことにつよい印象をうけた。それ以来、福沢をすば

らしいと思い、また時にはにくいとも思いつつ、しかも近代日本を考える場合、たえずかれにたちかえらなければならなかった。

「封建的秩序からの脱走」と表題に冠した第一章では、「いままで生きてきた社会の価値意識を絶対的な基準として、文明に反発」し「封建社会というものに疑問をいだかなかった」人も多いなかで、「それとは対蹠的に、福沢諭吉は、封建社会の秩序に疑問を感じそれからぬけだそうともしてきたがゆえに、近代文明に接したときに、それにめざめることができた」（三五〜三六頁）と述べる。「への自由」と「からの自由」について、「気持は極端に後者に傾く」（「わたくしと思想史」①ⅴ頁）という鹿野ならではの評価であろう。しかし、民衆の主体化を追求する鹿野は、福沢においてかつては資本主義化と一体化していた民主主義化が『時事小言』（一八八一年）あたりから切り落とされたとし（一二九〜一三〇頁）、大筋において前論文と同様の評価に至っている。後述するように、丸山からの〝離脱〟を鹿野が認めるのは、もう少し後に自らの民衆像を打ち立ててからとなるが、こうして福沢を書くことによってまずは丸山との対決をも宣言したことになろう。

三　「秩序への違和」と永久革命としての「民主主義」／「人生」と「科学」

時期は下るが、丸山は、福沢の「独立自尊」について、「秩序に依存している人間から、秩序をつくり出す人間への転換。秩序をつくり出す人間というものは、寄りかかりと反対なんです」と説明している（「「権力の偏重」をめぐって」一九八八年八月、『丸山眞男話文集』四、みすず書房、二〇〇九年、一八三頁）。ともに既存の「秩序」からの脱却をめざす鹿野と丸山であったが、鹿野はその「秩序」に着目しながら、思想の「論理」を、「受容」者にとどまらない、生産者であり生活者である民衆の日常的な営みや体験に着目して[15]自らの思想史の方法を確立し、『資本主義形成期の秩序意識』を世に問うた。

それとほぼ同時期に書かれた論文に、『歴史学研究』一九六八年一〇月号「特集　天皇制イデオロギー――「明治百年」批判」に寄せた「〝近代〟批判の成立――民衆思想における」がある。そこで鹿野は、「そもそも民衆は思想家であるのか」という問いを抱えてきたことを告白している（四六頁）。そこでも、そして『資本主義形成期の秩序意識』においても鹿野は、自らが「一九四五年の敗戦にさいして、〝戦前的な価値〟からの解放という志向」（同前、i頁）にあったことは、反面いまだ「迷妄と非合理」にとらわれていたことを意味し、[16]「〝戦前的な価値〟を外在的なものとして糺弾するにとどまらないで、むしろそれ以前に、みずからのうちなる奴隷性への、嫌悪と焦燥をこめての凝視をともなった」という（i頁）。鹿野はさらに問う。「思想史研究者たちはある意味では社会にたいする告発者であり、思想史は告発の書であった。そのことによってそれらの人びとは、秩序に対決してゆく自己を示すことができた。だがそれほどにかれらは、当該社会つまり日本の資本主義社会からまぬかれえているだろうか」と。そして「思想史研究者たちの問題のたてかたは、自己のうちに縮尺された秩序を認識するところからはじまるかたちでの、秩序への対決の姿勢の提示でなければならぬ。思想史は、いってみれば、正義感によってだけでなく屈辱感によっても書かれなければならない」と述べる（一二頁）。

「戦前的価値」を克服したつもりでいる者が、はたしてどれだけそれを内面化できているのか、それをあくまで個人について問うたものではあるが、丸山が、日本は二階に西洋の思想の本が並び、下では「日本的に思考している」というカール・レヴィットの有名な比喩を用いて「いったいどれほどイデオロギーなり、あるいはイズムというものが、国民の生活を動かしているか」（一九五七年八月、『集』七、一九九六年、一三五～一三六頁）と問うたこととも相通じていよう。ただし、丸山が民衆への信頼に支えられて、そうした民衆が「国民主体」となることを求め続けたのに対し、鹿野は、「迷妄と非合理」にとらわれる自己を一概に否定するのではなく、むしろ自らもまたそうした矛盾を抱え込む「民衆」の一人であること――「うちなる奴隷性」の発見に努めていった。「〝近代〟批判の成立」は、まさにそうした葛藤が赤裸々に語られている作品である。加えて、「明治百年」、そしてすでに高揚しつつあった学生反乱との対峙が、いっそう鹿野をして「民衆」と向き合わせることになったのであろう。

鹿野が、「〝卓越した〟個人の研究」から民衆の「〝受容〟を独立させなければならぬ」と考えたのは、『日本近代思想の形成』を書いてからであり、それは、「外来の近代思想に主要部分を立脚してきた近代日本の思想家の思想は、民衆がその生活から生みだしてくる矛盾の総体を認識することにおいて比較的うすかった」（傍点は原文、前掲「〝近代〟批判の成立」四六頁）からだという。[17] それゆえ鹿野にとっての思想史は、また民衆のなかにある日常的なものを「因習におおわれた懶惰なもの」とは考えず、それを非日常的なもの――運動や革命など――への不断の可能性をみつけることによってはじめて、「民衆の海のごとき日常的ないとなみ・体験が、思想史の基本的な認識対象として登場する」ものであった（同前、四八頁）。

ここに至るまでは、「みずからの内なるモダニズムとの軋轢の過程をもなしていたように思われる」と鹿野は告白する。「敗戦直後の〝嵐のごとき民主化〟の時期に自我形成を行なったものの一人として、〝近代〟はわたくしにとって宿命のようなものであった」と述べる鹿野は、歴史学界におけるモダニズム批判の興隆、そしてそのなかから生まれた色川大吉・安丸良夫の仕事をよそ目に、「わたくし自身は、依然としてよりつよくモダニズムにつながれているといわざるをえない」と、モダニズムからの脱却への足掻きを隠さない（同前、四八頁）。その克服対象の頂点で光輝いていたのが、丸山だったといえよう。

全盛をきわめるマルクス主義によって日本社会を一刀両断に批判しえた戦後の時期にあって、鹿野が丸山にも惹かれていったのは、マルクス主義には「階級」の視点が貫徹されていて、社会が病んでいるとの認識は乏しく、「日本社会の病理現象という自画像に、否応なく向いあわされ」るなかで、丸山政治学は「日本社会を一個の肉体とみなしつつ、その病理の診断を主たる使命とするに至った」からであろう（「I　健康観にみる近代」⑤七八～八〇頁）。後年、このようにもいう。

『資本主義形成期の秩序意識』の「はしがき」で、「限定することによる〝断念〟の苦しさと美しさを知らぬではなかったが」としつつ、「精神動態」の「すべて」を対象としたいと記したのは、対象を厳密に限定する作業から出発する丸山の方法への、それでは「科学」が上位となり「人生」がその従属的位置へ押し詰められるとの、当時のわたくしの懐疑に発するものであった。『大正デモクラシーの底流』に「〝土俗〟的精神への回帰」と副題するさいには、情念を露出させるこういう名づけには、丸山は、即座に拒否反応と軽侮をもつだろうと思ったりした。逆にいえば、そのような意識がわたくしをそんな表現へと踏み切らせた〔後略〕。（「問いつづけたいこと」⑥四三二頁、傍点は引用者）

そして、「この論集に収めた主題の作業にわが身を巻き込んでゆくが、丸山の反対側ばかり追い求めてきたような気がする」と述べる（⑥四三二頁）。鹿野は、「理解は対決」だともいっている[18]。しかし、なぜかくもモダニストである自己の否定に向かわねばならないのか。モダニズムとは、民衆を置き去りにし民衆に抑圧をもたらす、鹿野が福沢論をとおして断罪したようなものとしてあり続けているものなのだろうか。丸山いうところの「近代」は、それを希求する者をドレイに留めおくものなのか。丸山にそれほどに魅了された鹿野があえて「反対側」を求めるのは、丸山がみた兵士たちのなかに、「非ヨーロッパ近代」を創りうる可能性を見出そうとするからであろうが、そこに踏み出そうとする鹿野になお覆い被さる葛藤は、丸山いうところの「近代」がもちうる普遍的有効性を物語ってはいないだろうか。鹿野思想史は、「民衆」という集団を対象としながら、個性へのこだわりはひときわ強く、それは、「個を立てることを徹底的に禁圧していた戦時下が、反面教師として焼きついての所為にほかならない」といい、福沢の「独一個の気象」から遡及される（「問いつづけたいこと」⑥四二二頁）。「個」への執心は、福沢―丸山の「近代」から切り離されずにある証ともいえようか。

鹿野が、「不断の精神革命」を謳う丸山政治思想史[19]に通じる「からの自由」「秩序への違和」を掲げつつ独自の領域を立ち上げてきたのは、民衆の「人生」を描かねばならぬと考えたからであった。そしてそれは「秩序の体現者よりは、秩序からはみでた人びとの、そのはみでた部分へ」、「それもみずからを秩序の外的存在としつつ、壮大な理論体系をもって秩序を批判する場合よりは、止めようもない気持から、秩序とのあいだに軋みをもたざるをえなくなっていった人びとに」より親近感を抱いてきたからであった（「まえがき」⑥v頁）。先の議論に引き戻せば、鹿野は、福沢や丸山が求め続ける既存の秩序からの脱却では、民衆はいつまでもその「秩序」を〝つくり出す〟存在（＝「国民主体」）にはなりえないとの認識に立つのであろう。それゆえ鹿野は、それを知識人ならずとも誰しもが抱きうる「秩序への違和感」ということに求めて変革の契機を追求していくこととなるが、それでもなお、「民衆思想史という性格自体に由来する居心地の悪さ」、「お前は、当の「民衆」のまえで、「民衆思想史をやっている」と公言できるかと問われたとき、立ちすくむほかないという、後ろめたさ」が存在したことを明らかにしている（「問いつづけたいこと」①四二七頁）。

この思いは、〈民衆〉思想史家のなかでも際立っている。民衆思想史の代表格として揺るぎない存在である色川・安丸・鹿野の三人が二〇〇九年に行なった座談会「私たちの半世紀——民衆思想史とともに」（前掲）では、「民衆思想史とは何か」、すなわち「民衆」とどう向き合うかという問題に焦点が当てられていく。そこでも、先にみた「後ろめたさ」に由来する煩悶を語る鹿野[20]に対して、色川は躊躇いがなく、「民衆思想史のベースにある共通性、それは対象の問題じゃない、取り上げ方の問題なんです」といい、水俣に一〇年通い、現地の患者などから聞き書きをしたことによって、それらの複雑性を認めていくところに「民衆史の仕事の利点があった」と述べ（二四三・二四六～二四七頁）、そこには、鹿野が抱いたような「民衆」を対象化することへの葛藤はほとんど見てとれない。安丸の場合には、「研究者は民衆を代弁するということはあり得ないわけで、研究者と研究対象のある種の距離というか、ずれというのは、不可避的に存在している」と述べ、「ぼくは理屈を言いたい方」と自らいうように（二四四・二五〇頁）、むろん葛藤を経てではあれ理論的な整理のなかに自らを収めていたといえよう。その点で、鹿野の位相は異なり、安丸や色川がいう「民衆独自の思想形成の論理ないしは倫理」について、「私はそのへんはちょっと曖昧で、エリートと言われるような人びとも、論理次元で自分が主張する思想ほど日本の土壌から自由であり得るのか、とういうことがどちらかというと強いモチーフとしてあったのですね」と述べる（二四四頁）。それこそが、鹿野が「モダニストの裾野につながる人間」であることを潔しとせず[21]「うちなる奴隷性」の剔抉に向かわねばならなかった理由であり、同時にまた、丸山の思想が鹿野に覆い被さり続けたゆえんでもあろう。その点において実は、「民衆は偉大だとか、民衆の力を評価せよ、とかいう日本のインテリのポピュリズムほど、滑稽なものはない。自分は民衆の一人だということを一時も考えたことがないのだろうか[22]」という丸山の問いと接続するのである。

もう一つは、〝民衆〟のへの対し方と一体の関係にある「近代」の受け止め方についてである。先の三人の対談に立ち戻ると、私には、色川と安丸が、丸山の思想が少なくとも日本の支配層には受け入れられ、「丸山の影響とそのイデオロギーは日本の国家体制の中で非常に大きな力を持って生きていた」とみなしていることが気にかかる[23]。丸山の講義を聴いた官僚たちも含めて、果たして丸山の思想をどれだけの人が理解し、自家薬籠中のものとしてきたであろうか。丸山の思想と官僚エリートとを一緒くたにするその思考様式は、まさに丸山いうところの「である」論理そのものであり、翻ってみれば、丸山の思想、丸山が希求してきた「近代」をそれほど容易に支配体制に取り込まれてしまうものとみなしていたことにもなりはしないか。もしもそうであるとするならば、丸山の、必ずしも民衆思想史を念頭に置いたものではなかろうが、「既成のマルクス主義とか、組織労働者の闘争とかに対する絶望が非常に深まると、いちばん遅れたもののなかに、実は、いちばん革命の萌芽があるという、そういう弁証法かな。〔中略〕共同体とかはだめだ、遅れているという、そういうのをひっくり返している。一番遅れたもののなかに、実はいちばん日本の構造を、根本からひっくり返すものがあるのだというのか、あるいは萌芽があるのだという、そういう論理がある」「発想様式は、民衆崇拝というよりは、共同体がもっとも革命的だ、そういう一種のパラドックスの論理」（「日本の知識人」（丸山・加藤周一・石田雄による座談、一九六七年、『別集』三、九六〜九七頁）という評価もあながち乱暴とはいえまい。

一九六八、六九年の学生反乱に対する鹿野の受けとめ方についてはここでは繰り返さないが（本書「鹿野思想史と向きあう」参照）、丸山にとっても学問のあり方を問われる、ないしは再確認する事件であったことはまちがいない。丸山の苛立ちは、以下のように、学生よりもむしろそれに迎合する大学教師ら「インテリ」に向けられていた。

学生の不満→不信という。しかし不満とは期待と要求との函数である。ひとはそもそも欲求しないものを与えられないでも不満をいだかない。〔中略〕この種の学生の大学及び大学教師にたいする過剰期待、もしくは見当ちがいの期待を「所与」として、学生の不満や不信をどうしてくれるとつめよられても、私は答えるすべをしらない。そういう不満に「親切」に答え、そういう「欲《（要）》求」に無条件に譲歩することが「ハト派」だ、というならば、「ハト派」の考え方には、学生を自律的人間とみない点で、意識すると否とにかかわらず、学生にたいする侮蔑がひそんでいる。私はそれほど学生を侮蔑したくない。[24]（傍点は原文）

丸山は、戦後初期に、「マルキシズムが世界観としては、それ自身完結的なものとは思いません」としつつも、[25]「現代社会の集団化、しかも集団が階級的分化と結びついていることを考えるとき、現代の人間の救済というものはもはや個人的な形では出来」ず、「集団的に集団を通じて行わなければならない」とし、「その日の生活に追われ、あるいは刹那的な享楽に生きる大多数の民衆に、生活への意欲と未来への希望、現代社会に生きるハリと価値といったものを果して、いかなる原理といかなる制度が現実に提供しうるか。それによって、その原理なり制度なりのレーゾン・デートル〔存在理由〕がきまるのではないか」と問うた。そして、「近代社会における個人の独立とか自律とかということも、現実にそれが問題になるのは、一部の知識階級だけで、世界の大多数の民衆はそれどころじゃなく、動物的な生存条件から辛うじてはい上るための労働で精一杯なのが実状」であることに思いを馳せ、「こうした精神的価値にあまねく大衆を参与させるための基盤をつくり出すことが当面の問題であって、そういう現実の問題から眼を閉じて抽象的に道徳とか人格の確立を説くことでは足りないと思うのです」と述べた（「現代社会における大衆」一九四九年一〇月、『座談』一、二三六頁）。丸山は、歴史をふり返り「かえって名もない民衆の中から生み出された文化の中に、粗野ではあるが未来への発展性を持ったものが見出される」とし、「況んや現代においてはなおさら、文化を生み出す基盤はどこでも大衆にあるのではないか」と語っている。そして「文化を直接的に造り出すのは勝れた個人ではあるが、そういう個人が生み出されてくるためには、そこにおける大衆が、政治的社会的に相当解放されて相当の文化レヴェルを持っていることが前提ではないか」と考えるがゆえに、丸山は、それに全力を傾注していったのである（同前、二三九～二四〇頁）。しかしながら、たしかに鹿野のいうように、それがなしえたとの達成感を丸山の口から聞くことはなかったに相違ない。そして民衆思想史もまた、民衆の可能性に託し続けて〝今〟に至っているとはいえないだろうか。

鹿野は「近代」を手放してはいない。鹿野が後年、若き日の色川や安丸は「真剣勝負を挑むような気迫をもって、丸山眞男と対峙し、彼を超えようと研鑽を重ねていた」のに対し、自分は「それをみながら、そのような論理的構成力を欠くことを悲哀とし、それでもその重圧のもとで喘いでいたことになる」（「問いつづけたいこと」⑥四三二頁）と謙遜しながら述べるくだりは、逆に、鹿野にとっての丸山の存在の大きさを示していよう。そうした〝喘ぎ〟を経ての鹿野のある種の応答が、「知的専門家と〝民衆〟のあいだに真のコミュニケーションを成り立たせる途は、両者間に存在する隔りをなんらかの〝偽善性〟で糊塗せずにみきわめつつ、専門家のがわから率直に問題を出して、批判の集中砲火を浴びる方向以外にはないだろう」（『大正デモクラシーの底流――〝土俗〟的精神への回帰』日本放送出版協会、一九七三年、①一九頁）ということであろう。[26] しかしというべきか、それゆえになのか、その鹿野もまた、「初めは丸山さんの議論の信奉者だったわけですけれども、だんだん離れていって」と語る。そして、「結果的に」ではあるが

「分野として丸山さんからいちばん遠いところというので、女性と沖縄を……」と述べている。[27]

おわりに――「離脱」のあとを追って

本書の序説「鹿野思想史と向きあう」でも述べたように、鹿野は、一九七〇年代の一連の大正デモクラシー研究、とりわけ『大正デモクラシーの底流』を書き上げるのと軌を一にして、歴史学が「主体としての民衆像」を定立し、とりわけ近代史にあっては「伝統と変革についての〝近代主義〟的認識にきりこむ視点を樹立した」と述べた。[28]それはまた、鹿野自らにとって「民衆」が「人びと＝（われわれ）」になったことを意味した。鹿野が「近代主義」では果たしえないと考えた「うちなる奴隷性」の剔抉は、「文明開化以来の〝近代化〟政策によって、押しひしがれ、地底に追いやられ、大国日本のイメージのもとで冷嘲を受け、大正デモクラシーのもとでも、その合理主義的開明主義的基調に遮られて、くすぶりつづけたこの〝土俗〟的な精神」、すなわち「民衆が（ということは知識人がでなく）、自生的に（ということは西欧文明からの帰結としてでなく）、生活のなかで（ということは観念から演繹されてでなく）、育んできた価値意識」の総体（①一八頁）を明らかにしたことにより一つの山を越え、丸山からの〝離脱〟を果たしたのだといえよう。

しかし鹿野は、「分野として丸山さんからいちばん遠い」女性と沖縄を軸に近代と向き合うなかでも、けっして「国民国家」を簡単にすり抜けてはいない。そして一九九五年に、「丸山が格闘した「国民」化の問題は、いまや「国民」を超えるという課題をも含めて、わたくしたちにとって、登攀《とうはん》すべき峰でありつづけていることになる」[29]と述べるのは、その時点でなお丸山の存在が鹿野のなかに大きくたちはだかっていることを示している。

先にも述べたように、丸山は民衆に個の自立を促すことに楽観的であったわけではない（前掲「現代社会における大衆」『座談』一、二三六頁）。しかしながら、「大衆のモッブ化」に対しても、それは「必ず他の反面において日本のこれまでの支配階級の統治の仕方において大衆をそうさせる原因がある」との姿勢を貫いた（同前、二四一頁）。だからこそ丸山は、「モッブ化」に目をつぶってありのままの民衆の状態から可能性を引き出すのではなく、「モッブ化」させるような「支配階級の統治」を改めるべく社会変革の働きかけを続けていったのである。晩年近くにも、丸山はこのように述べている。「民主主義というのは理念と運動と制度の三位一体で、制度はそのうちの一つにすぎない。理念と運動としての民主主義は、〔中略〕「永久革命」なんですね。資本主義も社会主義も永久革命ではない。その中に理念はあるけれども、やはり歴史的制度なんです。ところが、民主主義だけはギリシャの昔からあり、しかもどんな制度になっても民主主義がこれで終わりということはない。絶えざる民主化としてしか存在しない」（「戦後民主主義の「原点」」一九八九年、『集』一五、六九〜七〇頁）。

最初にも述べたように、丸山の「たえざる民主化」は、鹿野の「秩序への違和」と相通ずる。そして、沖縄の研究のなかで鹿野が向き合った伊波普猷とも、ドレイ性との対決ということを媒介にして接続されるのである。鹿野はこのように述べる。

伊波がキーワードとしたのが、「奴隷」の二字であった。その二字をしばしば用いつつ彼は、心中の奴隷であることからの脱却にこだわりぬいた。

伊波に向いあううち、そのことが心に刻み込まれた結果、「奴隷」という言葉を軸にしての近代思想史も成り立ちうるかも、との空想に襲われたりした。そのとき、それをキーワードとした思想家として、福沢諭吉と竹内好が、伊波普猷とともに浮上するのを覚えた。福沢は、ジョン・スチュワート・ミルの“mental slavery”という言葉に触発され、日本人を「精神の奴隷《メンタル・スレーヴ》」と批判し、「日本には政府ありて国民《ネーション》なし」と喝破した。竹内は、魯迅から内なるドレイ性という思考を学び、「いい子になりたがる日本的指導者」や「否定の契機を含まぬ進歩主義」の「ドレイ根性」を衝いた。そうして伊波は清国の政治家・思想家梁啓超や米国の黒人思想家ブーカー・ワシントンの、精神のドレイ性への発言に注目し、奴隷という言葉の周りをぐるぐる回るような思索を展開した。（「まえがき」④v〜vi頁）

鹿野は、福沢―竹内（―丸山）、そしてここに伊波を位置づけ、また「沖縄の戦後」という範疇を立てることによって、「架橋を急ぐよりは裂目の確認に力点を」という立場を堅持しながら、「本土」の、ではない戦後史を目ざしていく（「まえがき」③vii頁）。同時に鹿野は、「あらたな状況は、あらたな問いを発生させる」（「問いつづけたいこと」③四五七頁）ことを自覚するがゆえに、「非沖縄出身」者として沖縄に向き合うなかで、「周縁」あるいは「マイノリティ」と名指してそこに押し込めてしまうことの無自覚を問い、「マイノリティ」は「立ち上げた瞬間から、その消滅をめざさなければならぬ」（「問いつづけたいこと」④四〇七頁）ことを突きつける。

鹿野は、「学問の自立（律）性」に自足する歴史学のありように対して、「普天間の問題に歴史学は、どうすればもっと寄与する途をみいだせるだろうか[30]」との緊張感に満ちた問いを発し続ける。沖縄に行き街頭にも出て、いま沖縄が置かれている問題に直接対峙するなかで、鹿野は今こそ歴史学の真価を問うているのではなかろうか。「傍観者」をどれだけ変えることができるのか。「国民主体」ではない「市民」にしうるか。

鹿野が丸山の「反対側」をあえて選択したことにより、明らかにしてきたことの意義は大きい。私は、鹿野のいう「理解は対決」だということばをひたすら心の支えに、そのような鹿野思想史の理解に少しでも近づくためにそれと向き合い、本稿をしたためてきた。鹿野と丸山は、それぞれ違う回路でドレイの精神と闘ってきたのだと思う。民衆世界に内在する差別の問題に取り組んできた私には、民衆の可能性に行きつく前に対決しなければならないことが立ちはだかり、その精神世界がはらむ「病理」に切り込まないと前に進めないのである。それに向き合わないと、実現しなければならない「近代」の内実をおきざりにすることになりはしないか、換言すれば「近代」との対決を弱めるのではないかとの思いを抱く。私は、「開かれた社会」、すなわち永久革命としての民主主義を求めて、一つ一つ丁寧に「社会」と「個」のあり方を説きおこしていったその丸山の営みに希望を託し続けるしかないと思っている。鹿野と我が身を同列に置くことのおこがましさを承知であえて記せば、鹿野が西岡民衆史―講座派マルクス主義と丸山の間での葛藤を抱え込んでいたように、私もまた、鹿野思想史と丸山政治思想史の間で葛藤してきたのであった。

注

(1) 石田雄「丸山眞男と軍隊体験」『丸山眞男戦中防備録』日本図書センター、一九九七年。
(2) 鹿野政直『日本の近代思想』岩波新書、二〇〇二年、四三頁。
(3) 拙稿「丸山眞男における「精神の革命」と「大衆」」(赤澤史朗・北河賢三・黒川みどり編著『戦後知識人と民衆観』影書房、二〇一四年)を参照。
(4) 丸山は、制度の変革を軽視していたわけではない。晩年、「私のファシズム論には制度面が欠けているというような批判は私にしてみれば「ひとの気も知らないで」と言いたくなります。〔中略〕風呂敷みたいに何でも包めるような、いわば全体主義的な「方法」なんてものはないというのは私がヴェーバーから学んだ最も大きな点の一つです」と述べている(「夜店と本店と――丸山眞男氏に聞く」『座談』九、二九三頁)。
(5) 色川大吉・鹿野政直・安丸良夫(聞き手・今井修)「私たちの半世紀――民衆思想史とともに」、初出『図書』二〇〇九年三月、引用は色川大吉編著『色川大吉対談集　あの人ともういちど』日本経済評論社、二〇一六年、二五三頁。
(6) 鹿野政直『近代日本思想案内』岩波文庫、一九九九年、五頁。
(7) 「〈日本の近現代思想と人権②〉対談＝鹿野政直＋藤田敬一　人間の佇まいから考える」『こぺる』第一八八号、二〇〇八年一一月、五頁。
(8) 松沢弘陽「解説」、丸山眞男著・松沢編『福沢諭吉の哲学他六篇』岩波文庫、二〇〇一年、三二九頁。
(9) 丸山は、福沢は「士族のブルジョア化と、平民のインテリ化―その両方の動向が合流してミドルクラスを形成し、これが議会政治の担い手になる」と考えて、「知識階級という問題を非常に大事にしている」という(「近代日本と福沢諭吉」一九八四年一一月、『座談』九、七九頁)。
(10) 平石直昭「福沢諭吉の東洋政略論の研究史――敗戦直後から一九七〇年代まで」福沢諭吉協会編・発行『福沢諭吉年鑑』第四二号、二〇一五年一二月、九頁。

(11) 丸山の以下の発言より鹿野の論文のほうが先に発表されているが、まさに鹿野が追い求めたのは「丸山の反対側」である。(福沢の思想の歴史的制約を)「突込んで行くと、福沢だけでなくほとんど全部の近代日本の思想家に多かれ少かれ共通する制約に行き当るので、特別に福沢の思想を問題にする意味がそれだけ薄くなるからです」(「福沢から何を学ぶか」『福沢研究』第八号、一九五七年三月、『座談』二、三一六〜三一七頁)。また、福沢における「偽悪的なシニシズム」、すなわち福沢は偽善者を嫌悪していたのであえて偽悪を装った側面もあるという丸山の指摘(前掲「福沢諭吉の人と思想」『集』第一五巻、二八三頁)を踏まえると、福沢の書いたものをそのまま追う方法では難しいのではないか。

(12) このような評価は、後年になっても保持されている。「「日本婦人論」は、福沢が男女同権論・女性解放論を繰りひろげた作品として名高い。しかしそのなかで彼がたたみかけるような筆致で、女性の隷属的状態をかぞえあげ、「日本女性の鎖を解くこと」を力説したのは、自前の人種改良を期したがゆえにほかならなかった」(前掲『健康観にみる近代』三三頁)。

(13) 遠山茂樹『福沢諭吉――思想と政治との関連』東京大学出版会、一九七〇年。

(14) 「〝近代〟批判の成立――民衆思想における」『歴史学研究』第三四一号、一九六八年一〇月、四八頁。

(15) 同前、四七頁。

(16) 同前、四八頁でも同様の記述がある。

(17) この「外来」については、鹿野は、「いわゆる思想家が自己の思想の発条をいかに外来のものにもとめたとしても、意識せずしておそらくかれは日本の状況によりふかく規定されていたであろう」と述べる(前掲「〝近代〟批判の成立」四六頁)。これは、丸山の文化接触の議論を意識してのことであろう。拙稿「丸山眞男における「開かれた社会」――竹内好との対話をとおして」(『思想』第一一一五号、二〇一七年三月)を参照。

(18) 「民衆思想史の誕生――道標としての安丸良夫」『現代思想　総特集安丸良夫』二〇一六年九月臨時増刊号、三四頁。

(19) 丸山もまた、近代的思惟を根づかせるべく啓蒙に力を注いでいた戦後初期から転じて、「思想の伝統化」をめざして思想のあり方・思想の型を本格的に追究しており、そのなかで、「思想史の考え方について」、「近代日本における思想史的方法の形成」(ともに一九六一年)など、思想史の方法についての開陳も見られた。

(20) 「民衆を対象化する」ことについての「後ろめたさのようなものが拭いきれない」と述べている(前掲「私たちの半世紀」二四四頁)。

(21) 前掲「〝近代〟批判の成立」四八頁。

(22) 丸山眞男『自己内対話――三冊のノートから』みすず書房、一九九八年、一五七頁。この点については、前掲拙稿「丸山眞男における「精神の革命」と「大衆」」でも述べた。
(23) 前掲「私たちの半世紀」二五一頁。
(24) 「春曙帖」前掲『自己内対話』二二五〜二二六頁。
(25) 丸山は、自分自身にとってマルクス主義は、「単なる一時停車駅ではなかったと思います」(「思想史の方法を模索して」一九七八年九月、『集』一〇、一九九六年、三四三頁)とも述べている。
(26) 西岡虎之助を敬慕しつつ述べた次の一節にも、その一端が示されていよう。「たんに民衆の苦しみを強調するだけでは、かえってべつの意味の観念論に陥ることを、先生は自戒しておられたのではないかと拝察する。知識人の、同情に発する民衆史への接近は、とかく民衆の悲惨面の一方的な強調になりやすい。しかしそれは、民衆への差別感の表白であり、民衆にたいする侮蔑ともなろう。それは、主観的な意図とはべつに、民衆を歴史上たんに受動的に位置づけることになる」(「西岡虎之助　民衆史家の風貌」一九七〇年五月、⑦四〇一頁)。
(27) 前掲「私たちの半世紀」二四九〜二五〇頁。
(28) 「国民の歴史意識・歴史像と歴史学」『岩波講座 日本歴史24　別巻1　戦後日本史学の展開』岩波書店、一九七七年、二三九頁。
(29) 前掲「丸山眞男における「国民」」八頁。
(30) 「〈思想の言葉〉民衆思想史の立場」『思想』第一〇四八号、二〇一一年八月、二頁。

第二部　鹿野思想史の焦点／その問題群

四　「個性のふるまい」をめぐって

小林瑞乃

はじめに

『鹿野政直思想史論集』第六巻「個性のふるまい」は、『近代精神の道程――ナショナリズムをめぐって』（花神社、一九七七年）と『歴史のなかの個性たち――日本の近代を裂く』（有斐閣、一九八九年）に、その後執筆した個性論を加え再編したものである。「歴史の矛盾の結節点」として「個性」を追求し、国家との対峙を焦点に多様な生（人生）をみつめ、人間を凝視しつつ時代的特徴や社会状況を描いている。それぞれの「個性」には、鹿野自身の課題意識などが映し出されてもいた。民衆思想史、女性史、民間学、沖縄など複眼的な研究視角によって織りなされる鹿野史学から受け継ぐべきものは非常に多い。その全体像の理解は容易ではないが、人間＝思想への向き合い方を確認しながらその特質の一端を考えていきたい。

思想史への発心は、大きく三つの視点で捉えることができる。第一に、「歴史における人間（人生）」という主題であり、「最も実践的な問題」でもあった。鹿野にとって「思想史への発心」と「歴史における人間への関心」は「一体のものとしてあった」。「歴史における人生の復権に固執」し、「人生を主題として歴史をみるという手法」を習性として「今日に至った」という。[1] それは、人びとを「歴史の矛盾の体現者」＝「法則性と可変性の結節点」として、つまり「歴史の矛盾の結節点としての個性に出会う」ことであった（⑥iii〜v頁）。

第二に、「自分を因える過去から」の「遁走」である。「自己の内なるドレイ性」を掻きだそうと、「自分が救われんがために」「自分を変えたいとの念」から「過去を探るという仕事に入った」。そして「自分のなかに巣食う秩序とは何だろう」と、「秩序を成り立たせている法・道徳・慣習のすべてとの、そのなかへの埋没を含めての軋みあいをほじってゆくことが、わたくしにとっては〝思想史〟となった」。「精神動態」＝「秩序意識」の追跡であり、「一人一人の人生に根ざす歓びも哀しみも迷いも躓きも、それぞれ「秩序への違和感」の萌芽として、混沌のまま捉えたい」との「念願」であった。こうして「まるごとの人生」を思想史の「原石」として受けとめることとなった（①iii〜vi頁）。

第三に、「近代」への問いである。そこには「めざされる近代」から「問われる近代へ」、あるいは「希望としての近代」から「もう一つの近代」への希求という転回があった（①vii〜viii頁）。そのような認識の転換は、明治百年祭（一九六七年）と「大学紛争と称される学生反乱」（一九六九〜七〇年）によるものであり、特に後者は「文明」そのものへの問いかけ、「逃げられない問い」として鹿野に深い影響を与えた（①ix頁）。この「近代」への問いは、「制度としての近代」、「嵌めこまれた近代」の視点からの模索ともいえるものとなった。

これらはすべて結びあいながら、鹿野思想史の核に位置していると思う。それが具体的に、どのように「個性」として追求されているか、以下で検討していきたい。

一　国家を照射する境域

第六巻は「一人ひとりの論者と国家との絡み」を「主題」に、「国家はどうあるべきかを問い返した人びとの思索」から成るものである。あるべき国民（臣民）像が押し付けられるなか、「国家を問い返したこと自体」、「他をもっては代えられぬ存在」、「きわだつ「個性」」とした。共通するのは「おめおめと〝民草〟にされてたまるかという歯ぎしりに発しての、〝民草〟化、〝民草〟視に抗する精神」であった(⑥四二八〜四二九頁)。「個性」研究は、おおむね三つの軸を中心になされている。第一に思想形成(思想的遍歴)とともにそれぞれの精神の「核」といったもの(「原点」「初心」)を明らかにし、第二にその精神の「核」が生活や体験によってどのように変容したかといった「思想展開」、第三にそれらが秩序との向き合い方をどのように規定したか、どのような思索がなされたか、その思想的営為を提示することである。

最初にみる「ナショナリストたちの肖像　陸羯南と三宅雪嶺」(一九七一年)では、第一の思想形成が詳細に検討されている。その結果、彼らが、明治国家によって強硬に推進された近代化にあって〝乗りおくれた〟側、〝切りすてられた〟側にあったことを論証し、彼らの〝逆境〟〝不遇〟が〝弱者〟の視点による近代化構想となったことを明示し、「ナショナリストであったという点で、不抜の価値をもっている」と評した(⑥七六頁)。そして、彼らの模索した「非ヨーロッパ型近代化」について、次のように論じた。

国内面においては、近代化の過程で抑圧されてゆく層、脱落してゆく層にたえず眼をくばり、彼らの自立と発展を可能ならしめるような近代化の方向をめざし、国際的には、近代化の遂行が列強的な価値による世界併呑にならないような、アジアの主体性による近代化の方途を探りつづけた。その意味で彼らは、ヨーロッパ的近代のもたらす矛盾をもっとも早期に指摘した人びとでもあった。(⑥七七頁)

彼らは、東学党やガンジーなど「アジアにおける変革の芽にまなざしをこらしてゆく」(⑥七八頁)。だが、日清戦争を支持し、清国と朝鮮に優越意識を抱き、膨張日本を推進してゆくことになる(⑥六三〜六五頁)。つまり「彼らのうちに萌芽としてもっていた途を歩みとおさなかったこと」も「事実」であり、「ナショナルなものの強調にもとづく歴史主義的・伝統主義的思考が、かえって君威や国家の強調に傾き」、膨張主義となったのであって、「この問題に根本的な解決をあたえた思想家を、近代日本においてもっていない」と結論した（⑥七八〜七九頁）。

しかし、ナショナリストたちの思想的可能性、「国粋主義」「国民主義」に対する鹿野の位置づけは揺るがない[2]（⑥七九頁）。それは、第一に「文明の構想力」（⑥三頁）への捉え方、すなわち「明治の先人たちの多様な文明論」は「自立的な文明を拓くのを促す要素」をもち（⑥七頁）、その「多様さのなか」に「今日の文明の病弊の由来」と「近代日本の失われた可能性」をもみる（⑥四頁）という姿勢によるのであろう。

第二に、その「思想の創造性」が最も発揮された時期を焦点とみるためであろう。ここでは、明治中期にこそ「時代精神」の一つを「体現」し「歴史において彼らに不抜の地位を与えている」（⑥六二頁）とする。こうした二つの観点が、「個性」の位置づけの重要な鍵になっていると思う[3]。

近代日本のナショナリズムについては、膨張主義・排外主義・侵略主義などと結びつく「抑圧シンボルとしてのナショナリズム」が脳裏に去来し、「焼け跡派の世代に属する一人として」、「国家にたいする呪詛の気持をもちながら」戦後を生きてきたという。「日の丸、君が代、万歳など戦前の血のにおいのするシンボルはすべて憎悪の対象でしかなく」、その「焦点」に「天皇」「国体という観念」がある（⑥一〇〜一一頁）。

このように核心に位置する思想課題である国家の問題をめぐり、個性たちはどのように描かれたのか。以下、夏目漱石、石川啄木、河上肇、荒畑寒村論を確認する。いずれも明治末から大正期への転換期、「時代閉塞」にそれぞれの仕方で対峙した人物、言い換えれば転換期の体現者として探求されている。

「夏目漱石と明治国家」（一九六七年）は、「国民的」な作家でありえた理由、「秩序」への姿勢にある「国民的になりうる秘密とはなにか」を探ったものである（⑥一三一頁）。まず、思想形成期の青年漱石が「国粋主義的な立場をとるナショナリスト」（⑥一四〇頁）であり、強く自覚していた「社会の公民としての意識」が、地方社会と西欧社会という二つの秩序によって一段と鍛えあげられたとする（⑥一四七頁）。

地方社会では、同僚教師に「知的非エリート層」を発見し（⑥一四九頁）、「繋がれた人びとへの認識」となり、「繋がれた自己の確認」となった（⑥一五五頁）。「社会の公民としての自覚」から、「世俗に繋がれた人びとの発見」へと視野を拡大し、その視点は、のちに「作家的自覚を貫く線の一つ」になっていく（⑥一五五頁）。

ロンドンでは「文明と自己との対決」（⑥一五七頁）があり、「文明という観念」が再検討（⑥一五八頁）されて、文明は「一定の段階の進歩」ではあるが「拘束要素」ともなっていること、文明社会の「人為の約束の窮屈さ」が「かえって自由をもたらしている」ことを把握し（⑥一五九～一六〇頁）、官僚社会と市民社会の論理の違い、日本人の無規範意識（⑥一六〇頁）などを考察し、「日本の文明化は西洋の模倣によっては達成されないという解答」を出した（⑥一六三頁）。「文明」への漱石の「二重の姿勢――文明への絶望とその追求と」は、「遅れて資本主義化の途を歩みはじめていた日本の課題」を「もっとも明瞭に意識するもの」（⑥一六二～一六三頁）であった。資本主義の発展によって生み出された市民層の発見に加え、「日本の課題」が意識化されたのであった。

こうして、「繋がれた生活者」と「主体としての市民」との「結合」として漱石の文学を捉え、その「思想史的地位」を「世俗に囚えられているもののための文学」だと提示した（⑥一六五～一六六頁）。ここには、当時、鹿野自身を取り巻いていた状況との格闘、「近代化そのものの矛盾」や「救いのない想い」などに呻吟したことが投影されてもいた（⑥一六四～一六五頁）。従来研究にない新たな漱石像の提示であるとともに、「めざされる近代」から「問われる近代」への過渡的な軌跡としても見ることができるだろう。

一九六九年から七〇年の初めにかけて、「未来への展望」をもてぬまま、〝学園紛争〟の終熄、安保体制の中央突破といった〝時代閉塞〟の時期に「あらためて現われてきた」のが石川啄木であったという（⑥一六七～一六八頁）。貧困、結核、夭折、不遇の天才歌人といったイメージの強い啄木に、鹿野が見ていたものはまったく違っていた。

「啄木における国家の問題」（一九七二年）は、明治末年にあって、隠遁、沈黙、挫折、転向からも「無縁」に「未来への血路」を切り拓こうと努め（⑥一六八頁）、社会への関心を深め拡げ「未来への視点」を研ぎすましていった「独自の歩み」の理由を、「明治国家の思想」への「独自の関わりかた」に探ろうとするものである（⑥一六九頁）。

まず、少年期の思想遍歴について、「現代文明」として取り巻く「秩序の壁への体当たりの姿勢」が一貫していると指摘した（⑥一七〇頁）。それが日露義戦論の主張ともなったが、戦後の状況から、幻想は去って国家批判へと進む。〝生活〟との悪戦苦闘が大きな転回となった。

日露戦争勝利を背景に、朝鮮の植民地化、戦後経営、天皇制による国民統合が推進され、〝国家的栄光〟が人びとを捉えつつあるとき、啄木は、岩手の一寒村の、教員の末端の代用教員として戦後経営に向かい「〝生活者〟の視点」（⑥一七四）を樹立させる。小説という新たな手法で、農村や都市の〝陽のあたらない人びと〟の群像を描き、「明治社会の底辺」にある「貧困という岩盤」を洗いだし、社会の本質を「客体化しはじめた」（⑥一七九頁）。こうして、「〝天才〟の追求から〝民衆〟の発見への転回」と、国家への「姿勢の変化」が明示された（⑥一八〇頁）。

『岩手日報』「百回通信」（一九〇九年）は「生活者の視点よりする国家論」＝〝下からの近代化〟であり、国家に収奪され「国家に怨念」を抱きながらも「国家を離れては生きられぬ」「民衆の日常態の二重性」が「投影」されていたとする。そして、政治思想が社会主義に到達していないとか、「支配層」への「期待」は「甘い」など、「あげつらうことでは断じてない」と、従来的な見方を批判した（⑥一八五〜一八六頁）。

鹿野は、その「複雑な境位」を受けとめ、啄木の国家は「自分の内部にぎりぎり食いこんでくるもの」であり、「浮ばれない生活者」として荷風の国家批判の「特権意識」を「痛撃」し、〝限界〟とされる、伊藤博文の死に慟哭した「錯誤」さえ、「新しい愛国の在りよう」の模索ゆえの「到達点」をも示すものとした（⑥一八六〜一八七頁）。そして、「生活者の視点から国家と格闘する評論家へと転化した」（⑥一八八頁）と位置づける。

さらに、「自己の想念」を表現する小説（⑥一七五頁）、「より直截に社会を撃つ弾丸」としての評論（⑥一八一頁）、「生きている」「生きようとする証しを求めて」歌へ（⑥一九一頁）という表現の変化にも意義を見とおし、短歌への回帰、「生活短歌」という変革は、「伝統的なものの再評価」とともに「近代化によって押しひしがれていったすべての存在の復権にも連なっていた」（⑥一九一頁）として、次のように論じている。

歌＝生活という岩盤を掘りあてたとき、啄木はもはやいかなる錯誤からも解放された。自己と国家をみつめる目は、『一握の砂』『悲しき玩具』のすべての作品をつうじて冴えわたっている。ここで彼は、それまでの生涯のなかで、もっともふかい革新性を獲得したといえる。大逆事件の検挙があったのちの彼の姿勢を準備し、また韓国併合についての憤りを発酵させていったのは、こうして獲得された革新性のゆえにほかならなかった。この地点で彼は、無政府主義のもつ徹底的な反逆性につよい関心を寄せることとなる。（⑥一九一頁）

このように〝生活者〟の視点から自己の内部に食い込む国家と格闘し、考え抜こうとした啄木をどう受けつぐか。流行の兆す国家論に「自分をどう対置するかに直結する問題」（⑥一九三頁）とするところに、当時の鹿野の思想的課題を見ることができる(4)。

次の「河上肇の明治末期」（一九七五年）は、大正デモクラシーを思想的に領導した知識人たちの明治末年の思想形成の問題とともに、思想遍歴の激しい『貧乏物語』前史をどう示すかという課題意識があった（⑥一九六〜一九七頁）。

青年経済学者河上は日本の命運を痛切に感じ、社会主義と農業問題に関心を傾けた。「社会主義評論」について、「彼は外見上（そうしておそらく主観的にも）、社会主義への批判者としてふるまいながら」資本主義社会やその価値意識の「絶対化」に「抵抗」したのだとし（⑥二〇〇〜二〇二頁）、「振幅の大きさ」は「富ないし物質の一元的支配を突きくずす論拠・視点・方策を求めての彷徨」であり、「一貫性の反映」だと見とおした（⑥二〇四頁）。

さらに、「国家信仰から国家批判への急旋回」（⑥二〇九頁）、「〝精神〟信仰から解脱」し「唯物論史観」（⑥二一一頁）に至る転換を明示し、『政治学講義』にみる「国家と革命の問題」、無政府主義に意味と衝撃力を認めたこと、「あまりに剥きだしの「強制」」にたいする、「自由」への「渇仰」を読みとる（⑥二一四〜二一五頁）。

こうして「国家＝大日本帝国への幻想」を断ちきってゆく河上の、「この覚醒」は、大逆事件のフレーム・アップによっても「微動だも」しなかった。社会主義や無政府主義も「解放への途」であると理解して「抑圧体制からの解放」を求めはじめ、「自由の回復」への志向は大逆事件によって「いっそう確固たるもの」になった。鹿野は、これも「知識人の生きかたの一つだった」という感慨とともに、「「社会」の禁圧された時代に、社会科学のひそやかな甦生があった。大正デモクラシーの根は、そういうところにもあった」と評した（⑥二一八〜二一九頁）。

河上の「覚醒」、社会科学の「甦生」には、「閉塞」状況や禁圧にあって、そこにも思想形成があるという、大正デモクラシーへの途が示唆されている。特に一九一〇年代に焦点をあてた「個性」論は、大正デモクラシー期の思潮の具体的な在りようが描かれているともいえよう。

最後の「荒畑寒村と日本社会主義の青春」（一九七六年）は、「一個の戦士」として最前線で闘いつづけてきた姿に社会主義、社会主義運動の「初心」を見つめたものである。一九〇三年一〇月一二日、幸徳秋水ら「退社の辞」との出会いから七〇有余年。寒村は既に九〇歳近くになっていた。

社会主義に「回心」するまでの、その「精神の軌跡の振幅」は大きく、「激発する行動」は「陽のあたらぬ存在」があることへの「我慢のならなさからの、状況打破」へのつよい決意や「模索の真摯さの所産」であって、「しいたげられた運命に感傷にも似て共鳴する態度があった」。「たえず人生そのものと関わらせずには措かぬ社会主義」であり、その姿勢が「人生へのふかい省察と一種の悲壮美に溢れた彼の文体」を創りだした（⑥二二六頁）。「伝道行商」の経験は「組織の陰に身を寄せずただ独りでも闘いうる精神」を鍛え、「人びとの疲弊」を痛感させ、窮乏と大国化との相関関係を理解させた（⑥二二九頁）。「先覚者意識」に躓くことはなかった。

『牟婁新報』記者時代には、人類初の社会主義革命に解放の夢を託し、ロシア革命という具体的目標をつかんで「思考方法」が成長したことに、「社会批判」「文明批判」「新しい文明構想の徹底化」（⑥二三一〜二三二頁）をみたいとした。[5] さらに、『光』執筆時期の『谷中村滅亡史』は「日本の社会科学の古典に数えらるべき著作と評価」し、「わずか二〇歳の青年によって著された」ことの「もつ意味はひどく深い」として、次のように論じた。

谷中村事件とその事件にさいしての田中正造の行動は、今日でこそ無限の教訓をはらむものとして受けとられているが、ほんの一昔まえまで、この事件は日本人の心には、多分に一〝地方〟的な事件に止まっていた。そればかりではない。社会意識の横溢をもって鳴る戦後歴史学さえ、それがもつ意味を十全に捉えてきたとはいえない。ついこのあいだまで、田中正造は思想家として正当に評価されなかった。彼はせいぜい旧いタイプの〝義人〟であり、社会主義以前の人間でしかなかった。そこに〝近代〟の驕りのあったことを、いまわたくしたちは痛烈に思い知らされているわけだが、「人道」を追求する寒村の眼は、そんなことではごまかされていない（⑥二三五～二三六頁）。

田中正造らの闘いを「この「人道」の義にかなうものとまっすぐに指摘」し、明治政府と資本家を「激越な口調で非難」した。「政府資本家が共謀結托して、谷中村を滅亡せしめたる組織的罪悪」との指摘は、公害問題の「不動の真理」である（⑥二三六頁）。

このように、曇りない目で問題の本質を見抜き「人道」を追求した寒村のひたむきさが、〝社会主義の青春〟と重ね合わせて論じられた。「初心」に突き動かされ、それによって生き抜いた人生と、人類史における社会主義の意義が提示されている。

鹿野は、漱石や啄木や河上らはまず「国家なる存在」との格闘があり、「国家を内側に抱えこむことを余儀なくされ、それゆえに「内側から国家を照射する境域」にあったとする（⑥二四二～二四三頁）。そして、「国家を考える場合の、その切迫した呼吸」は「だれにも共通している」（⑥二四四～二四五頁）として、次のように結んだ。

ただいえるのは、そういう宿命を背負う存在としての地点で考えてゆかないかぎり、自分たちの置かれた場所を可変的なものとする展望は生れてこないであろうし、本書の主人公たちは、それぞれのしかたで、その峻嶮にいどんでいった人びとだということである（⑥二四五頁）。

二　「人民国家」の構想――人民＝「公」の視点

寒村が「正義人道」をみた田中正造は、特に重要な位置にあると思われる。個人史研究の基点と深化の具体的展開とともに、歴史の主体としての鹿野自身にも大きな意味があったと考えるからである。検討するのは、ⓐ「田中正造（一）人民国家の構想」（一九六八年）、ⓑ「田中正造（二）「公」と「私」の観念をめぐって」（一九八三年）、ⓒ「田中正造（三）法と人権」（一九八九年）である。

寒村論で指摘されたように、正造は正当に評価されていたとは言い難かった。ⓐは古いタイプの義人イメージで矮小化されがちだった状況を突き破る新たな像の提示であった。足尾鉱毒事件の闘いによって、田中正造と農民たちは「もっとも本源的な民主主義思想を鍛えあげていった」（⑥二五一頁）。

「生命の尊重」が、「発想の根」＝「原点」であった。「下野の百姓」＝正造の、「生きとし生けるものへの愛情」は深かった。鉱毒は、「第一義的」に「生命をすりへらすという点で悪」であり、「生命をすりへらす文明＝人為を告発」し、「当時の体制つまり富国強兵の路線を驀進しつつある体制」への「本質的な告発」となった。この「人民の生存権を基本に据えた」論理は、「人民こそ主体」だとする説を導きだす（⑥二五二頁）。その国家構想は「人民主権の理念」を示し、「国家構成の主体をなす人民が生活の手段を奪われてゆくことは、亡国への途」となる（⑥二五四頁）。衆議院での演説「亡国に至るを知らざれば之れ即ち亡国の儀に付質問」（一九〇〇年二月）は、その論理を示していた。

重要な点は三つある。第一に、「国家的利益＝公益」として人民に犠牲を強いるのを「公益＝人民の利益という論理で弾劾した」こと。第二に、「自治を人民主権の基礎とする理念」とともに「国家本位の立場」から「町村を中央集権体制の下部機構・従属単位としかみない」ことへの「きびしい対決の姿勢」。第三は、組織にあって党利党略に陥没しなかった精神である（⑥二五五～二五七頁）。

明治の「偉大な民主主義国家＝人民国家の構想者」「実践者」（⑥二六二頁）として、正造の思想の核心を明示した本論は、明治百年祭を直接のきっかけとした。「めざされた近代の時期」には「批判の対象」ではあれ福沢諭吉を「基本に据えていた」鹿野の、正造への「座標軸」の転換であり（①viii頁）、「問われる近代」へと認識が展開していく。[6] 私は、正造の人生に民権から人権へという道すじが示されていると捉えており、その意味でも重要だと思う。

人民の利益＝公益という論理について、ⓑとⓒはその展開と深化を追ったと位置づけることができる。ⓑは一八九〇年代の初期議会期＝民権期の言説から、「人民国家の思想」の原質と鉱毒問題への献身の秘密を探ったものである（⑥二六六頁）。

重要な点は二つある。第一に、正造には「強烈な国家の担い手意識」があり、この「権利主体としての責務感覚」が「義務」の意識も強め、それが彼を衝き動かす原動力となったこと（⑥二六八頁）。第二に、秩序への「想像力」による、「人民」こそ「公」という「価値の顛倒」が、「法と道徳とで完全武装」し「公」を振りかざす政府に対抗する思想的基盤となったこと（⑥二七四）。こうして、「公」への献身と「公」の擁護の姿勢が確立したのであった。

「公」と「私」の転換というこの「驚くべき思想的営為」によって、「公」の名で「私」がまかりとおるのを撃つ拠点」（⑥二七四頁）が築かれた。政府と古河鉱業への痛撃は、「『国益』を冠する鉱業」が「『公益』に反する『私利』の追求体」だったからである（⑥二七六頁）。さらに、鹿野は「二つの事実」を提示した。正造が周到で綿密な調査をしていたこと、事件を地方的、局地的な「小事」とする通念にたいし「普遍的」問題と位置づけたことである（⑥二七六～二七八頁）。「文明」批判や「非命死者」の問題提起、「亡国」質問に至るのは必然であった。

この人民＝「公」の視点は、鹿野にとって画期的意味をもった。「真の『公』とはなにかとの視点」は、今後「日本近代思想史を考えるうえでの一つの軸」となり、「日本の近代はその虚像と実像」を「露呈」することになるだろう。そして「私」に埋没しがちな、「〝公〟の掛け声のまえにたじろぎがちなわたくしたち」に正造は、「蔽われた歴史の真実を明らかにし、人民＝「公」の視点によってあらたな歴史像を打ち立ててゆくのを呼びかけている」のだと論じた（⑥二七八〜二七九頁）。

最後のⓒは、晩年の正造の「もっとも果敢で原則的な、それでいて老練な運動家＝思想家の像」（⑥二八五頁）を提示したものである。現場＝谷中が思想深化の「原点」であった。残留民の家屋強制破壊に立ち会って、一人ひとりの「個性的な抵抗を実見」し、その「抵抗の論理と仕方」を「発見」する（⑥二八六頁）。死者の惨状に胸を痛め、最も弱きもの＝子どもたちに心をくばる（⑥二八七頁）。彼らは「被抑圧者の象徴へと普遍化」されていく。また、「抑圧され貶められた存在としての女性」に「無限の同情」を寄せ、その「弱者への共感力」に期待し、正造の意識は「究極的には人権問題としての廃娼にゆきつく」（⑥二九三〜二九四頁）。

谷中にこだわりつづけることが「正造の思想を発酵させる土壌となった」（⑥二八八頁）。「憲法」も自治論も、ここに展開（転回）され、「広き憲法」には「国家、社会、人類の生命を永続」させるための「天則」＝「自然・宇宙に発する」「普遍性」があった（⑥三〇〇頁）。韓国併合という「大国化への踏みだし」に「亡国への一歩」をみたのは、「鉱毒問題期以来の「亡国」像に加え、谷中廃村―自治の破壊を凝視してきた人間のみのもつ透視力を窺わせる」（⑥二九九頁）と鹿野は指摘した。

このように概観するとき、その「人民国家」の構想と深化は、現代日本にとっても豊かな啓示となる。そして、日本社会の思想的課題に対峙する際の拠り所となる思想的基盤のようなものを、鹿野自身もつかんでいったのだと思う。

三　「生命」の讃歌と「人間」の尊厳

「個性」、とくに女性を論ずる各論について、ここでは二つの角度から考えてみたい。第一に、女性解放の途を探った平塚らいてうや与謝野晶子たちにみる「生命」を軸とした省察である。

与謝野晶子論は、『日本近代化の思想』（研究社、一九七二年）の最終章として、近代日本の総体に対峙する「女の論理」をもって描かれた（のち『歴史のなかの個性たち』および②所収）。鹿野は、日露戦争中、「君死にたまふこと勿れ」を罵倒した大町桂月に反撃した「ひらきぶみ」（一九〇四年）について、次のように論じた。

〔戦争下では〕生命の尊重という姿勢を、〝女々しい〟こととして、つまり価値低い存在としての女性と類比することによって、抹消し去ろうとせずにはいなかった。それを晶子は、人間の尊重という「人間の心」の一点を固守することによって、軍国主義の非人間性とその醜悪さを照しだしたということができる。（②三〇七頁）

晶子個有の拠点として〝産褥の思想〟をみつめつつ、こうした「生命の讃歌」は、「近代日本思想史における女性の思想の核」をなすと鹿野は指摘した。中山みき、景山英子、平塚らいてう、伊藤野枝、高群逸枝ら「女性思想史の系列」は「充実した生命感に満ちて」いて、晶子の「君死にたまふこと勿れ」は「その系列のうえに位置づけられるべき思想」であるとし、その意義を次のように論じた。

その系列が、男性によってつくられてきた全政治史・全思想史の体系に対立することを知るとともに、生命の尊重がためらいやかげりなく謳いあげられてきたのは、これら女性たちにおいてであって、近代日本の男性によって書かれた無慮数千の思想書が、女性たちの一人たとえば中山みきや平塚らいてうや、そうして与謝野晶子らの力づよい生命讃歌に匹敵する一編の作品すらもたない事実をも認識させられるのである。男の論理が、多かれ少なかれ国家を背景として自己を語る傾向をもったのにたいして、女の論理は、生命に基盤をおいてあらゆる外界に立ち向った。(②三〇九頁)

このように「生命の讃歌」を軸にその原点と思想展開を見とおす女性論は、正造論などとも結びあって、鹿野思想史の基底にある固有の視座を示していると思われる。

もう一つは、社会問題を原点として運動に身を投じ、そこに内在する矛盾とともに女性解放の道すじを示した女性たちである。山川菊栄、飯島喜美、塩沢美代子などがここに位置付けられるだろう。彼女たちは、運動内部の男尊女卑とも闘わねばならなかった。ここでは、山川と塩沢についてみていく。

与謝野晶子が「われ」に固執し「みずからの生を俎上に載せる」発想で文字を紡いだのに対し、山川菊栄は論理が「「われ」にすがらなくとも自立できるだけの骨格を備えた」思想家であった(⑥三〇九〜三一〇頁)。

菊栄は、一九〇八年の暮、救世軍や女子青年会の紡績工場への伝道に同行し、疲れきった女子労働者と、彼女たちに労働の「神聖」を伝える説法とに受けた「二重の衝撃」が「原点」となった。いたたまれない思いが「私たちの姉妹」への境地に踏みださせ、「社会主義婦人論」となった(⑥三一〇頁)。すべての論説は、秩序・権威・道徳などが「娼妓」「女工」「貧しい母親」たち「「無産婦人」にとってなにか」を問うものであった(⑥三一一頁)。

「闘わねばならない敵」に囲まれながら「拠って立つ原理の確立」と「運動化」とを背負い、一九一〇〜二〇年代をつうじて「血路を拓くがごとき」闘いをなした(⑥三一一頁)。その「無産婦人」を軸に把握した矛盾、「克服への課題」としての「婦人の特殊要求」に、鹿野は「普遍性」を見とおした(⑥三一六頁)。そして、女性解放の先駆者たちを、次のように論じた。

同時代にくつわをならべて出現した婦人問題の先駆者たちは、それぞれ胸に、社会に立ち向う場合の〝核〟のようなものを蔵していた。平塚らいてうの場合には「母性」、高群逸枝の場合には「愛」、与謝野晶子の場合には、おそらく「個我」がそれに当ろうか。菊栄の場合、それは「無産女子」ないし「無産婦人」に置かれ、〔後略〕（⑥三二一頁）

ここには、それぞれの個性の本質を捉えつつ、それぞれが立ち向った課題の固有性と普遍性とが示されている。すべてが、かけがえのない人生を生きた「個性」として、その思念空間に星座のような輝きを放っている。

他方、塩沢美代子は、全国蚕糸労働組合連合会（全蚕糸労連、のち繊維労連）書記として戦後女性労働運動を牽引した一人であった。そこには、山川菊栄の「原点」を想起させる体験があった。そして「年少女子労働者」＝新版「女工哀史」にこそ「賃労働」と「女性労働」の「本質」が「凝縮」しており、「社会を動かす急所」＝梃子としての位置を占める」との確信があった。労組内部の男尊女卑など、条件獲得のみならず「意識改革闘争」をなし、「女子労働者を主体としての民主化」に向けて闘った（⑥三三八〜三三九頁）。「女子労働者」の退職後などへと視野を広げ、女性問題の探求者としての足跡を残した。神の前の人間平等という信仰は、「社会を根柢から問う戦闘性」ともなった（⑥三四五頁）。

著者〔塩沢〕は、近年、労働〔運動〕史研究で頻用されるフェミニズムやジェンダーという言葉を、一度も使用していない。しかし「女性の活動」を「企業の壁を破って発展」させた「元凶」として、事実において、それらの言葉によって提起されてきた視角の先頭に立つ一人であった（⑥三四〇頁）。

労働基準法の女性保護条項廃止の動きに危機感をおぼえた塩沢は、能力発揮のため撤廃に積極的な「エリート婦人」への批判を表明したり（⑥三四九頁）、他方「女工哀史」のアジア版に衝撃を受けるなどして、次々と新たな認識を示した。また、「女工哀史」の人びとへの安易な同一化ではなく「距離感の自覚と自問を保持」したことで「相互の真率さ」や「両者間の信頼を育んだ」（⑥三五三頁）。

塩沢は「人間の尊厳」を機軸に「社会のシステムとその心身への浸透の実態」に向きあい、「人間の疎外」を指摘し「トータルな社会批判」を行なった。新版「女工哀史」は、「人間として生きるための基礎条件の剝奪」であった（⑥三四五頁）。「個」＝「人間」を原点とする立場から、「社会の組みかえ」を迫るものであった（⑥三五四頁）。その人生は、「息の長い忍耐に満ちた闘い」が必要不可欠であることを伝える。

塩沢の思想と行動の展開力、スケールの大きさには驚かされる。正造にも通底する「人間」回復への希求は、女性解放思想のもう一つの核といえよう。ここにも、鹿野思想史の固有の視座を確認することができる。

四　「個性」の追求とその特質

以上の検討に加え、これまで触れられなかったことを含め、「個性」論を軸に鹿野思想史の特質について考えていきたい。その要点は四つある。

第一に、自身で語っているように、「個人のかけがえのなさという視点」を抜きに「いかなる歴史（叙述）もありえない」（⑥四二二頁）との思いと、そこには「個を立てることを徹底的に禁圧していた戦時下」の体験があったということである。

人間を〝道具〟として引き回し、その自発性を、想定された一方向にのみ吸引する装置は、「生」とほぼ同義語としての「個」にたいする侮辱以外の何物でもなかった。弱い自分を抱えるだけに、その分だけ、この意識は切実でありつづけている。〔中略〕それが圧伏された時代に育った（嵌めこまれていた）だけに、同世代人としての山中恒・小田実・野坂昭如らの「個性」的なふるまいかたに、戦時下を風靡した〝みんなで〟主義（＝統合原理や集団原理の優越）への、もっとも深いところからの拒否の精神を、わたくしなりに感得してきた。（⑥四二二頁）

少年時代の「イエ」や戦時下の「息苦しさへの恐怖」、敗戦後の「〝大人〟たちの総転向」への「不信」（①ⅴ頁）が、思想的な一つの基点となっているといえよう。〝民草〟化に抗する精神は鹿野自身のものでもあり、戦時下に自己形成した〝焼け跡派〟意識には、国家が「個」＝「生」を圧伏することへの拒否の精神がある。この精神は、歴史叙述にも顕われている。例えば、資本主義の発展と社会問題の発生、非戦論といった文脈で述べられる社会主義を、次のように「忠君愛国」拒否の精神として記述している。そのことに私は、はっとさせられた。

明治の社会主義が現代に伝えるもっとも大きな遺産は、日露戦争という、国家への〝忠誠〟が国民の一人ひとりに苛酷に試される状況下において、ほんのひとにぎりの少数者をもって、国家の掲げる忠君愛国の観念に真向から歯向い、「帝国主義」と位置づけ糾弾した点にある。これは、その後の日本の歴史をみても、また世界の社会主義史に照しても、じつに常ならぬ行動であった。〔中略〕それだけに平民社は、眇たる存在ながらも、いかなる強権によっても消すことのできぬ毅然さをもって、歴史に屹立している。（⑥二二六〜二二七頁）

と同時に、私は、鹿野思想史を特徴づける言葉の一つである「献身」の、独特な響きを思い起こした。そこにも歴史性や精神性の投影を感じるが、実に微妙で多義的なニュアンスがある。正造の「献身」はわかりやすいが、兵士の場合は次のように語られている。

「兵士」に仕立てられつつあった人間としてわたくしには、人びとが、どんなふうに心理的にまた肉体的に戦場へ連れだされていったか、そこで「兵士」としてどのように振舞い、どんな姿を曝したかという、献身の意味を問う角度なくして、この問題への接近はありえなかった。(⑤三三〇頁)

こうした意識が、固有の発想ともなっていた。これが第二の、〝捉えられた地点〟から、という視座である。例えば、「戦争と国民」という問題を考えるとき反戦思想や行動を掘り起こすことは重要だが、「戦争に捉えられていた人びとのまさにその捉えられていた地点から、問題を考えることもゆるがせにできない作業」であり、「ほんの少し上の世代の人びとが、あれほどまで深く巻きこまれ、そのために死んでゆきもした問題を避けてとおることはできない」と論じた(⑤三七二頁)。こうした固有の発想は自身の性格からとされるが、しかし自覚的な方法でもあったと私は理解する。[7] その視座は、次のように現代社会の深部にある恐るべき問題群をも透視する。

それ〔民主主義〕を呼号する体制のもとで、〝民草〟化はすさまじく進行している。国家は、その属性として、みずからの枠内にある人びとにたいし、心身の教化への衝動をつねにもつばかりでなく、いうところの大衆社会化また情報社会化が、一面では自己発信力の喚起を促す相貌をみせながらも、圧倒的に人びとを操作容易な存在へと流し込もうとしている。(⑥四二九頁)

鹿野は、つねに、みずからに問い続ける。例えば、「〝支配〟への欲望に支えられた政治力学」から「切れた場」で「「人びと」を軸に歴史学を建てる展望」、「「人びと」の生を歴史に復活させる途」を「どこに探りうるだろうか」と(⑦四二九頁)。そして、「生きるための基礎条件」への「脅威」や「人びとの存在感の稀薄化」を受けとめながら、次のように展望を語っている。ここに、私は、その不屈の精神をみる。

いまようやく、その先がみえてきたような気がする。一人ひとりにとってどうであったか？　を問うことなくしては、いかなる歴史（学、叙述）もありえないという見通しにほかならない。〔中略〕歴史学は、（たぶん文学とともに）せめてこうして対象化される人びと、さらにその究極の単位としての個人にとってのという立場に踏ん張り、逆に世界や一国を、その来し方を含めて対象化する役割を担うべきではなかろうか。（⑦四三三～四三四頁）

鹿野思想史の特質の第三は、個性（人間）への強烈な関心と深い愛着（愛情）である。しかも、「みずから意識するよりも」人びとは深く歴史に捉えられ、「論理の次元に止まらず感性の深みから」「思想の次元に止まらず発想の深みから」「歴史つまり特殊的には時代によって規定されている」（⑥ⅳ～ⅴ頁）とする。その人間探求は、まだ言葉にもならず、本人も気づかぬような、思想としてのかたちをなさないものまでも、つかもうとするのであった。

それはまさしく、この巻を「個性のふるまい」としたことにも顕われている。「ふるまい」という表現には「そういう言葉を発せしむるに至る心の持ちよう、ものごとの感じよう」、つまり「精神のたたずまいという含意が濃厚に含まれて」いる。「どうすればそのような境域を明らかにしうるか。「思想史」へのそんな、いまだ達せられない、しかし達したいとの願望を込めて」、あえて「ふるまい」と題したという（⑥四二七～四二八頁）。「発心」は、時を重ねてさらに深められていく。

時代と個の緊張関係、国家との対峙を軸に、人間を見つめる眼差しは深い。一人ひとりを埋没させておきたくないといった心の〝火種〟が、かけがえのない際立つ個性を描くという、いわば存在の復権への原動力なのだと思う。それだけに、「個性」に添って記された言葉は繊細で説得力があり、その叙述によって「個性」に惹かれ魅せられ、想像力を刺激される。「個性」論の要約が難しいのは、隅々にまでいたる表現の瑞々しさが失われてしまうからである。

深く印象に残る言葉も多い。私の場合は、漱石の「世俗に繋がれた」、啄木の「生活」「岩盤」、河上の「覚醒」、高村光太郎「反逆の書」、民間学の先達小倉金之助と比嘉春潮にみる「含羞」、吉屋信子なら「大輪の花」など挙げればきりがないが、何か必ず読み手の心に強く響く言葉があると思う。

人物に傾斜するだけに、評価は凹部（欠落部分）より凸部（突出部分）中心になったという。確かに、網羅的に取り上げるのではなく捨象されるものがある。だが、何を凸部とみるかというところに、思想史家の力量があらわれるのだと痛感させられた。

鹿野が示す凸部は、多くの場合、従来研究では捉えきれていなかった、既存のイメージを覆す新たな像の提示であり、結果的に研究史への挑戦となる。専門家でない読者も、意外な発見や深い理解に誘われ、これまでにない魅力に満ちた「個性」との邂逅に心躍らされるのである。このように、研究史上の意義とともに、広く読者の心に響く人物造形であるところにも、鹿野思想史の独自性があると思う。

第四の特質は、一人ひとりの「個性」のなかに「歴史を推し進める根幹」を捉え、「主体性としての個人」の「創造的営為」（「構想力」「透視力」「想像力」）が示されることである。その点について、以前、次のように述べていた。

> みずからの器量と問題関心に応じて、それぞれ立脚点をみいだしてゆく過程こそ、主体としての個人にとってもっとも創造的な営為にほかならない。それをとおして個人も歴史も、未発の可能性をきり拓くことになる。多分に不定型なその思索と行為に、歴史を推進するもっとも原初的なものが内蔵されている。（『歴史のなかの個性たち』六〜七頁）

できあいの価値や思想にすがらない、すがろうにもすがれない部分にこそ「個性」をみつめ、そうした人間への愛着ゆえに混沌や錯誤、悪戦苦闘の苦しみへの共鳴がある。それは私たちの生活と地続きであって、鹿野を媒介に私たちは「個性」と共振するのである。

みずからを振り返り、「個性」との出会いについて、「論者たちによって発せられた言葉の数々、いやその源泉をなす精神が、いまも啓示に満ちて未完性を湛えており、それゆえに遺産性をゆたかに含有する」（⑥四二九頁）と述べている。この「未完性」の提示にも、読者はつよく魅せられるのだと思う。

「歴史における主体性」の追求は、現実をどう生きるかということでもあった。その結論は、人間を拘束する「歴史」＝乗り越えるべき課題、日本社会の思想課題を示しつつ、どう生きるかを問うものでもあった。その苦しさとともに、「個性の輝きのなかに時代を読みとる楽しみ」（⑥ⅴ頁）をも、私たちは共有する。鹿野自身が対象に触発されているからだろうが、読み手もまた触発され心動かされるのである。その意味では、触発する×される＝〝触発しあう歴史学〟といえるのかもしれない。

おわりに

以上のように、鹿野思想史における「個性」研究について考えてきた。まず、鹿野思想史の柱を、「歴史における人間（人生）」という主題、「内なるドレイ性」剔抉のための「秩序意識」の追跡、「近代」への問いの三つにあるとみて、それらが紡ぐ「個性」論が具体的にどのようなものであったかを検討した。

その結果、様々なかたちで国家と対峙した人びとについて、閉塞状況にあってそれぞれの立脚点から独自に展開した思索の数々が明示されていた。特に、「人民国家」の構想を示した田中正造の人民＝「公」の論理からする思想的営為、その普遍性は、近代思想史を考える一つの軸となり、現代社会にも啓示となるものであった。また、女性解放の先駆者たちは、「生命」の尊重を核に、また労働＝運動の現場にあって「人間」の回復を核に、国家や社会＝「男の論理」に立ち向う思想を展開した。

ここではその一端を見たに過ぎないが、そこに記された「主体としての個人」の「創造的営為」は「歴史を押し進める力」として「未発の可能性」を示唆していた。その意味で、私にとっては、「人生」のための歴史学、〝希望〟のための思想史ともいうべきものとなった。ここで〝希望〟というのは、安直な未来像などではなく、精神的に血を流しながら格闘し続けた人びとの在りようによって示された、「未完性」の提示だからである。

「国家なる存在」にからめとられるがゆえに「内側から国家を照射する境位」へ導かれるという、逆説にみちた状況の中で悪戦苦闘し試行錯誤する。そのように曲折に満ちた生こそが現実であり日常なのだ、との思いを新たにする。国家との格闘を自身の「火種」とするがゆえに「捉えられた地点から」発想し、「からの自由」にこだわる。「個」＝「生」の圧伏への拒否の精神は、現代社会の病理をも照射する。その意味でも、鹿野史学は実践性を帯びている。私が鹿野から受け取った最も強いメッセージは、希望を捨ててはならないということである。

注

（1）　鹿野は、従来研究への手法には当初より疑問があったという。それは意義と限界の指摘に終始する手法や、〝勇ましさ〟を公的価値ある精神・行動として称揚し、〝悲（哀）しみ〟を私的感情や〝弱さ〟、歴史にマイナスの要因として封じ込めがちな「人間」叙述への疑問（⑥四二四頁）であった。「人間不在」か「人情たっぷり」かという状態を〝止揚〟する途を模索する鹿野は、戦後歴史学の自己変革の触媒の役割を果たしていると思う。また、ここで論じる余裕はないが、鹿野思想史には家永三郎や西岡虎之助など先学の影響（⑦vii）や、他方丸山眞男の政治思想史を見据えての独特な思いがあった（⑥四二九〜四三二頁）。

（2）　また、「ナショナルなものへのつよい関心」を「思考の機軸」として、「固有性の発揚による世界の文化への貢献」という点で「民間学の創始者たちに通底する思想」とも位置付けている（①四一三〜四一四頁）。ただし、日清戦後の対外論やナショナリズムは近代思想史の焦点の一つであり、陸羯南研究でも植手通有や遠山茂樹など様々な研究者によって取り組まれた課題であった。最新の評伝有山輝雄『陸羯南』（吉川弘文館、二〇〇七年）、松田宏一郎『陸羯南』（ミネルヴァ書房、二〇〇八年）等でも検討されており有山は羯南に特有の「均勢」をはかる力学的思考を指摘し、対露強硬論への転回も「均勢」論、力学的国際政治観にあると論じ（二二九頁）、他方松田は『日本』の対露開戦論との距離を強調した（二七四〜二七五頁）。このように評価は必ずしも定まってはいない。また、松田は羯南を再評価した丸山による「明治期の健康なナショナリズムの可能性」といった評価を「手垢にまみれ思想的喚起力の失われた枠組み」とする（ⅱ〜ⅲ頁）。今後も議論の余地ある課題が残されているともいえるのである。

（3）「個性」の位置づけには、固有の美意識も関わっているのではないかと思われる。例えば、社会主義への関心について、政治体制や経済機構だけでなく「どんな人間＝倫理主体が立ちあらわれるか」、「新しい人間の創造への期待」ともなっていたが、「このことは、どんな新しい美を創りだしえたか、あるいはえなかったかとも関連する」（傍点引用者、⑥二二四頁）と述べている。私は、ここに片鱗を見る「美」へのこだわりを叙述の背景に感じるとともに、「個性」の評価にも影響してくるものと考えている。

（4）啄木論の書かれた一九七二年は「高村光太郎　〝愚者〟の道程」「飯島喜美　革命運動史上の光芒」など国家との対決を焦点とした「個性」論が目立つ。特に「金子光晴は、ぼくたちにとっていったいなになのだろうか」との一文から始まる金子論（「おっとせいと天皇」）は異彩を放っている（恐らく唯一「ぼく」が主語である）。「ニッポン」「国家」「戦争」が「一片の価値」もないことを示した金子の、「エゴイスト＝ニヒリストぶり」、「強烈な自我」（⑤三八四頁）。「使命感」もなく、「なにものにも加担」せず、「天皇制の全構造をネガ像として」映しだした（⑤三八五頁）。「比類なくつよい個我のもちぬし」で、「孤独にたえうる精神」、「生活者の眼」、「待つ精神のふてぶてしさ」を保持して、思想を「国家と生活（＝自然）」へと「拡散させてゆく火種のようなもの」をもちつづけたと論じた（⑤三八六頁）。「一筋縄ではゆかないうさんくささ、いかがわしさへの、舌を巻くとの感に立つ思い入れ」（⑤三八七頁）の開示であった。

（5）「寒村」などの雅号にも、「都会に象徴される文明」や「栄華」から「絶縁」し、「社会の脱落者」イメージや「孤独感」に堪えてみずからを「反価値の方向」に位置づける姿勢、「文明」の残酷さへの「嗅覚の鋭さ」「「人道」の回復への純一な志向」を受けとめている（⑥二三三〜二三四頁）。また「伝道行商」が「じつに若々しい使命感に燃えた活動」の形態・呼称であり、「キリスト教のもった触発力」と生活に根ざす行商とを承けての、「創意あふれる」、しかし「全身を〝異教〟の社会」に投げだす「勇気」にも満ちた「活動形態」だと論じた（⑥二二八頁）。

（6）これに関連して、正造の文明批判「谷中学」の提唱について「アカデミズムのもつ「富国強兵学」的特質を、もっとも早くかつ全面的に指摘した人物」であり「日本学問史は、アカデミズムの批判者として、この「下野の百姓」の名を逸することはできない」（①二六九頁）と論じている。『健康観にみる近代』（朝日選書、二〇〇一年）では、公害による「生存」への「脅威」をめぐり、正造の「非命ノ死者」との表現にふれ、「無辜の生命がいわれなく踏みにじられたこと」に「問題の本質」をみて、「殺ス」の二字を頻用しはじめ、「その対極に永生を希求」した文明観・生命感について論じている（⑤九二頁）。

（7）例えば、沖縄についても、「思想史固有の役割」として、「架橋を急ぐよりは裂目の確認に力点をかけざるを得ない」（③ⅶ頁）

とするところにも、その発想は貫徹していると思う。

五　呪詛される近代——大正デモクラシーと民衆思想史の交点で

上田美和

はじめに

本稿の役割は、鹿野政直による大正デモクラシー論について論じることである。大正デモクラシーという用語は戦後生まれで、信夫清三郎の研究（信夫 一九五一～五二、一九五四～五九）によって確立されたといわれる（江口ほか編一九六九）。論者によって様々な差異を含みながらも、[1]大正デモクラシーとは一九〇五年の日露戦争後から一九三一年の満洲事変までの時期を指す、ということについては、ほぼ共通の理解が存在した。一九七〇年代の鹿野は、松尾尊兊、三谷太一郎、金原左門らとともに、大正デモクラシー研究の高揚・充実期を形成した。戦後民主主義の真価を問うという動機がこれらの研究の共通点であった（「まえがき」①xvi頁）。

一九八〇年代以降の歴史学がグランドセオリーの追求に対して退潮となり、個別研究に拡散・細分化したため、今日では、大正デモクラシー研究は下火になったといわれる。[2]しかし筆者は、普遍的な問題として大正デモクラシーを捉え直す必要が、今再び増していると考える。現代社会の諸状況が、デモクラシーの本質を直視することを迫っているからである。そこで本稿では、鹿野の大正デモクラシー論の特徴を検討することを目的としたい。

一　民衆思想史で大正デモクラシーを書くということ

1　明治期研究からの連続性

最初の単著『日本近代思想の形成』（一九五六年）で鹿野は、近代を文明および資本主義とイコールに捉える。思想史上における近代は、幸徳秋水に代表される、明治末期の無政府主義をもって成立するとした。無政府主義は徹底的な個人主義を原理とするが、その個人主義は資本主義社会を前提とする原理である。つまり、無政府主義を生み出すほどに、資本主義社会が成長したことを示すのである（二七八〜二八一頁）。それは、鹿野にとっても、〈近代＝文明＝資本主義〉を相対化する視座の獲得であった。

『明治の思想』（一九六四年）ではそれがより明確に出てくる。同書には「文明への反発」「文明を野蛮視する」「文明を憎悪する」という項目が立てられ、先駆的な異端者として、反近代主義者・田岡嶺雲が登場する。そして『資本主義形成期の秩序意識』（一九六九年、以下『秩序意識』と略）には、近代文明を憎み呪う＝「呪詛」ということばが、ついに記されるのである。

> 知識人たちは、近代化の路線にたいしてでなく、近代化そのものに疑念を提示したのであった。そのことは、近代化にもかかわらず救われない階層や部分がのこっているという指摘にとどまらず、近代化ゆえにすくわれない＝窮乏してゆく階層や部分があらわれるという状況を反映する指摘であった。（傍点原文、同四八八頁）

明治末期の大正デモクラシー〝前夜〟的状況を示す叙述であり、『大正デモクラシーの底流――〝土俗〟的精神への回帰』（一九七三年一〇月、以下『底流』と略）の構造を先取りしている点で重要である。『秩序意識』を書き終えた鹿野は、「一つの問題に結論を得ることは、ただちにつぎの問いへのみちをひらく」「大正期へのアプローチがようやく内面的に可能になった」とし、「戦後期と類似点の多い大正期」の研究に進む決意を述べているのである（同iv頁）。つまり、鹿野の大正デモクラシー論は、明治期研究の延長線上に位置するといえる。

2　固有名詞の民衆を書く

鹿野思想史は、演繹（概念）ではなく帰納（実体）の方法で行なう民衆思想史である、という特徴をもつ（『秩序意識』五・八頁）。その結果、鹿野思想史は〈固有名詞による叙述〉という個性となってあらわれた。

固有名詞で描かれる歴史とは、すなわち小文字の歴史である。鹿野は小文字の歴史に依拠する立場をとる（『歴史を学ぶこと』一九九八年、一五頁）が、小文字を小文字として書くことにとどまらない。レオ・レオニ「スイミー」（Leo Lionni, *Swimmy*, Pantheon, 1963.）の小魚たちがかたちづくった大魚のように[3]、小文字で大文字の歴史を丹念に、ぬりつぶすのである。

こうした立場は、徹底的に固有名詞で叙述された通史、恩師である西岡虎之助との共著『日本近代史――黒船から敗戦まで』（一九七一年）を読めば、ただちに諒解することができる[4]。同書には、和歌山県の寒村の中農の次男・西岡虎之助の、「家には、小学校の教科書をのぞいては本らしいものはな」かった子ども時代（一四六頁）や、『平民新聞』の堺利彦と幸徳秋水が開いた日露非戦論大演説会を聴いて、「じっとしていられなくなった」荒畑勝三（寒村）（一五四頁）が出てくる。一九〇〇年前後の同時代人の出来事として活写されているのである。鹿野の研究方法に西岡からの影響を指摘するならば、第一に、「固有名詞をふんだんに使うことによって、民衆の世界に分けい」ること、第二に歴史研究の素材として文学作品を好んで用いることであるといえるだろう[5]（⑦四〇六～四〇九頁）。

この方法について鹿野は、『日本近代思想の形成』からすでに、自覚的であったといえる。というのは同書が、各時代の思想を代表する一個人によって論じるという方法をとっているからである。特定の個人の思想を通して、はたしてその時代全体を理解することができるのか、という疑問が寄せられることを承知で、鹿野は次のように述べている。

> いかなる個人にも歴史の法則が貫かれているとの認識に立つならば、特定の個人について論ずるだけでも、特定の思想についての基本的な論理をひき出すことはできるであろうと思われる。個性的なものと普遍的なものとは、全然無関係ではない。〔中略〕歴史学における個性化的な方法も、普遍性へ到達し得る一つの途であるといえるのではなかろうか（傍点原文、八頁）。

鹿野はこの方法に確信をもち、以後も揺らがない。「体験は特殊的であるからこそまさに普遍的でもある」（『明治の思想』一九六四年、一三頁）。二〇〇〇年代の著作『現代日本女性史――フェミニズムを軸として』（二〇〇四年）でも、この固有名詞の方法が際立つ。「法則性・普遍性は、個人という特殊性において、もっとも鮮やかに発現する」「意識的にすべての人を固有名詞で語る手法をとるようになった」（「わたくしと思想史」①xi頁）。

当初の鹿野は、思想史を〈論理〉と〈受容〉の二分野に分け、論理面においては知識人を、受容面においては民衆をそれぞれ主体とする方法を構想していた。鹿野が「受容の問題は、意識的に省いた」とことわっているのは、この意味においてである（「はしがき」、鹿野 一九五六）。しかし、やがて鹿野は、受け手になるばかりではなく、自ら思想を起こし、生産する主体として民衆をみつめるという視座にいたる（「近代批判の成立――民衆思想における」一九六八年、四七~四八頁、『秩序意識』一四頁）。

「「デモクラシー」現象は、正負いずれの方向にであれ、「民衆」という存在を無視しては成り立たない」（「大正デモクラシーの思想と文化」一九七五年b、二三五頁）と述べるように、鹿野は大正デモクラシー論でも固有名詞による民衆思想史を実行しようと試みている。[6] しかし他方で、この時点の鹿野は、「民衆をただちに叙述の主体とすることは、目下のわたくしには不可能である」と認めてもいた（同前）。思想や文化を対象とする場合、主導的な知識人が前面に出る傾向があり、民衆を全面的に主体として描くことはまだ難しいというのである。そこで鹿野は、「少なくともそれ〔民衆〕を、思想と文化の動向を基本的なところで規定する存在として、そうしてしだいにその表面に出現する存在としてえがきだしたい」（同前）と述べる。

他方で鹿野は、知識人ではない民衆にこそ本当の変革の要因があるのだとは思わないし、逆に、知識人の思想が民衆から隔絶しているとも思わない、という趣旨を述べている[7]（家永三郎・鹿野「新春対談　歴史と人生」一九七五年、一五頁）。「民衆思想史が大思想家を対象にすることも、大いに意義のあることだと思っています」という鹿野は、民衆思想史は知識人の思想を、民衆の思想の代弁・反映として扱うことができる、という見解を示した（同前）。近年でも、民衆と知識人の距離について、異質性・断絶性を強調する他の民衆思想史家（色川大吉・安丸良夫・ひろたまさき）と比べて、鹿野自身は相関性を見出すと述べている（黒田日出男ほか編 二〇〇三、三五〇頁）。鹿野が知識人を論じることは、知識人を通じた民衆思想へのアプローチを意味したのである。

それゆえに、鹿野は大正デモクラシー論でも数多くの知識人を扱っている。たとえば、吉野作造の存在の〝偉大さ〟を評価する（「近・現代の思想と文化」一九七五年a、四〇四頁）。美濃部達吉の天皇機関説を「法学における民本主義」、河上肇の『貧乏物語』を「経済学における民本主義」、柳田國男の民俗学を「人文科学における民本主義」と表現する（鹿野・金原左門・松永昌三『近代日本の民衆運動と思想』一九七七年、一四三頁）。このような〈国家から民衆生活の主体化へ〉という視角は、この後『近代日本の民間学』（一九八三年）に、より明確なかたちをもって結晶していく。

3 現代的な問題意識

鹿野は、大正デモクラシーの時代を一九〇五年から三一年とする（『大正デモクラシー』一九七六年、一六・三二二頁、『大正思想集Ⅱ』一九七七年、四六〇頁）。民本主義の時代（一九〇五～一九年）を大正デモクラシー前期とし、後期を「改造」の時代（一九一九～三一年）と呼ぶ。さらに後期は、改造思想の発出期（一九一九～二三年）と改造思想の分化期（一九二三～三一年）とに区分される。

米騒動の翌一九一九年、大山郁夫は「デモクラシーといふ言葉は、この頃になつてから、その流行が幾くらか下火になり、その代りに、『改造』とか『解放』とかいつたやうな言葉が、非常に幅を利かすやうになつた」と述べた（「社会改造の根本精神」『我等』一九一九年八月）。この年は、雑誌『改造』の創刊年であり、中国上海で排日運動に直面しながら書かれた、北一輝『国家改造案原理大綱』の発表された年でもあった。鹿野は、一九一九年を画期とする「二つの改造」論を主張した。[8] 雑誌『改造』の創刊に象徴される、社会運動とデモクラシーの高揚にあらわれた改造と、もう一つは、『国家改造案原理大綱』のように現状打破を目指す改造である。[9]

二つの改造は、改造思想の発出期には未分化のまま、資本主義社会の矛盾と不安のなかに投げ出された人々に並存した。一九二三年の関東大震災が画期となって、改造思想は分化期に入る（鹿野 一九七七、四六三頁）。一九二〇年代から三〇年代にかけて、近代への呪詛をつのらせた民衆は、国家改造を求めて、ファシズム化に向かっていく。こうして鹿野の大正デモクラシー論は、「デモクラシーがあれほどすみやかに凋落していったのはなぜか」という問題意識に発することになる[10]（①一七頁）。もちろん、鹿野は大正デモクラシーに否定的な評価ばかりではなく、国家からの抑圧が緩み、民衆から生まれた新しい潮流を肯定的に紹介した（鹿野 一九七五a・b、一九七六）。大正デモクラシーは「希望と絶望の交錯」（「大正デモクラシーの解体」一九七三年a、七二頁）と表現されるが、[11] 関心の比重は大正デモクラシーの影のほうにあったというべきだろう。鹿野は大正デモクラシーの達成点を評価しながらも、この時代のニヒリズム・反モダニズムの側面を強調せずにはいられない。もちろん通史のなかでは、モダニズムの項を設けて論じているが（鹿野 一九七六、三七五頁）、やはり後景の位置にあるといえる。

鹿野は同時代の歴史学界の関心と同様に、大正デモクラシーに戦後民主主義を重ね合わせていたが、それは次のような意味においてであった。大正デモクラシーは鹿野にとって「デモクラシーはいつでも崩壊するとのおそろしさを示す一つの典例」（傍点原文、鹿野 一九七三a、七二頁）であったから、戦後民主主義も同様の途をたどるかもしれない。それを避けるためには、歴史的教訓を探らなければならない。したがって鹿野が大正デモクラシーという用語を使用するのは、「はたしてデモクラシーの名に値するか」との問いかけの意であった（鹿野 一九七六、一七～二三頁）。大正デモクラシー期の諸運動が政策によって圧殺されていった外的要因を認めつつ、崩壊に至った内的要因を解明しなければ、「デモクラシーは依然として外在的なものとしてしか、わたくしたちには存在しないだろう」[12]（①一八頁）。こうした意味で、鹿野にとっても、大正デモクラシーは「濃厚に現代的」な問題だったのである[13]（鹿野 一九七六、一九頁）。

二　反近代の論理

1　民衆にとっての近代

鹿野は、大正デモクラシー期に提示されたまぶしい近代の理念と、現実のギャップに打ちひしがれる民衆の閉塞・不信・憎悪を強調する。

民衆自身の内発的思想の発現である大本教は、資本主義の結果としての「強いものの勝ちの、悪魔ばかりの世」に痛めつけられる京都府綾部の人々によって支持された。それはやがて、文明・デモクラシー・知識人への敵意として表現される（①三二・四五・四八～四九頁）。

長野県上田・小県地域の青年団は、日々の労働のあいだに「時報」の作成に励み、自立を目指していく。しかし生活の苦しさは改善されず、やがて農村受難の想念に行き着く（①一〇二～一〇四頁）。彼らは危機打開のための改造計画を打ち出す。それは勤倹・海外移民・状況打開手段としての普選といった方向性であった（①一〇七・一〇九・一一三頁）。しかし、一九二〇年代は度重なる経済不況の時代であったがゆえに、事態はより悲惨になるばかりであったから、彼らが資本主義への不信を募らせるのも当然であった（①一一一頁）。それは、都会・サラリーマン・官吏への反感と憎悪に結びつく（①一一六・一二四頁）。議会制民主主義・既成政党・無産政党のすべてを信じられなくなった彼らは、独裁制を待望するにいたる（①一一七～一一八・一二〇頁）。かつて〝自立〟を目指した青年たちは、三〇年代の自力更生運動にすがることによって――自力ということばの本来の意味とは裏腹に――逆説的に国家にからめとられていく（①一二七～一三四頁）。

中里介山の長編小説『大菩薩峠』に通底するのは、現代文明を「作り声」として呪詛する反近代主義（①一四三～一四四頁）であり、救済を求めての英雄崇拝（①一四七頁）、つまるところは、明治維新および維新史観の否定であった（①一五二～一五五頁）。登場人物である「お銀様」は、北一輝の化身ともいうべき存在で、ユートピアとしての国家社会主義を体現していた（①一六四頁）。医師の道庵の毒舌は、作者介山の無産階級運動への不信を示すと解釈される（①一七七～一七八頁）。鹿野は、介山の大衆不信を「風の吹廻しではファッショイ」という表現に見出す。デモクラットでもプロレタリアートでもファシストでも、「景気のいい方へ／出たとこ勝負で渡りをつけ」る存在が民衆だ、と介山は皮肉る（①一九一頁）。介山は実生活で、革新運動に期待したこともあったが、やがて失望していく（①二〇三～二〇五頁）。しかし、介山の「戦争と飢饉ほど怖ろしいものはこの世にございません」ということばに鹿野は、農本主義的ユートピアによる戦争批判への契機を見出す（①二一四・二一六～二一七頁）。やがて、独裁の権化であるお銀様は隠居し、ニヒリズムを体現していた主役・机龍之助は脇役化していく（①二二〇頁）。試行錯誤を繰り返しても、

「いかなるところにも光明がないことを証明」して、戦争末期の一九四四年四月に介山は死去する（①二二四頁）。

鹿野は、同書でとりあげたのは限定的な例であることを認めながらも、綾部・上田・小県といった地域だけにとどまらない普遍性があると主張している[14]（①三三・八八・二二七〜二二八頁）。それは本稿第一節2で述べた、個別だからこそ普遍性があるという従来の考え方に通じている。

同書で反近代の論理は、「土俗」と表現され、次のように定義される。「民衆が（ということは知識人がでなく）、自生的に（ということは西欧文明からの帰結としてでなく）、生活のなかで（ということは観念から演繹されてでなく）、育んできた価値意識を総体として指してのことである」（①一八頁）。

のちに鹿野は「土俗」という語を「いまなお後味が悪い」と述べ（「問いつづけたいこと」①四三〇頁）、『鹿野政直思想史論集』所収時の副題は「救済のゆくえ」とあらためられた。しかし当初、鹿野が「土俗」の語に込めたのは、民衆・非西欧文明・生活の側から近代を逆照射するという意図だった。そこに描きだされたのは、あこがれていたデモクラシーさえも恨むにいたる民衆である。鹿野は、近代を目指した人々よりはむしろ、近代を呪詛した人々に光を当てる。それは、吉野作造のようなデモクラットでもなく、社会主義者・マルクス主義者でもない人々——大正デモクラシーの枠外に、はじかれた民衆——であった[15]。鹿野は民衆と知識人に相関性を認めている（本稿第一節2）にもかかわらず、『底流』は、両者の断絶をあらわにして終わる[16]。鹿野は、デモクラシーという近代的現象を、民衆の反近代の論理によって逆説的に論じたのである。

2　近代観の転回

一九三一年生まれの鹿野にとって、当初〝近代〟との関係は、次に掲げるように親密なものであった。そうした鹿野が近代を呪詛する民衆を描くにいたるまでに、何があったのか。

敗戦直後の〝嵐のごとき民主化〟の時期に自我形成を行なったものの一人として〝近代〟はわたくしにとって宿命のようなものであった。そのころわたくしなどが精神の糧とした書物は、マルクス主義の書物をふくめて、なんと〝近代〟のすばらしさを教えてくれたことであろう。〔中略〕わたくし自身は、依然としてよりつよくモダニズムにつながれているといわざるをえない（「〝近代〟批判の成立――民衆思想における」一九六八年、四八頁）。

鹿野にとってそれほど親密だった近代観を一変させる出来事が、一九六〇年代の終わりに立て続けに起こったのである。それが、一九六八年の「明治百年祭」と六九年の学生紛争であった。右に掲げた「〝近代〟批判の成立」は、『歴史学研究』の特集「天皇制イデオロギー――「明治百年」批判」のために書かれた論文である。また、勤務先である早稲田大学の学生闘争で「学生たちに問い詰められ」た経験（「問いつづけたいこと」①四三三頁）は、「あの問いかけだけは」（『日本近代化の思想』一九七二年、ⅳ頁）と述べるほどの衝撃を鹿野に与えた。

ここで鹿野に浮上したのは〈近代の加害性〉である。その視点がじかに投影された著作が『日本近代化の思想』となり、この転回期の難産であった『底流』となる（①二三一頁）。

それまでは基本的に、よりよき近代化を目標として捉えてきた。が、これを契機に、近代化が何をもたらしたかを主題とする見方へ押し出された。当然それは近代化がどんな可能性を抑圧してきたか、どんなに人々を弾きだしてきたかの考察を主眼とする地点への、軸足の移動をともなった。〔中略〕この本（『日本近代化の思想』）をかくことは著者のがわで転機となった。まず、近代への怨念を主題とする『大正デモクラシーの底流――〝土俗〟的精神への回帰』を書いた（黒田ほか編 二〇〇三、三五一頁）。

鹿野の大正デモクラシー論には、「戦後歴史学の、進歩か反動かの二者択一的史観」「民主化・近代化を軸としての上昇発展史観」（「問いつづけたいこと」①四二九頁）では解明できないのではないか、という問題意識が反映している。それは、「「民衆」にとって「近代」とは何か」（①四二八頁）、「どうすれば内在的な変革が可能か」（黒田ほか編 二〇〇三、三五一頁）という問いとイコールである。「めざされる近代から問われる近代へ[17]」という視点で選ばれた『思想史論集』の第一巻（「わたくしと思想史」vii頁）に大正デモクラシー論がおかれているのは、この意味で示唆的である。近代を問うた結果、鹿野は「もう一つの近代」（①viii頁）を希求することになったと述べるが、いいかえればそれは〝解放される近代〟ということであろう。ただし、鹿野の場合、「いかに解放されてきたか」という事例以上に「いかにとらえられているか」という視点を重視する（『秩序意識』一一頁）。この視点を追究する過程で鹿野は、大正デモクラシーという近代性の獲得を目指す民衆よりも、近代を憎悪する民衆の側に心を寄せていくのである。

しかし鹿野は、土俗的精神の礼讃には終われなかった。なぜならば、民衆がファシズムに「とらえられ」る結末をみたからである。ファシズムは民衆の「絶望が生み出す強烈な国家信奉」（前掲「問いつづけたいこと」①四三一頁）、すなわち英雄・独裁制待望論から生まれた。前述したように、『底流』のもうひとつの副題は「救済のゆくえ」だが、民衆は救済を求めても、ついに救われることはなかった。つまり、近代から逃げても救われないことはもうわかっている。ならば、どうすればよいのだろう。

筆者は、鹿野が「もう一つの近代」に一足飛びに移行できたとは考えない。「めざされる近代」と「もう一つの近代」のあいだに、〈呪詛される近代〉が入るべきではないか。なぜなら、近代を恨むことがなければ、「もう一つの近代」を探す気にはならないはずだからである。鹿野は、大正デモクラシーと民衆思想史研究の交点で、〈呪詛される近代〉という境位にいたった。鹿野にとっての転回期とは、そうした意味においてであると筆者は考える。鹿野は近代を懐疑する自分自身と、近代を呪詛した大正デモクラシー期の民衆とを、「みずからをも民衆の一人とする虚構に身を任せ」（①一九頁）ることなく、同一視ではない緊張感をもって重ね合わせた。前述のように鹿野は、ファシズムへの移行を解き明かす際に、民衆自身の内的要因に目を向けることを主張した。そのため、ファシズムを民衆への弾圧といった外的要因に責任転嫁することはない。鹿野は民衆に寄り添っているが、切開している。それでいながら、「彼らを実験物体視する傲慢」（同前）に陥っていない。叙述者である自身を埒外におくようなそぶりが皆無という位相に到達しているのである。

『底流』発表当時の鹿野は、「あの閉塞状況を突破するいま一つの方向が、ようやくいくらかはっきりしてきた。それは、まだ漠然とした表現でしかいいあらわせないのだが」（①一三二頁）と述べるにとどまっていた。つまりこの時点では、近代を呪詛してはいても、「もう一つの近代」の具体像は定かでない。それは、近代から離陸したものの、着地点を探しているかにみえる。しかし、その後の鹿野は『高群逸枝』（堀場清子との共著、一九七七年）、『戦前・「家」の思想』『近代日本の民間学』（いずれも一九八三年）をはじめとする女性史、民間学に本格的に取り組む。さらに、『戦後沖縄の思想像』（一九八七年）以降の沖縄学では、それまでの歴史叙述が「本土」の歴史に過ぎなかったとの認識へと再転回するにいたる。こうした研究によって、鹿野は探し求めていた「もう一つの近代」の着地点を見出していくのである。

3　ファシズムへの移行

本稿で論じてきた鹿野の大正デモクラシー論の特徴をより明確にするために、ファシズムへの移行問題を、他の研究と比較することによって考えたい。

丸山眞男がファシズムを論じたのは、大正デモクラシー概念が信夫清三郎らによって提起される以前の一九四〇年代後半のことであった。丸山は、第一次世界大戦後から満洲事変期をファシズムの準備期とみて、日本ファシズムの特徴を、大衆（ここで丸山はこの語を使っている）の組織化を欠いた、軍部・官僚主導の「上からのファシズム」と捉える。丸山は、日本ではそれまでの民主主義の蓄積が少なかったとして、ファシズム推進における大衆の影響力を弱くみている（丸山 一九四八）。

鹿野の大正デモクラシー論は、丸山のこうした見解と対照的である。前述してきたように、民衆思想史の方法をとる鹿野は、ファシズムへの移行についても民衆の内的要因を重視し、責任主体として立ちあげているからである。

他方、鹿野以外の大正デモクラシー研究では、デモクラシーからファシズムへの移行に、近代の論理でアプローチするという共通性があることがわかる。これらの研究は、ファシズムの原因を（支配者側からの苛烈な弾圧に負けてしまうような、あるいは、運動の連帯が保持できないような）デモクラシーの脆弱さや未熟さにもとめている（たとえば宮地　一九七三や松尾　一九七四）。そこには、大正デモクラシーが〝真のデモクラシー〟にいまだ到達していなかったという含意がある。ここでは、デモクラシーの成熟度が近代性を測るバロメーターとなっているのである。[18]

しかし鹿野は、本稿第二節2に詳述したように、そうした近代性を尺度としていては、ファシズムの原因を解き明かせないと認識したがゆえに、反近代の論理に接近したのである。他の大正デモクラシー論と異なり、〝近代への到達度診断〟を行なわないところに鹿野の独自性がある。

このことは、ファシズム論への批判的研究と対照することによって、さらに明らかになるであろう。これまで大正デモクラシー論に批判的な研究の多くは、同時にファシズム論も批判の対象とする傾向があった。山之内靖は「方法的序論」（山之内ほか編　一九九五）で、ファシズム期を〝近代の本来の過程からの逸脱〟とみる大正デモクラシー論（たとえば松尾　一九七四）に異議を呈し、ファシズムではなく総力戦体制論によって、戦時期を説明すべきだと主張した。[19]このような総力戦体制論は戦時と戦後の連続性を強調し、近代批判を主眼とする国民国家論に連なる立場である。しかし、近代批判というならば、反近代の論理というかたちで、鹿野がすでに提示していたことになる。その後の鹿野は、近代批判を行ないながらも近代から離脱しないという、細い道を行くことになる。現在まで鹿野は、近代を超えることを標榜する国民国家論の立場ではなく、敢えて近代の内部にとどまり、こだわる姿勢を保持しているのである。

鹿野の大正デモクラシー論は、民衆思想史を方法とし、反近代の論理を視角とする。その両立するところに鹿野の独自性がある、というのが筆者の結論である。[20]

おわりに——未解決の近代

「「近代」を超えることが実現できたら、ある意味でどんなに〝救われる〟か」（前掲「わたくしと思想史」①ｘ頁）と、鹿野は反語的に述べている。「近代」は鹿野にとって、未解決なのである。しかし、はたしてそれは鹿野だけの問題であろうか。

二〇一七年現在、鹿野が解明した反近代の論理を、再び参照することの意味が大きくなっているというべきではないだろうか。それは日本だけの問題に限らない。イギリス・アメリカの政治状況——それらはデモクラシーの結末ともいわれている——を連想することは容易であろう。それらを「反知性主義」と醒めた目でみるのではなく、正対するための光源として鹿野の民衆思想史は在る。この意味で、大正デモクラシー論の「濃厚に現代的」（鹿野 一九七六、一九頁）という問いかけは、今なお続いている。

注

（1） 鹿野は、松尾尊兊『大正デモクラシー』（岩波書店、一九七四年）、三谷太一郎『大正デモクラシー論——吉野作造の時代とその後』（中央公論社、一九七四年）への無署名の書評で、「それぞれこれまでにない、しかも両者まったく異なる大正デモクラシー像をうちだしている」と評した（「大きく違う時代像」『朝日新聞』一九七四年七月二一日、朝刊一〇面）。

（2） たとえば、有馬学は大正デモクラシーを「日本近代史の論点・争点として検討する意味はほとんどない」と述べている（「「大正デモクラシー」論の現在——民主化・社会化・国民化」『日本歴史』第七〇〇号、二〇〇六年九月、一三四頁）。ほかにも「大正デモクラシー再考」を特集した『歴史評論』第七六六号（二〇一四年二月）所収の千葉功「研究史整理と問題提起——一九六〇〜七〇年代を中心として」や巻頭の「特集にあたって」、成田龍一『近現代日本史と歴史学——書き替えられてきた過去』（中公新書、二〇一二年）第七章、有馬学「「大正デモクラシー」の再検討と新たな射程」（『岩波講座　東アジア近現代通史4　社会主義とナショナリズム』岩波書店、二〇一一年）などを参照のこと。

（3）鹿野は、歴史学専攻者を「視える存在」であると表現した（「民衆思想史の立場」『思想』第一〇四八号、二〇一一年八月）。筆者はそこに、「ぼくが、目になろう」と言ったスイミーのことばを想起する。

（4）「共著者の一人によるあとがき」によると同書は、一九五八年に出てまもなくの、深沢七郎の「『笛吹川』のような通史を書こう」という発想を、西岡が鹿野に打ち明けたところから始まったという（西岡・鹿野一九七一、三六九頁）。

（5）「鹿野政直氏に聞く」（『民衆史研究会会報』第七〇号、二〇一〇年一二月）も参照のこと。

（6）鹿野は「無名の、と括られやすい民衆を、固有名詞をもつ存在として立ちあげたい」と発言している（色川大吉・鹿野・安丸良夫「座談会　私たちの半世紀――民衆思想史とともに」『図書』二〇〇九年三月、一四頁）。

（7）鹿野は研究者と社会の関係についても、「それほどにかれらは、当該社会つまり日本の資本主義社会からまぬかれているだろうか」と述べている（『秩序意識』一二頁）。

（8）三谷太一郎は一九二二年をもって、「大正デモクラシー運動期」から「無産政党運動期」へと移行すると区分する。山川均「無産階級運動の方向転換」（『前衛』一九二二年八月）を画期として、既成政党改造運動と無産政党運動に分化し、普選体制の成立を背景に、合法無産政党が成立したことを大正デモクラシーの到達点とする（前掲『大正デモクラシー論』）。

（9）黒川みどりは、鹿野が提示した「改造」の時代を再検討し、そのもろさの理由を、関東大震災や国家による攻勢といった外的要因にとどまらず、担い手たちの内的要因――政治的規範意識の弱さ、未成熟な個人の自覚、国家「への」自由に比べて、国家「からの」自由への関心の薄さ、それゆえの国家との対決意識の弱さ――によって説明する（「「改造」の時代」『岩波講座　日本歴史17　近現代3』岩波書店、二〇一四年）。

（10）「いかに起ったかよりも、なぜあのようにすみやかにファシズムに席を譲っていったのかのほうが、はるかに切実な関心事であった」（「わたくしと思想史」①xi頁）と鹿野は回顧している。

（11）成田龍一が大正デモクラシーに「可能性と困難」の双方を見出すのは、鹿野の「希望と絶望」に符合する。成田は、大正デモクラシーの終焉が「その内的な論理の射程範囲で起きた」とし、ファシズムとの連続説をとるが、デモクラシー「にもかかわらず」と「ゆえに」の双方の混在する立場を示している（『シリーズ日本近代史④　大正デモクラシー』岩波新書、二〇〇七年、二四一～二四二頁）。

（12）宮地正人は『日露戦後政治史の研究――帝国主義形成期の都市と農村』（東京大学出版会、一九七三年）で、関東大震災時に支配階級に〝くさび〟を打ち込まれた結果、社会運動は分裂・挫折したとして、弾圧等の外的要因を強調する。一方、渡辺治は次のように発言する。「潰されていく原因は、結局のところ弾圧なのですね。弾圧史観とでもいうか、〔中略〕基本的には弾圧で何でも説明してしまう。しかし問題はそういう弾圧にたいして、なぜかくももろくも運動がくずれ去るのか、という点の解明ではないでしょうか」（今井清一ほか「シンポジウム　日本の一九二〇年代」日本現代史研究会編『一九二〇年代の日本の政治』大月書店、一九八四年、四七頁）。

(13) 鹿野は「デモクラシーの高揚のみを追求する方法には、みずからを対置しなければと思った」「戦後民主主義に自足していていいのか」と当時の意図を回想している（「まえがき」①xvii頁）。

(14) 伊藤之雄は、同時代の兵庫県但馬を研究対象とした（『大正デモクラシーと政党政治』山川出版社、一九八七年）。非名望家層青年が普選の実現を目指し、斎藤隆夫（憲政会—民政党）を支援し、名望家秩序（政友会の地盤）への批判運動を展開する。デモクラシー思想と教育の普及を背景に、「大正デモクラシーの底辺を拡大」したと述べる（三〇〇頁）。同書は、『底流』の青年団運動とはタイプの異なる例を提示したことになる。

(15) 藤野裕子は、国家権力の圧力を受け、社会の下層で鬱屈を抱える人々を主体化する点において、鹿野と共通性がある（『都市と暴動の民衆史——東京・1905‐1923年』有志舎、二〇一五年）。同書は、都市暴動に参加した民衆を、民族とジェンダーの序列では上位に属する男性として捉え直し、加害者の側面をあぶりだす。

(16) この断絶を示す例として、筆者の念頭にあるのは、松尾が大正デモクラシーの到達点と評価した石橋湛山による、自力更生運動批判である（「急進的自由主義の成立過程」井上清・渡部徹編『大正期の急進的自由主義——『東洋経済新報』を中心として』東洋経済新報社、一九七二年）。石橋は、斎藤実内閣の自力更生運動への掛け声が「抽象的徳目」「勤倹力業の説法」に過ぎず、「認識不足に甚だ失望落胆」と述べた。ひたすら生産に励んでも、供給過剰不況をさらに悪化させるだけであり、今、国民に必要なのは失業の改善と購買・消費力の増加であると主張した（「財界概観」『東洋経済新報』一九三二年七月二三日号）。経済に通じた知識人である石橋の批判は、的確な提案だったといえる。しかし、鹿野が『底流』で紹介した、自力更生運動に救いを求めて吸収されていく青年たち（本章第二節1）には、おそらく響かなかったであろうと予想されるのである。

(17) 「近代をめざした」人々は『近代日本を構想した思想家たち』に、「近代を問うた」人々が『近代日本と格闘した思想家たち』（いずれも岩波ジュニア新書、二〇〇五年）にまとめられている。

(18) ここでいう「近代性」とは、デモクラシーに限らず、帝国主義・政党政治・「社会」の概念などの、近代の産物を総称する。たとえば、三谷前掲書は政党制の確立過程に近代性を見出した。鹿野の『底流』について、伊藤隆・有馬学が「昭和のファシズムといわれるものを「復古」的な面からのみ把えることは出来ないであろう」(「書評」『史学雑誌』第八四巻第三号、一九七五年三月、六五頁)と評したことからも明らかなように、その両者が依拠した「革新派」論と「社会の発見」は、いずれも近代の論理であった(伊藤『大正期「革新」派の成立』塙書房、一九七八年、および有馬『「国際化」の中の帝国日本――1905～1924』中央公論新社、一九九九年)。アンドリュー＝ゴードンの提起した「インペリアル・デモクラシー」についても同様である(「日本近代史におけるインペリアル・デモクラシー」『年報日本現代史2　現代史と民主主義』東出版、一九九六年)。また、鹿野の著作を直接の対象としてはいないが、酒井哲哉は、三〇年代ファシズムから二〇年代デモクラシーを眺める〝遡及〟的方法を批判する。満洲事変以降を、戦争とファシズムに一方向的に突入していくような叙述では、当時とり得た別の可能性を追求することができない、という指摘であった(『大正デモクラシー体制の崩壊――内政と外交』東京大学出版会、一九九二年、二～三頁)。たしかに、デモクラシーからファシズムに陥ったのはなぜかという鹿野の問題意識は、ファシズムという結果からさかのぼって原因を探る、遡及的方法であるといえる。鹿野が一九三〇年代を「ファシズム化へのなだれ」と捉えている(①一七頁)点が、酒井の批判にあてはまる。

(19)　総力戦体制論への批判として、森武麿は「ファシズム論と総力戦論との高次の次元での止揚を求めている」と述べる(「総力戦・ファシズム・戦後改革」『岩波講座　アジア・太平洋戦争1　なぜ、いまアジア・太平洋戦争か』岩波書店、二〇〇五年、一五四頁)。

(20)　たしかに、民衆を主体化する民衆思想史の研究は鹿野のほかにも存在するし、反近代の論理に依拠する近代主義批判は鹿野に限らない。しかし、狭義の大正デモクラシー研究において、民衆思想史と反近代の論理のどちらか一方ではなく、双方を両立させたことが重要なのである。そこに鹿野の独自性を見出すというのが本稿の趣旨である。

参考文献

家永三郎・鹿野政直「新春対談　歴史と人生」『歴史評論』第二九七号、一九七五年一月

江口圭一・飛鳥井雅道・今井清一・木坂順一郎・金原左門・松尾尊兊編『シンポジウム日本の歴史20　大正デモクラシー』学生社、一九六九年

鹿野政直『日本近代思想の形成』新評論社、一九五六年

『明治の思想』筑摩書房、一九六四年

「〝近代〟批判の成立――民衆思想における」『歴史学研究』第三四一号、一九六八年一〇月
「資本主義形成期の秩序意識」筑摩書房、一九六九年
「西岡虎之助　民衆史家の風貌」（原題「西岡虎之助先生と民衆史研究」）『民衆史研究』第八号、一九七〇年五月、のちに⑦所収
『日本近代化の思想』研究社、一九七二年
「大正デモクラシーの解体――民衆思想の次元における」『思想』第五八三号、一九七三年一月（一九七三a）
『大正デモクラシーの底流――〝土俗〟的精神への回帰』ＮＨＫブックス、一九七三年一〇月（一九七三b）、のちに①所収
「近・現代の思想と文化」井上光貞・永原慶二編『日本史研究入門Ⅳ』東京大学出版会、一九七五年七月（一九七五a）
「大正デモクラシーの思想と文化」『岩波講座 日本歴史18　近代5』岩波書店、一九七五年九月（一九七五b）
『日本の歴史27　大正デモクラシー』小学館、一九七六年
「解説」鹿野編『近代日本思想大系34　大正思想集Ⅱ』筑摩書房、一九七七年
「戦前・「家」の思想」創文社、一九八三年四月、のちに②所収
『近代日本の民間学』岩波新書、一九八三年一一月、のちに①所収
『戦後沖縄の思想像』朝日新聞社、一九八七年、のちに③所収
『歴史を学ぶこと』岩波書店、一九九八年
『近代日本思想案内』岩波文庫、一九九九年
『現代日本女性史――フェミニズムを軸として』有斐閣、二〇〇四年、のちに②所収
鹿野政直・堀場清子『高群逸枝』朝日新聞社、一九七七年
鹿野政直・金原左門・松永昌三『近代日本の民衆運動と思想』有斐閣、一九七七年
黒田日出男・加藤友康・保谷徹・加藤陽子編『日本史文献事典』弘文堂、二〇〇三年
信夫清三郎『大正政治史』全四巻、河出書房、一九五一～五二年
信夫清三郎『現代日本政治史 第一巻　大正デモクラシー史』全三巻、日本評論新社、一九五四～五九年
西岡虎之助・鹿野政直『日本近代史――黒船から敗戦まで』筑摩書房、一九七一年
松尾尊兊『大正デモクラシー』岩波書店、一九七四年
丸山眞男「日本ファシズムの思想と運動」東京大学東洋文化研究所編『東洋文化講座2　尊攘思想と絶対主義』白日書院、一九四八年、

のちに丸山『増補版　現代政治の思想と行動』未来社、一九六四年所収
宮地正人『日露戦後政治史の研究――帝国主義形成期の都市と農村』東京大学出版会、一九七三年
山之内靖「方法的序論」山之内・ヴィクター・コシュマン・成田龍一編『総力戦と現代化』柏書房、一九九五年

六　鹿野女性史の視角——『現代日本女性史』を読む

和田　悠

はじめに

『鹿野政直思想史論集』全七巻の構成に明らかなように、女性史と琉球・沖縄史をそれぞれ主題としている点に鹿野思想史の大きな特徴はある。本稿の課題はそのうち鹿野女性史の視角について、『現代日本女性史——フェミニズムを軸として』（有斐閣、二〇〇四年）を具体的な分析の素材にして解明することにある。

『現代日本女性史』は鹿野の著作のなかでも数多くの書評に恵まれ、歴史学の隣接諸科学の研究者からも注目を集めた[1]。その理由として、同書の刊行がウーマン・リブ再考の時期に重なっていたことがあげられる[2]。一九七三年の式根島でのリブ合宿の写真が『現代日本女性史』の表紙に使われたことも、歴史学者による本格的なウーマン・リブ、フェミニズム史誕生との印象を広く与えることになったように思われる。

刊行からすでに一〇年以上が経過したが、現代日本女性史を論じる際に逸することのできない基本文献として『現代日本女性史』は現在でも広く参照されている。以下では上野千鶴子と早川紀代による比較的最近の言及を紹介する。

上野は、日本のウーマン・リブないしフェミニズムのアンソロジー『新編 日本のフェミニズム1 リブとフェミニズム』の解説において、「リブ・フェミニズムを含む現代女性史を単独で歴史記述した歴史家の仕事としては先駆的」との高い評価を『現代日本女性史』に与えるも、「フェミニズムの担い手でもなく、後継者を任じてもいない男性の歴史家や研究者によって「評価」を受ける必要を、フェミニズムは毫も感じない」（上野 二〇〇九、三一～三二頁）と断ずることで、鹿野の現代日本女性史像を自らの手で検証する作業を放棄してしまう。

それに比べて早川は内容に踏み込んだ議論を展開している。二〇〇〇年以降の戦後女性史研究をレビューした論文「戦後女性史研究の動向と課題」では『現代日本女性史』に一節を割いている。早川が指摘した問題点は二つある。一つは、「鹿野フェミニズムが思想に偏重して」おり、「政治体制の変革へと向かっていった女性運動」についての記述が不十分だという点。もう一つは、「日本軍「慰安婦」制度を積極的に扱いながら」も、「多分、鹿野の方法が生きてくるだろう被害女性の証言が取り上げられていない」点である（早川 二〇一三、二〇七～二〇八頁）。

だが、鹿野自身が強調しているように、『現代日本女性史』はこれまでの女性史研究が取り扱ってこなかったウーマン・リブないしフェミニズムに焦点をあてている。この作業によって女性史研究の何を更新したのか、あるいはまた、鹿野が提示した現代日本女性史像の特質は何か――こういった問題が『現代日本女性史』の歴史叙述に即して議論される必要がある。この点で早川の批判は外在的であるきらいがある。

『現代日本女性史』を内在的に分析することを課題とする本稿は、全体として三つの点に留意する。一つは、『現代日本女性史』は「女性史」の視角からする日本現代史の試みであり、二つ目は現代日本女性の歴史的経験にこだわってその思想的意味を考究した鹿野流の戦後日本思想史である点である。三つ目は、鹿野にとって『現代日本女性史』とは同時代史であり、歴史のなかで自己を点検しようとする主体的契機がその歴史叙述に賭けられている点である。したがって『現代日本女性史』が体現している現代日本女性史像をもっぱら学問の成果として受け取り、実証の水準を問題にするような接近方法では同書の射程を十分に測定することはできない。鹿野による創造的営為や同書の生成過程に着目する、いうなれば〈思想作品〉として『現代日本女性史』を位置づけることでその特質や射程は最終的に見えてくるはずである。

一　鹿野女性史における「女の論理」

鹿野の女性史への取り組みは琉球・沖縄史よりも早かった。『明治の思想』（筑摩書房、一九六四年）では「〈新しい女〉の出現」というタイトルの一章が設けられ、中山みきと平塚らいてうを中心に女性の時代経験が取り上げられた。そこで鹿野は『青鞜』創刊号の「元始女性は太陽であった」を引用し、その言葉が「女性の地位の「近代化」のみによっては、女性の解放は到達できないという予見をあらわしている」点を評価し、次のように述べる。「戦後の女性問題を考える場合、これは洞察力に満ちた予見というべきではなかろうか。今日では女性は参政権を初めとして男性と平等の権利をもち、家父長制は解体して家はホームとなった。しかも女性は解放されてしまったといえるだろうか、そうしたことを思うとき、らいてうの提示した問題はもはや乗り越えられたというべきではなく、ゆうに再検討の対象として存在している」（「中山みきと平塚らいてう」②三〇〇～三〇一頁）。

以下では二つ指摘したい。一つは一九六〇年代前半の時点でウーマン・リブないしフェミニズムに呼応する問題意識がすでに鹿野のなかに胚胎していたことである。それだけに鹿野は一九七〇年代のウーマン・リブないしフェミニズムに同時代的に共感を寄せ得たのであり、ひいては『現代日本女性史』を著すことにもなった。もう一つは、一九一一年の青鞜社の結成と『青鞜』の発刊に日本女性史上の画期を認め、そこでの論争点は高度成長期の「女性解放」にも通じているという歴史的な見通しを提示していることである。近代と現代の女性の歴史的経験を照らし合わせる歴史学的思考は[3]『現代日本女性史』にも貫かれており、一九一〇年代から二〇〇〇年代までの長い日本近現代女性史の時間軸のなかでウーマン・リブないしフェミニズムを捉え返す局面がある。それは同書の分析の深さや特徴にもなっている。

一九六〇年代にすでに女性史に着手していたが、本格的に鹿野が女性史研究を展開するようになるのは一九七〇年代に入ってからである。

一九七三年の春、鹿野は女性史研究会の結成に加わった。一九七〇年代の初めに鹿野が体感した、学生たち（ほとんどが女性だったという）のうちに急浮上した女性史志向の受け皿として、また、「通史段階から抜け出し個別研究に入るべき時期と判断される女性史の深化のため」に「学習の場の必要を感じた」のがその理由である（「問いつづけたいこと」②三九二頁）。

鹿野が一九七〇年代の女性史研究で積極的に取り上げた人物は市川房枝、そして高群逸枝であった。一九七四年には、市川房枝の思想と行動を軸にした「婦選獲得同盟の成立と展開――「満州事変」勃発まで」を『日本歴史』（第三一九号）に発表した。一九七七年には堀場清子との共著『高群逸枝』（朝日新聞社）、翌七八年には近代女性史研究会（前出の女性史研究会が改称）編『女たちの近代』（柏書房）がそれぞれ刊行された。時期は少しくだるが、香内信子との共編『与謝野晶子評論集』（岩波書店）は一九八五年に公刊となった。

一九七〇年代の鹿野女性史は、小野沢あかねの表現を借りれば、「「階級」や「人民」の一構成員としての女性に着目するというよりは、女性に固有と思われる生活・労働経験に焦点を当て、そこでの特有な主体形成のありようを内在的に明らかにしようとした」ところに特徴をもつ「民間学的女性史研究」の潮流のなかにあり、かつそれを牽引するものであったといえる（小野沢 二〇〇一、三四四頁）。

鹿野は女性史の何に惹きつけられたのだろうか。言い換えれば、鹿野の女性史研究の初心とは何か。

鹿野は、『女たちの近代』の総論にあたる「近代女性史の軌跡」のなかで、「ただの感じにすぎないが、しかしそれにこだわりつつあえていえば、女性の出す問題は、なにか世界をまるごと抱え込んでおり、それに対して男性の出してきた問題は、部分的一過的であるようにさえ思える。その意味で女性史は、全体史を回復するための有力な方法を提供しうるかもしれない」（一五頁）と述べる。ここに『日本近代化の思想』（研究社、一九七二年）の新刊インタビューでの、「実は建前ばかりをいう男には絶望しているんです。それだけで十分とはいいませんが、状況を突き破る力を女の〝生〟、つまりレーベンに直結した考え方に見つけたい」（鹿野 一九七二b）との発言を重ね合わせれば、鹿野は女性のものの見方や考え方に固有の社会変革志向性を認め、女性史には既成の歴史学を刷新する契機や機能を見出していたことがわかる。鹿野は独特の価値や位置づけを女性史に対して与えていたのである。[4]

女性のものの見方や考え方について、鹿野は『婦人・女性・おんな――女性史への問い』（岩波書店、一九八九年）では「女の論理」と表現している。鹿野のいう「女の論理」とは、「「女だからわかる」との視点の樹立を意味」し、「抑圧者であった男性にはみえない世界がみえ、その角度からの世界像が発酵している、それの内的な理解に進むことにより、既成の男性的な通念を否定できる、少なくとも揺さぶることができるとの立場の発見」のことであった。それだけに「女の論理」に立脚するとは、「自分もその一員であるところの男性への問いかけ」が含まれる（鹿野 一九八九、九頁）。つまりは、鹿野にとっての女性史には、男性・歴史学者としての「自己点検」の契機が織り込まれているのであり、その歴史叙述には必然的に他者への配慮ともいうべき倫理が宿ることにもなる。この点は鹿野女性史が読者（とりわけ男性読者）に倫理意識を触発する所以となっている。

こうした「女の論理」から日本近代史の歴史叙述を刷新した試みとして、『戦前・「家」の思想』（創文社、一九八三年）はある。鹿野は「はしがき」で、女性にとって「抜きさしならぬ重み」をもっている「家」について、既存の歴史叙述が「まことに微々たる」扱いしかしてこなかった「歪み」を自己批判している（『戦前・「家」の思想』②五～六頁）。以下、行論の関係上、『戦前・「家」の思想』の内容に立ち入ることはせずに、「家」ないし「家族」のなかの人間関係を問う鹿野女性史の視点にしぼって議論を続けたい。

鹿野によれば、『戦前・「家」の思想』を執筆した当時は「家庭崩壊」ということがいわれ、家族や家庭に関する議論が隆盛し、「家庭見直し論の合唱」ともいうべき状況を呈していた。鹿野は当時の「家庭見直し論」について四つの立場に整理している。一つは「家庭基盤の充実」を掲げる国家の側からの家庭見直し論、二つは小市民的な立場からの家庭見直し論であり、松田道雄『女と自由と愛』（岩波書店、一九七九年）の主張がその典型であるという。三つは、独得の文明史的展望に立って、「イエ」の論理の日本産業社会への適合性を説く議論で、村上泰亮・公文俊平・佐藤誠三郎『文明としてのイエ社会』（中央公論社、一九七九年）に代表される。四つは、色川大吉や鶴見和子を代表的な論者として、「家」共同体を再評価する立場である（同前、一九〜二六頁）。

鹿野は右記の四つの立場を前にして「確信ある答えをまだ準備しえていない」（同前、二八頁）と述べて、いずれの立場にもそれぞれ問題があり、完全に与しえないことを表明している。そこには鹿野の家族経験も影を強く落としていると思われるが、鹿野には「家」ないし家族（夫婦）の人間関係のあり方について、個の尊厳の確保と回復ともいうべき人権の観点から厳しく吟味する眼が、共同体としての家族を「きずな」と「しがらみ」、「抑圧」と「解放」の両側面から捉えようとする姿勢があった。こうした観点の有無が鹿野と松田、あるいは「家」共同体再評価論の決定的な違いともなっており、「男女平等」の戦後民主主義に対する鹿野の批判点ともなっていた。以下、鹿野と松田の差異に着目して、この論点について少し立ち入って議論したい。

鹿野と松田の関係は浅からぬものがある。西岡虎之助・鹿野政直『日本近代史——黒船から敗戦まで』（筑摩書房、一九七一年）の表紙の見開きには松田が推薦文を寄せ、鹿野は「あとがき」で松田の「生命尊重につらぬかれる姿勢」に啓発されてきたことを記している。（西岡・鹿野 一九七一、三七三頁）。しかしながら、一九七〇年代以降に展開された松田の女性論・家庭論については、ゆるがせにできない問題を抱えているとの認識をもっていた。

鹿野は、松田に代表される第二の家庭見直し論の潮流について「職場進出に幻滅した女性たちおよび専業主婦であることに憂悶を抑えきれない女性たちの心におちる性格」を有しており、それだけに「家庭復帰というかたちでの女性の囲い込みに棹さす主張としても利用されやすい」とそのイデオロギー性を鋭く指摘した。専業主婦については、「与えられた自由を活用して創造的に生きる場合ももとよりあるとともに、専業主婦になることによって、社会矛盾への感覚を多かれ少なかれ風化させ、自己開発の可能性ひいては社会への眼を閉じてしまう場合も、少なくない」という（「戦前・「家」の思想」②二一、二七頁）。鹿野は松田のように専業主婦を一面的に美化することはなかった。

松田は市民主義者らしく自由な市民の平等な関係であるべきと、夫婦の人間関係をあくまでも理念として語る。それに対して鹿野は実態から目を逸らさず、家事労働を誰が担うのか、家庭内の性別分業の問題をしっかりと見据えている。「わたくしたちは「世帯主」を筆頭とする家族秩序に包摂されている」（鹿野 一九九八、二三一頁）と述べているように、鹿野には家族の人間関係を「家族秩序」として捉え返す発想と論理がある。そうであったればこそ、「秩序を成り立たせている法・道徳・慣習すべてとの、そのなかへの埋没を含めての軋みあいをほじってゆく」（「わたくしと思想史」①Ｖ頁）営みとして、鹿野女性史は成立することになったのである。

二　『現代日本女性史』以前

鹿野が現代日本女性史について正面をきって論じるようになるのは一九八〇年代の中葉からである。その端緒は堀場清子との共著『祖母・母・娘の時代』（岩波書店、一九八五年）である。平易な文体で著された岩波ジュニア新書であるだけに、かえって鹿野の日本近現代女性史の構想力が明確に打ち出されている。同書は「Ⅰ　幕末を生きる」「Ⅱ　良妻賢母の壁のなかで」「Ⅲ　社会にひらく」「Ⅳ　一五年戦争下に」「Ⅴ　解放は実現したか」の五つのパートから構成されており、第Ⅴ章では一九四五年八月の敗戦から「国連婦人の一〇年」の最後の年にあたる一九八五年まで扱われた。

第Ⅴ章は一五の項目で構成されており、それらは以下のとおりである。「43　戦後をうたう」「44　占領と男女同権」「45　飢えのなかで」「46　恋愛の解禁」「47　男女共学」「48　働くことの夢と現実」「49　占領の傷跡・講和後の試練」「50　「暮らし」を考える」「51　家庭電化の時代」「52　戦争はもうたくさん」「53　売春防止法ができた」「54　経済大国化と公害」「55　共働きはあたりまえ?」「56　解体する家族」「57　ウーマン・リブの波」「58　人類の未来と女性」。こうしてみると鹿野の現代日本女性史のおおよその見取り図はこの段階ですでに提出されていた。

『婦人・女性・おんな』は、一九七〇年代から八〇年代にかけての日本女性史研究の成果を概観し、その到達点や課題を多角的に検証した著作である。同書の一論点は、『戦前・「家」の思想』の研究成果を踏まえつつ、「母性」が女性史研究の中核的概念となっていくとの指摘である。鹿野は荻野美穂「性差の歴史学——女性史の再生のために」(『思想』第七六八号、一九八八年六月)に注目し、それが「母性」を、「性差」という、女性にとってのより一般的な特徴のなかに置き、その「性差」認識の転回をはかろうとする議論」であると主張の核心をつかみ、「この枠組で考えてゆくことにより、「母性」を凝視しつつ、それがもつ陥穽から免れた地平を想望できるのではないか、とわたくしは思い、しばらくこの提唱の延長線上に、女性史のありようを模索するつもりです」(鹿野 一九八九、一一三頁)と、自らの女性史研究の今後の方向性について書き留めている。荻野の枠組とは女性史研究にジェンダー視角を導入することを意味している。鹿野はその提言をうけとめ、「母性」やその持ち主である主婦という歴史的存在を相対化する思考を展開していくことになる。こうした脈絡において、鹿野も意識しているように、『戦前・「家」の思想』の「続編」として『現代日本女性史』を位置づけることができる(「まえがき」②vi頁)。

二〇〇〇年代に入ると、鹿野は日本の現代を主題にした『日本の歴史9　日本の現代』(岩波書店、二〇〇〇年)、『日本の近代思想』(岩波書店、二〇〇二年)を刊行する。この二冊は『現代日本女性史』への跳躍板になった。『日本の現代』のなかで鹿野が重点をおいて叙述したのが「経済大国」と題された第三章である。一九七〇年代から八〇年代の日本の企業社会化、管理社会化の矛盾や問題点を、同時代のさまざまな人びとの経験を引照しながら具体的に描き出した。なかでも教育や家族の視点から高度成長の社会の質を問い直すところが特徴的である。たとえば、企業社会化のなかに嵌め込まれた家族の人間関係や性別役割分業が帯びる非人間性を鹿野は次のように叙述する。「疾走する企業戦士」を夫とし、彼が「同居人」でしかなくなったとき、妻の心にどんなにひえびえした光景がひろがり、増幅されてゆくか。ジャーナリストの斎藤茂男は、そういう「幸福」の崩壊を、『妻たちの思秋期』(共同通信社、一九八二年)と名づけて、社会に問題を投げかけた。それればかりではない。会社は往々にして、社員の家族にも忠誠を求め、管理へと踏み込んできた。選挙は家族ぐるみの「愛社心」への踏み絵となった。家族員の社会活動には、すぐ労務係の目が光ったりした（木下律子『王国の妻たち　企業城下町にて』径書房、一九八三年）。それらのことが、「幸福」が砂上のものにすぎないことを、妻たちに感じさせてもいった」（鹿野二〇〇〇、一三六～一三七頁）。

ひるがえって『現代日本女性史』は、ウーマン・リブないしフェミニズムの側から同時代の企業社会化、管理社会化という現代日本の社会秩序を照射した著作であり、『日本の現代』と向き合う位置にある。

『日本の近代思想』は、テーマ別の日本近現代思想史入門である。「第五章　女性の問い」では、「「産む」性として」「人形の家」「母性保護論争」「母親大会」「主婦論争」「主婦をみつめる」「ウーマン・リブ」「女性学」の項目が立てられている。鹿野は国立市公民館職員である伊藤雅子の、「私は、主婦の問題は、女の問題を考えるひとつの起点であると考えている。現在主婦である女だけでなく、まだ主婦ではない女も、主婦にならない女も、主婦であった女も、主婦であることが女のあるべき姿・幸せの像であるとされている間は、良くも悪くも主婦であることから自由でない」（鹿野二〇〇二、一二五頁）との文章を引用し、「主婦」が現代日本女性史を考える上でのキイ概念であることを明確にしている。

かくして鹿野は、日本の高度成長を支える企業社会と主婦の問題を通史的な見通しのなかで考察するべく、『現代日本女性史』を執筆するに至ったといえるだろう。

三　『現代日本女性史』の視角

『現代日本女性史』は堅牢性を特徴とした漆器に似ており、鹿野があらゆる機会に書き留めてきた現代日本女性史に関する議論を編集、総合して一つの通史としてまとめあげたものである。それだけに多面的でもある。その一方で、通史とは対象とする時代の包括的説明、すなわち時代像の提示を課題とするものであり、著者の構想力もまた明瞭にそこに現れる。以下では、鹿野が描出した現代日本女性史像の特質を『現代日本女性史』に即して明らかにしたい。

まずは同書の時代区分についてみてみよう。『現代日本女性史』は「前史「戦後」の構築」に続いて、「第一章「社員」「主婦」システムの造出」「第二章　ウーマン・リブの旗」「第三章　主体回復の波」「第四章　フェミニズムと現在」で構成されている。鹿野によれば、「初めから予定したわけではない」が、第一章が一九六〇年代、第二章が一九七〇年代、第三章が一九八〇年代、第四章が一九九〇年代にほぼ対応している（鹿野二〇〇四、四頁。以下、頁のみの引用は『現代日本女性史』による）。そうとはいうものの、各章で時代をまたいで議論される事柄も多い。一人の著者による通史であることの特徴であるが、単線的な時系列とは違う輻輳的な歴史叙述が展開されている。

時代区分にかかわって二つ指摘したい。一つは、「現代」の起点を「戦後」ではなく、「高度経済成長あるいは五五年体制」に置いたこと。鹿野は『現代日本女性史』をめぐる対談のなかで、「一九四五年で切断すると、戦中を含む戦前を、現在と関わりのない、もうひとつ前の段階の、過去として追いやってしまうところがあります。ですから四五年で切らないで、考えてみる必要があるんじゃないかと思ったのです」（鹿野・加納二〇〇四、三八～三九頁）と発言している。この発言からは戦前・戦時と戦後の連続性を意識して現代日本女性史を構想していることがわかる。時代を貫徹して捉える際のキイ概念は「主婦」「女性問題」であり、その歴史的起源は一九一〇年代にある。先述したように、青鞜社の結成と『青鞜』の発刊は一九一一年であり、そこでの議論や論争は現代（現在）に通じているというのが鹿野の歴史的展望である。

もう一つは、一九七〇年を歴史的画期として位置づけている点である。鹿野は、「近代というものが達成目標であった。それが、近代が拘束要素として批判的に捉えられる糸口ができたという意味で、七〇年というのは大きな転換点」（同前、三九頁）であると述べている。

『現代日本女性史』では一九六〇年代を「「社員」・「主婦」システム」が「造出」される過程として、一九七〇年代以降のウーマン・リブないしフェミニズムについては、「「社員」・「主婦」システム」による秩序意識を「問題化」し、そこからの解放を模索し、「運動化」した思想ないし実践として描き出している。同時代の支配的な秩序意識、規範意識との接点で人びと（民衆）の営為を論じるという点で、『現代日本女性史』は鹿野による現代日本を対象にした民衆思想史であるともいえるだろう。以下ではこの論点についてさらなる検討を加えたい。『現代日本女性史』の内容にかかわって三点指摘する。

1　全体史の試み

一つ目は、『現代日本女性史』は当然といえばそうであるが、あくまでも現代日本女性史であってウーマン・リブないしフェミニズム史ではないという点である。鹿野は「「社員」・「主婦」システム」という概念を導入することで、高度成長による社会変容の深みのなかで現代日本女性の歴史的経験の全体像を描こうとした。その際に鹿野は二つの軸を設定した。一つは都市と農村という軸、もう一つは主婦化と雇用者化という軸である。二つの軸を設定することで、高度成長の時代を単なる主婦化規範の強調、女性への抑圧の一方的な亢進という短絡的な理解から読者を解き放った。高度成長期の主婦化規範には実際に多様な受けとめがあったのである。

具体的に『現代日本女性史』の歴史叙述に即して指摘しておこう。まずは農家の女性についてである[5]。鹿野は「高度経済成長は農業に激変をもたらした」と述べて、農家の主婦としての女性は、「家事労働はもちろん農業労働（プラス農外労働）でも事実上の主役となった」、「労働＝収入のうえで主な担い手となったことは、農家の女性たちに、従来とは異なる自信をもたらした」ことを指摘する。高度成長は農村の女性たちを「家」制度のなかの「嫁」から「主婦」にしたのであり、それは農村女性にとってある面では「解放」の経験であったという。夫婦の非対称的な関係に着目するのは鹿野流で、農外就労は自由にできる収入をもたらしたことについて、「妻としての夫との関係のありようにも波動せずにはいなかった」との分析を加えている[6]（五〇〜五三頁）。

他方で、結婚・出産退職制や女性のみを対象とする若年定年制、また女性のみに適用される別賃金体系といった、定年差別・女性差別と闘う労働女性にも焦点をあてる。その先頭にたった人物として鹿野が言及するのが、磐城セメント（のちに住友セメント）の鈴木節子である。鹿野の「彼女の決意は秩序の岩盤に穴をうがった」、「耐えるというとりわけ女性に求められる〝美徳〟からの十分な逸脱」との運動への評価は現代日本の秩序意識との関係で裁判闘争の射程を言い当てたものであり、『現代日本女性史』ならではの議論といえよう（一四二～一四四頁）。

また、高度成長にともなう女性のパートタイム労働者化についても鹿野は考察を加えている。パートタイム労働者化が、「妻たちを、企業戦士に対応する「主婦」役割にとどめたまま、その役割と軋轢を起こさないかぎりでの廉価な労働力としようとする経営戦略に由来した」ことを指摘するとともに、「まさにその展開ゆえに男たちに、妻が外で働くのが当たり前との観念を否応なく植えつけていったという点で、夫婦関係のありようへの変化をもたらしつつある」と、女性にとっての視点からパートタイム労働の経験を分析し、部分的であるにせよ女性解放の要素を含んでいたことの意味を明らかにした（一四〇～一四一頁）。

ここで指摘すべきは、鹿野の女性の自立観である。鹿野は『現代日本女性史』のなかで母子福祉分野を専門にする福祉学者の林千代を取り上げている。林の著書『母子寮の戦後史――もう一つの女たちの暮らし』（ドメス出版、一九九二年）、編著『母子福祉を拓く』（ドメス出版、二〇〇〇年）を中心に数多くの議論が引用されている。鹿野が林の女性福祉論に着目したのは、「母子会に集うた女性たち」の「起業といい、仕事を通じて金銭を得ていった（僅かだったとはいえ）力」に「女性の自立」を見出す視点なり発想であった(7)（二一三頁）。鹿野は、「否応なく状況にまみれていることを免れがたい存在」として歴史のなかの人びとを捉える姿勢を強く持っており（「問い続けたいこと」⑦四二八頁）、『現代日本女性史』では「社員」・「主婦」システム」のなかで模索、展開された女性の多様な生き方や自立のありようが取り上げられた。

かくして主婦という立場からの社会参加、政治参加についても『現代日本女性史』では手厚く記述された。鹿野は、一九五〇年代の主婦論争(8)において、「主婦であることに時代を担う新しい主体の形成を主張する議論」（三六頁）を展開した清水慶子に着目し、その系譜を一九六〇年代から七〇年代にかけて革新自治体を生み出す原動力となった主婦による市民運動（その代表格として婦人民主クラブを取り上げている）、そして生活クラブ生協に代表される主婦による消費者運動に跡づけた。これまでの現代日本女性史では生活クラブ生協について論じられることはあまりなかった。主婦化規範が強調され、また実態としても主婦が大衆化した現代日本を対象とした女性史を構想するのに、主婦の立場からの女性解放や主婦の自立をどう考えるかという論点は逸することはできない。鹿野はこれまでの女性史がともすれば軽視してきた主婦や主婦的状況を積極的に組み込むことで女性史研究の視野を拡張し、現代日本女性史の全体像を描くことを試みた。そして、それに成功したといえるだろう。

2　ウーマン・リブからフェミニズムへの系譜

二つ目は、ウーマン・リブを出発点に、それに続く女性解放が具体的にどう展開したのか、ウーマン・リブの問題がその後にどのように引き継がれたのかという継承・更新の視点から議論している点である[9]。

ウーマン・リブ史については江原由美子の研究がある。江原は一九七〇年代のリブ運動を、一九七五年の国際婦人年を境に一九七〇年代前半と後半とに区分する。七〇年代前半は、田中美津を中心とする「ぐるーぷ・闘うおんな」を中心にした世代的には若い無名の女性たちの小グループ連合体が、七〇年代後半は「国際婦人年をきっかけにして行動を起こす女たちの会」などを中心とする世代的にも社会的地位の点からも比較的に上層が運動の担い手であったとし、前半のリブ運動が提起した問題はその後に充分に引き継がれることはなかったと述べる。その上で、前期リブが主題とした「優生保護法改悪」阻止の思想と行動に焦点化し、その意味や意義を論じる（江原 一九八五）。それに対して上野千鶴子は「フェミニズムを、リブを含むより広い文脈でとらえたい」（上野 二〇〇九、二四頁）と述べ、江原の「七五年断絶説」ともいうべきリブ認識には距離を置く。とはいえ、江原と似てウーマン・リブを田中美津の言説に代表させて論じている。

この点で『現代日本女性史』では、田中美津と「ぐるーぷ・闘うおんな」に限定・代表する仕方でウーマン・リブを論じてはいない。鹿野は「さまざまな視点をもちつつウーマン・リブは、総体として、既存のあらゆる権力・権威に問いを発した」（傍点引用者、六六頁）と述べており、あくまでも「「女らしさとはなにか」を問い、性差別への告発を主眼とするかたち」（鹿野・堀場 一九八五、二四〇頁）の運動や思想潮流としてウーマン・リブを捉える。そして、それがその後にいかに継承、発展していったのか、受け継ぎの系譜を現代日本女性史のなかに探ろうとする。

系譜をどう引くのかという点に、『現代日本女性史』の特質や鹿野の問題意識や構想力は浮かび上がる。鹿野が見出した受け継ぎの系譜は学問と運動とに大別することができる。

まずは前者について。「リブで発出した想念は、運動に触発された人びとをおもな担い手として、体系的な認識へと造り直されようとした。女性学として今日知られる、「男性中心主義的な知を批判し、女性の経験の言語化・理論化と性差別の構造解明を目的とする」学問は（井上輝子の定義）、こうして浮上した」（九四頁）と述べているように、ウーマン・リブが母胎となって女性学という新しい学問の分野を誕生させたことに鹿野は注目する。『現代日本女性史』で女性学の論者として名前があがっているのは、「女性学」という言葉の創始者である井上輝子であり、「資本性と家父長制」という視角から「近代」を問題にした水田珠枝と上野千鶴子であり、エコロジカル・フェミニズムの青木やよひ、良妻賢母という規範を検討した小山静子などであった（九四〜九八頁）。忘れてはならないのは、「ウーマン・リブと関係があったわけではない」が、「女性としての彼女の体験と、農村女性との出会い」に発する寿岳章子の国語学への鹿野の言及である。寿岳の「性差別語の意識化」という視角を、「降りかかる「女らしさ」との格闘として、生き方を問うリブの意識と通底する」と高く評価した（七三頁）。鹿野は「エコフェミ論争」などのフェミニズム内部の論争に深入りせずに、女性学の多様な展開を包括的に論じることで学問運動としての女性学を浮かび上がらせた。

女性史、女性史学についてもウーマン・リブとの接点で論じている。鹿野は、「ウーマン・リブに発する主体確立への模索は、戦争観の転換への起爆力となり、狭義のリブを超えて共有される歴史意識を育んだ」（八〇頁）という。『現代日本女性史』では、「企業戦士の銃後を担う存在という自己意識」（七八頁）を梃子に加納実紀代が結成をよびかけた「女たちの現在を問う会」と機関誌『銃後史ノート』の刊行、「与えられた時代を自明の前提とするのでなく、その時代を、女性にとってのという視点から問い直そうとする姿勢」（一〇六頁）に支えられた「地域女性史」と総称される多様な歴史実践、もろさわようこや山崎朋子の女性史研究などが取り上げられている。ウーマン・リブがもたらした新しい歴史意識とそれに基づく歴史叙述の誕生について、地域女性史にも目を配り、包括的に論じたことも大きな特徴である。

次にウーマン・リブからフェミニズム運動へという受け継ぎについて。鹿野がまず取り上げたのは一九七〇年代の家庭科共修運動である。鹿野は、「この運動は、家庭科の女子必修が女性を家事・育児に閉じこめる思想を露骨に示す政策であるとして、それに対抗する女性の共同戦線の観を呈した」（八九頁）と論じており、同時代のさまざまな女性運動や女性団体のネットワーキングに着目する。現代日本女性史を考える上で、原水爆禁止運動や母親大会、婦人民主クラブをめぐる党派対立は十分に論点たりうる。だが、鹿野はあえて女性運動やフェミニズムの党派対立や流派の違いの次元に立ち入ることなく、「「社員」・「主婦」システム」に対抗する反システム運動としてフェミニズム運動を捉えることで、高次の判断に立つことができたように思われる。また、家庭科共修運動の有力な担い手である半田たつ子が新しい家庭科教育の創造を運動的に展開していくことにも注意を払っている。

もうひとつ、鹿野がウーマン・リブを受け継いだ運動として取り上げたのが一九七五年の国際婦人年以降の女性運動である。鹿野は「女性問題についても、世界的標準のもとにさらされることとなった」、「風は国際連合から吹いてきた」（一〇七頁）という言い方をしているが、一九七〇年代から八〇年代の女性運動は否応なしに国際的な舞台に置かれ、試行錯誤を重ねながら視野を「世界」へと広げていった。鹿野はその様相を関係者の記録や証言をモンタージュしながら描き出した。女性差別撤廃条約の批准が同時代の重要な争点であり、政府と女性運動のあいだには、父系優先の国籍法の改正、家庭科の男女共修の実現、男女雇用機会均等法の立法という具体的な法案や政策をめぐってせめぎ合いが存在したことを記している。

国際婦人年以降の女性運動については主に第三章で取り上げられている。この章では当時参議院議員であった市川房枝の名前が散見され、久保田真苗・赤松良子・柴田知子といった女性官僚の名前が出てくるのが印象的である。行政との接点でフェミニズムを議論する点もまた『現代日本女性史』の特徴といえよう。たしかに、日本のウーマン・リブないしフェミニズムは下からの自発性に依拠して展開していた。それにもかかわらず、その理念の実現においては外圧あるいはまた行政が主導する傾きがあった。鹿野は日本のフェミニズムが置かれた状況に十分な注意を払っている。

ここで運動としてのフェミニズムについての鹿野の評価について一点補足しておきたい。鹿野は自らの女性史を「「生活」史と「運動」史をふまえた「問題」史」として構想していた（鹿野 一九八九、五五頁）。ウーマン・リブないしフェミニズムについては、「人びとの生き方を変え、人びとへの視線を変え、制度を変えてゆく」側面に注目し（二頁）、その具体的な成果として、「結婚のありようとそのなかでの性別役割分業の意識化にはじまり、必然的に、結婚自体を対象化するに至った」（一一九頁）と論じている。

問題はその先である。鹿野は「対象化」の仕方について次のように述べる。「意思的にめざされる解体は、崩壊へのどうしようもない進行と、ほとんど不可分にからみあっていた。いや崩壊の蟻地獄にあえぐ人びとにとっては、解体へと突き進む人びとの苦悩が、〝観念性〟の優越しているだけ〝特権性〟を帯びると受けとられることがあったかも知れない。それらすべてを含めての「結婚」の相対化の進行であった」（一二三頁）。

右の引用について、二つ指摘する。一つは、「崩壊へのどうしようもない進行」という表現にあるように、鹿野は資本制の論理を一方で強く意識していることである。ウーマン・リブないしフェミニズムの思想（意思）だけを取り出して評価するのではなく、同時代の支配体制との関連でその射程を測定しようとしていた。もう一つは、ウーマン・リブないしフェミニズムが体現している思想としてのラディカリズムが孕んでいるエリート主義的な性格を見逃さずに、それを弱点として認識していたことである。ひるがえって、日常性に根差しつつ、日常性を組み換えていくようなフェミニズムに鹿野は価値を見出す。『現代日本女性史』では吉武輝子の論稿「男が家事をすることの意義」を「ふだん着の言葉で語られたフェミニズム論」（一〇一頁）として評価していることをあわせて指摘しておきたい。こうした評価軸は鹿野女性史の特徴をなしている。

3　「差別」と「人権」の視点

三つ目は、『現代日本女性史』に貫かれている「差別」と「人権」の視点についてである。鹿野は『「鳥島」は入っているか――歴史意識の現在と歴史学』（岩波書店、一九八八年）のなかで次のように述べている。「管理社会に生きるなかで、わたくしたちは日ごとに、万事につけて受け身になることに馴らされてきている。行動において受け身であることが日常化するにつれ、精神の能動性の指標というべき想像力は衰弱し、みずからの周囲に意識の壁をめぐらし、そのなかに閉じこもろうとする。そんな状況下で「差別」と「人権」の視点は、想像力を回復させ、壁の向うがわを透視する能力を人びと（＝わたくしたち）に獲得させることになろう。その意味でそこに、終末論を未来論に逆転させる契機が芽ばえている、とわたくしは観測する」（「「鳥島」は入っているか」⑦一七六頁）。

鹿野は歴史学者である。あくまでも読者に歴史叙述を提示するのであり、自らが抱いている価値や思想を直接読者に語ることには禁欲的である。だが、歴史叙述は歴史家の価値や思想があってはじめて可能なのであり、そうした側面が濃厚なところに『現代日本女性史』の特徴がある。私は、『現代日本女性史』を読むなかで、「フェミニズムにとっても、人びとにとっても未来を拓くだろう」と鹿野のいうところの「屹立する精神」（二一六頁）を経験することになった。まさに鹿野思想史に触発されたのである。

そうであるならば、『現代日本女性史』が、鹿野政直が体現している「壁の向うがわを透視する能力」や「終末論を未来論に逆転させる契機」とは何か。

鹿野は『現代日本女性史』の歴史叙述を通じて、生きる意味と生活を問い直す「反差別と非暴力の哲学」を読者に伝えているのではないだろうか。「暴力」「性暴力」は女性と人権を包括的に考える同書全体のキーワードである。

鹿野は、ウーマン・リブに端を発し、「女性学・フェミニズムの、だれも公然とは否定しえない存在としての台頭」が、「一九八〇年代の日本に「セクシュアル・ハラスメント」（↓セクハラ、性的嫌がらせ）という概念の確立をもたらした」（九八～九九頁）、「せいぜいのところみすごしていい小さな過ちとの視点」から捉えられていた「性的嫌がらせ」について、それがハラスメント、つまり「人権侵害」だと考えられるようになった（一七八～一七九頁）。そして一九九〇年代にはいると、「ドメスティック・バイオレンス」という言葉が広まったと述べている。

こうした一連の過程で、「暴力」「性暴力」認識は更新、再定義されていく。鹿野は次のように論じている。「ドメスティック・バイオレンスの、問題としての社会への提起は、夫や恋人からのパートナーへの暴力という本来の意味を超え、受け手にとって嫌悪をもよおさせ傷を刻みこむ（原則として）異性からの多様な行為を、「性暴力」と認識させる途を拓いた。〔中略〕特定の個人につきまとうストーカー行為も、「性暴力」の一種との認識が高まった。乗物内や街頭・公園などで、猥褻と受けとめられる所行に及ぶいわゆる痴漢行為も、「性暴力」として浮上した。さらに子どもにたいする「性暴力」の深刻さが指摘されるようになった」（一八四頁）。

男女の問題に限定することなく、「暴力」「性暴力」という観念から日常性の次元を捉え返すことができるようになることは、鹿野が希求してやまない「人びとが幾らかでも呼吸しやすい社会や人間関係」（鹿野 二〇〇〇、二二八頁）の第一歩である。そして『現代日本女性史』は、人権意識の現在を規定しているウーマン・リブないしフェミニズムの歴史的経験を明らかにすることで、そのアクチュアリティを伝えようとする。つまり、鹿野は過去と現在をつなぐ歴史叙述を終始意識することで、フェミニズムの復権を図ろうとしたのではないだろうか。

また、鹿野は「暴力」「性暴力」の「最大」のものが「戦争」であると位置づけ（一八六～一八七頁）、歴史学がこの間、課題としてきた「慰安婦」問題について、既存の先行研究をつなぎながら、多角的かつ集中的に論じている。この点も『現代日本女性史』の特徴である。鹿野は「戦時性暴力」として「従軍慰安婦問題」を捉え返すことで、「大日本帝国の加害性と、戦争のもつ加害性と、兵士となった男たちの加害性」（一八九頁）とを串刺しにして論じうるとの見通しに立つ。鹿野は「「国家」を超える立場に踏みだすことへ、わたくしたちを揺さぶる力」を「人権」はもっと述べているが（「「鳥島」ははいっているか」⑦一五四頁）、「暴力」「性暴力」の視点から「従軍慰安婦問題」を論じることは、「軍事力のもつ支配意識と性暴力の不可避的な関係」を「戦争史のみにとどまらず、より普遍化した意味をもって」論じることであり（一九三、一八九頁）、ひいては「一国史の克服を、そこからべつの立場に乗り換えることにでなく、一国史の彼方に求めつづけてゆくことでもある」（「化生する歴史学」⑦二二〇頁）。こうした鹿野の問題意識とそこに端を発する歴史叙述は、日本を戦争のできる国にすることを課題とし、性差別を利用して国民動員を行おうとする同時代の支配体制への根源的な批判となっている。

最後に指摘すべきは、『現代日本女性史』では、「セクシュアル・ハラスメント」から「従軍慰安婦問題」へと「暴力」「性暴力」についての議論が連続的に展開していることである。鹿野は女性学・フェミニズムの議論の特質を、「個別の実感に発してトータルな構造に至る視野」（一〇三頁）にみているが、『現代日本女性史』の歴史叙述それ自体がそうした視野をもってなされている。足もとにある「セクシュアル・ハラスメント」などの「性暴力」を許さないという一見小さな決意は、いくつかの媒介を経て現代日本社会を非暴力・反差別の方へと秩序化することに棹差すことになる。『現代日本女性史』は、現代日本の女性の歴史的経験を介して、現在を生きる人間に日常性の次元からの社会変革を促す、そうした〈思想作品〉としても読まれる必要があるだろう。

おわりに

鹿野は『戦前・「家」の思想』を執筆した一九八三年の時点で、「「会社人間」像と「マイホーム」像を二本の足とする「中流」意識の解体への道程」（②一八八頁）がすでに始まっていることを敏感に察知していた。『現代日本女性史』が刊行された二〇〇四年の頃には、高度成長期に構築された「「社員」・「主婦」システム」が瓦解していること、企業社会と主婦の実体はもはや解体していることは誰の目にも明らかであった。

しかしながら、「中流」意識が、「会社人間」像と「マイホーム」像が解体しているのかといえばそうではない。実体が解体しているにもかかわらず、いな解体しているからこそ、女性に対する抑圧の構造である性別役割分業を支えた理念が、あるいはまた「聖化された「母」のイメージ」（同前、一八四頁）というものが再度呼び起されているというのが実情ではないだろうか。近年の「親学」や「誕生学」、「早寝早起き朝ごはん」運動などの台頭は「子育て支援」「家庭・家族支援」という名のもとに性差別を助長するものであり、「有事」の時代にふさわしい、「母性」を梃子に女性の意識や身体を新たに国家に包摂しようとする思潮ないし運動という側面が濃厚にある。

鹿野は『現代日本女性史』のなかで「「社員」・「主婦」システム」という概念を導入し、そのシステムを意識化する思想、学問や運動であるウーマン・リブないしフェミニズムの歴史的経験を知的遺産として読者に手渡そうとした。そこには、フェミニズムの「意識の面におけるその一定の定着ゆえに、一種の空洞化という事態にも直面してきている」（二一〇九頁）という危機感と、現在を歴史的現在として相対化し、「有事」に加担しない生き方を模索しようとする者にとってフェミニズムは未来を切り拓くものとしてあるとの確信の両方が伏在していた。

フェミニズムの自明性が解体するなかで、そうであるからこそ、鹿野はフェミニズムの「経験が発出させる言葉」（鹿野 二〇〇二、一二三四頁）に着目し、「それらの伝声管になることをわが役割としようとの決意」（二一六五頁）を固めることになった。こうした決意から、歴史叙述を通じてフェミニズムを社会に定着させようとする歴史実践である『現代日本女性史』は構想されたのである。

注

（1）管見の限りでは、道場親信「「リブ以前」と「リブ」・「リブ以後」の〝世代間継承〟――書評　鹿野政直『現代日本女性史』」（『未来』第四五八号、二〇〇四年一一月）、小野沢あかね「書評　鹿野政直著『現代日本女性史――フェミニズムを軸として』」（『ジェンダー史学』第一号、二〇〇五年一〇月）、弓削尚子「書評　鹿野政直著『現代日本女性史――フェミニズムを軸として』」（『書斎の窓』第五四一号、二〇〇五年一月）、河原彩「書評　鹿野政直著『現代日本女性史――フェミニズムを軸として』」（『総合女性史研究』第二二号、二〇〇五年三月）、加納実紀代「書評と紹介　鹿野政直著『現代日本女性史――フェミニズムを軸として』」（『日本歴史』第六九〇号、二〇〇五年一一月）、坂井博美「書評　鹿野政直著『現代日本女性史――フェミニズムを軸として』」（『民衆史研究』第七〇号、二〇〇五年一一月）がある。ただし、いずれの書評も『現代日本女性史』を〈思想作品〉として捉える視点が弱く、内在的な分析という点で物足りなさがある。

（2）記録映画『30年のシスターフッド――70年代ウーマンリブの女たち』（山上千恵子・瀬山紀子監督）が公開されたのは二〇〇四年である。約三〇年ぶりのリブ合宿を取材し、制作されたこの映画は精力的に各地で上映され、ウーマン・リブないしフェミニズムの歴史的総括の機運をつくった。また、二〇〇四年度の日本女性学会の大会シンポジウムのテーマは「ウーマンリブが拓いた地平」であり、『女性学』第一九号（二〇〇五年三月）には、田中美津「基調講演 自縛のフェミニズムを抜け出して――立派になるより幸せになりたい」、原田恵理子「一九八〇年代以降の女性運動とリブ――「女性に対する暴力」をめぐって」、千田有紀「引き裂かれた「女」の全体性を求めて」、菊池夏野「フェミニズムとアカデミズムの不幸な結婚」などの論稿が掲載された。

（3）たとえば、以下の堀場ないし鹿野の発言も参照のこと。「ここ数年、「男女雇用機会均等法」について、同様な意見が闘わされました。「保護」か、それとも「自立」か、と。約七〇年も前に、完全な「独立」と、「正常な権利」とを対置させ、現在の人権意識につながる問題を提起した晶子とらいてうの先見性が、感動的です」（鹿野・堀場　一九八五a、一〇五頁）、「『青鞜』を欠落させた女性史など、市民の歴史意識に応える作品といえるでしょうか」（鹿野　一九八九、七〇頁）。

（4）それだけに鹿野は『現代日本女性史』のなかで、「女性史は、「ジェンダー」の導入によって、視野を女性にのみ固着させる姿勢から、みずからを解き放つ手掛かりをえた」と述べる一方で、「ジェンダー」は「両性にあてはめうるという、まさに一見価値中立的な響きをもつ言葉」であり、「被抑圧者として、あるいは被抑圧者のために闘うという初心」を「変質」させる「契機を孕んでいた」ことに警鐘を鳴らす（一六一、一六三頁）。

（5）『現代日本女性史』の人名索引をみると、機械的な数字ではあるが農村女性問題に取り組んだ丸岡秀子の頻出度は高い。

（6）こうした議論は、地方都市の周縁農村を事例に、「家」の解体が「近代家族」形成にたどり着くには専業主婦化という回路を経ない場合もあることを実証的に明らかにし、経済成長とジェンダー規範の関係を複雑なものとして論じた倉敷（二〇〇七）に通じている。

（7）ここでは鹿野が「近代女性史において、自我的解放路線だけでなく、非自我的解放路線ともいうべきもののあったこと」を指摘し、「そういう多様性に眼をひらいてゆくことが、近代の女性史像を豊饒ならしめる」とかつて述べていたことを紹介しておく（近代女性史研究会編 一九七八、二二頁）。

（8）主婦論争については上野千鶴子の先行研究がある。上野（一九八二a・b）の場合には現在の視点から論者の発想と論理が析出され、争点が抽出される傾きが強い。それに対して、鹿野（二〇〇四）は同時代の主婦による主婦論争の受けとめにも十分に注意を払い、同時代の状況や思潮のなかに論争を埋め込んで理解することで、論争に隠された意味をも明らかにしている。

（9）樋熊（二〇一二）は、こうした観点からのウーマン・リブないしフェミニズム研究の必要性を提起しているが、鹿野は『現代日本女性史』を通じてすでに一定の議論を行なっている。

参考文献

上野千鶴子「解説　主婦の戦後史――主婦論争の時代的背景」同編『主婦論争を読むⅠ』勁草書房、一九八二年a
上野千鶴子「解説　主婦論争を解読する」同編『主婦論争を読むⅡ』勁草書房、一九八二年b
上野千鶴子「日本のリブ――その思想と背景」『新編　日本のフェミニズム1　リブとフェミニズム』岩波書店、二〇〇九年
江原由美子「リブ運動の軌跡」同『女性解放という思想』勁草書房、一九八五年
小野沢あかね「コメントⅣ　女性史への視座」大門正克・小野沢あかね編『展望日本歴史21　民衆世界への問いかけ』東京堂出版、二〇〇一年
鹿野政直『明治の思想』筑摩書房、一九六四年
鹿野政直『日本近代化の思想』研究社、一九七二年a

鹿野政直「私の新刊　鹿野政直「日本近代化の思想」　戦前の踏襲か戦後の創造か　真の世直し思想を追求する」『毎日新聞』一九七二年一二月四日朝刊、七面（一九七二b）
鹿野政直「婦選獲得同盟の成立と展開――「満州事変」勃発まで」『日本歴史』第三一九号、一九七四年一二月
鹿野政直『「鳥島」は入っているか――歴史意識の現在と歴史学』岩波書店、一九八八年
鹿野政直『婦人・女性・おんな――女性史の問い』岩波新書、一九八九年
鹿野政直「フェミニズムの彼方に」同『化生する歴史学――自明性の解体のなかで』校倉書房、一九九八年
鹿野政直『日本の歴史9　日本の現代』岩波ジュニア新書、二〇〇〇年
鹿野政直『日本の近代思想』岩波新書、二〇〇二年
鹿野政直『現代日本女性史――フェミニズムを軸として』有斐閣、二〇〇四年
鹿野政直・堀場清子『祖母・母・娘の時代』岩波ジュニア新書、一九八五年a
鹿野政直・堀場清子『高群逸枝』朝日選書（初版一九七七年）、一九八五年b
鹿野政直・香内信子編『与謝野晶子評論集』岩波文庫、一九八五年
鹿野政直・加納実紀代「〈対談〉戦後史と家族」『現代思想』第三二巻第一〇号、二〇〇四年九月
近代女性史研究会編『女たちの近代』柏書房、一九七八年
倉敷伸子「近代家族規範受容の重層性――専業農家経営解体期の女性就業と主婦・母親役割」『年報日本現代史』第一二号、二〇〇七年五月
西岡虎之助・鹿野政直『日本近代史――黒船から敗戦まで』筑摩書房、一九七一年
早川紀代「戦後女性史研究の動向と課題」『年報日本現代史』第一八号、二〇一三年五月
樋熊亜衣「「リブ神話」を超えて――現代日本女性解放史全体像構築の必要性」『ソシオロゴス』第三六号、二〇一二年一〇月

七　思想史の場としての「健康」

高岡裕之

はじめに

『鹿野政直思想史論集』第五巻の前半に収められた『健康観にみる近代』は、二〇〇一年、朝日選書の一冊として刊行されたものであるが、「あとがき」で述べられているように、同書は最終章「「生命」の時代」を除き、もともとは一九九五年、『朝日百科　日本の歴史』の別冊（「歴史を読みなおす」）として、『桃太郎さがし――健康観の近代』というタイトルにて刊行されたものである。また、第五巻「まえがき」で触れられているように、この『桃太郎さがし――健康観の近代』のさらに前提には、鹿野が編集を担当した『週刊朝日百科　日本の歴史97　コレラ騒動――病者と医療』（一九八八年）が存在する。この『コレラ騒動――病者と医療』は、週刊朝日百科の区分では、「近世から近代へ」の中に位置づけられているものの、その内容は「コレラ・民衆・衛生行政」、「コレラから結核へ」、「戦場の医学」（以上、鹿野執筆）、「隔離から共生へ」（小坂富美子執筆）の四編を中心とするもので、「病者と医療」という観点から明治から第二次世界大戦後に至る日本近現代史を見渡したものであった。

私事にわたって恐縮ではあるが、筆者は一九八八年一月に、日本ファシズムと「医療の社会化」との関連を主題とする修士論文をかろうじてまとめた。当時、医療や病気の問題はようやく西洋史で研究テーマになりつつあったものの、日本史の領域ではいまだ医学関係者の「専売特許」という観を呈しており、歴史学の場でそれらをいかに扱えばよいか、皆目見当がつかない中での作業であった。そうした折、日本近現代史としてこの種のテーマを初めて正面から取り上げた『コレラ騒動――病者と医療』が刊行されたことは、自己の研究テーマに不安を拭い得ないでいた筆者にとって、この上もない励みとなった。『コレラ騒動――病者と医療』をベースとしつつ、構成・内容に大きな変更が加えられた『桃太郎さがし――健康観の近代』も同様であり、筆者の医療史関係の研究は、方向性を異にするものの、常にこの両書を意識してきたことは間違いない。筆者にとって『健康観にみる近代』に至る鹿野の一連の仕事の最大の意義は、日本近現代史研究の場において、医療や病気、そして健康といったテーマを開拓し、先導したというパイオニア的役割にある。

とはいえ、今日の時点で『健康観にみる近代』という作品について語ることは容易ではない。その第一の理由は研究状況の変化である。一九九〇年代以降、「健康」や「医療」「病気」「身体」といったテーマは、歴史学のみならず、社会学や教育学の領域においても格好の研究対象とされるようになり、そうした動向は現在でも継続している。その結果、鹿野が取り上げた個々の論点については、当時と異なるレベルで議論が可能となっているのであるが、こうした方向で鹿野の仕事を吟味することに、あまり意味はないように思われる。なぜなら、本書は、明治から現代までを、「健康」の時代、「体質」の時代、「体力」の時代、「肉体」の時代、「体調」の時代、「生命」の時代の六つの時代に区分するが、たとえば「肉体」の時代で田村泰次郎や丸山眞男が取り上げられているように、そこで論及される対象は多岐にわたっている。その意味で本書には、「健康」に関連するキーワードを手掛かりとした、鹿野独特の思想史的作品という性格が強く、その内容を医学・医療史であれ身体論であれ、個別の枠組みで批評することは適当でない。これが『健康観にみる近代』という作品の批評をためらわせる第二の理由である。

さらにいえば、『健康観にみる近代』は、主題の設定やその展開の手法において、『思想史論集』に収められた他の論考とは、相当異なる構えをとっているように思われる。そこで本稿では、『健康観にみる近代』に至る鹿野の一連の仕事を、それがなされた一九八〇年代という時代との関連で考察することにより、この作品を「鹿野思想史」の中に位置づけることを主眼としたい。一九八〇年代から九〇年代は、日本にとっても世界にとっても時代の大きな転換点であり、その中で歴史学のあり方も大きく変化した。『健康観にみる近代』に至る鹿野の一連の仕事には、こうした時代の変化に対する鹿野の見方が投影されていると同時に、その過程で生じた「鹿野思想史」の変容が示されているように思われる。本稿ではこうした作業仮説を、『健康観にみる近代』それ自体ではなく、それに先行する『コレラ騒動――病者と医療』と『桃太郎さがし――健康観の近代』、そしてそれらの作品の前後になされた鹿野の論考を取り上げることで検証してみたい。

一　社会史への応答

『思想史論集』第五巻に付されたタイトルは、「鋳なおされる心身」である。本書の「まえがき」によれば、こうした文脈での「健康」に対する「意識」は、「一九八〇年代に、社会史への応答のなかで立ち上った」もの、具体的には一九八四年度歴史学研究会大会・全体会に向けた準備会での報告に由来すると明言されている（⑤.ⅳ頁）。この証言は、『健康観にみる近代』の成り立ちを考える上で、極めて興味深い。なぜなら、『健康観にみる近代』の起点を最初の作品である『コレラ騒動――病者と医療』（一九八八年）と捉えると、それは二宮宏之・樺山紘一・福井憲彦責任編集『アナール論文選3　医と病い』（新評論、一九八四年、二〇一一年に藤原書店より新版が刊行）、見市雅俊「衛生経済のロマンス――チャドウィック衛生改革の新しい解釈」（阪上孝編『1848――国家装置と民衆』ミネルヴァ書房、一九八五年）[1]、二宮宏之「参照系としてのからだとこころ――歴史人類学試論」（『社会史研究』第八号、一九八八年、のち二宮『歴史学再考』日本エディタースクール出版部、一九九四年に収録）といった西洋「社会史」の動向に連なるものとみえるし、少なくとも当時の筆者は、そうした流れの中で『コレラ騒動――病者と医療』を捉えていた。しかし、鹿野の証言は、こうした「学説史」的把握が皮相なものであることを示している。

また本書の「まえがき」では、右の引用に続けて、「社会史に向きあうなかで強烈に意識させられてきたのは、変化への不信、未来の不透明等々の瀰漫のなかで、わたくしたちの社会がいかに病んでいるか、その再生のためには身体そのものの主題化から出発するほかないのではなかろうか、社会史の出現自体その表象ではないか、との想いであった」と回想されている（⑤ⅳ頁）。つまり『健康観にみる近代』に至る起点が、「社会史への応答」にあったことは間違いないのであるが、それは「社会史」の背後にある右のような時代状況への「応答」であったという訳である。

ただし、このような「想い」が、鹿野が語るように、一九八四年の時点から鹿野の切実な主題となったとも思えない。この点について、鹿野が一九八〇年代から九〇年代にかけて発表した、歴史意識に関する二つの論考をもとに検討してみよう。

1 「歴史意識の現在――社会史をめぐって」

鹿野が『健康観にみる近代』の出発点となったとする歴史学研究会での報告は、「歴史意識の現在――社会史をめぐって」（『歴史学研究』第五三二号、一九八四年九月、のち鹿野『「鳥島」は入っているか――歴史意識の現在と歴史学』岩波書店、一九八八年に収録、『思想史論集』第七巻）として原稿化されている。一九八四年度の歴史学研究会大会・全体会のテーマは「都市民衆の生活と変革意識」であり、その意図は、「民衆が変革を志向する諸条件とは何か、という年来の問題にたいし、民衆の生活・意識にまで掘り下げたレヴェルからのアプローチを試みること」であった（編集委員会「社会史と民衆史――小特集にあたって」）。つまり「変革主体」としての「民衆」の追究という文脈から、「社会史」のあり方が問題とされていたのであるが、当時の「社会史」に対する批判はなお根強いものがあった。その代表的見解が、前年に発表された佐々木潤之介「「社会史」と社会史について」（『歴史学研究』第五二〇号、一九八三年九月）であったことはよく知られている。この佐々木論文は、歴史学の主たる任務を「社会の発展」に寄与する「啓蒙」であるとする立場から、「人びとが日常的に、前提的に、考え対応し、行動してきた事柄について説明を与えるという意味での、知識供給」にとどまり、「その知識に基づいて何をなすべきかという指針・方向性」を示そうとしない「社会史」を厳しく批判するものであった。

鹿野はこうした「戦後歴史学」の「正統」的見解に対し、すでに一九六〇年代末から違和感を抱き、「もう一つの近代」を希求するという方向で、「戦後歴史学の自己変革」の道を歩んでいた（①四三二頁）。そのような鹿野の仕事は、ある面で「社会史」に近い傾向をもっていたといえるが、一九八二年に発表された「国民の歴史意識の変化」[2]（歴史学研究会編『現代歴史学の成果と課題Ⅱ　1歴史学・歴史意識』青木書店）では、「社会史」が「歴史学の再構成を模索ないし主張する精神の所産」と捉えられつつも、「些末主義と紙一重」、「全体としては判断停止の様相を顕著に示す」、「歴史を無限の個別性特殊性へと分解してゆく芽をも秘めている」など、「さまざまな疑問」が提示されていた（同前七四～七五頁）。ところが、「歴史意識の現在――社会史をめぐって」において鹿野は視角を転換し、歴史学の方法としての「社会史」ではなく、それが人びとの「歴史意識」を反映するものという見地からその読解を試みた。

この論文で鹿野は、まず、内外の多様な「社会史」に目を配りつつ、そこに共通する特質として、「『時間』にたいして『空間』の概念を提示ないし強調している」点に着目する。

> マルクス主義史学にせよ、実証主義史学にせよ、歴史を対象とする以上、当然にも、「変化」「推移」「発展」あるいは「後退」や「停滞」まで含めて、時間的系列において事象を捉えるのを、その本務としてきた。それを示す「萌芽」「形成」「成熟」「衰退」などは、わたくしたちの常套語であり、それらを総括する言葉として、とかく「展開」を濫用する傾向をもつ。そうした「時間」重視思考ないし「時間」単一思考にたいし、「空間」の概念をひっさげて立ちあらわれたということが、しばしば指摘されるような日常性に終始云々よりも、社会史が現代に投げかける意味として、より本質的のように思われる。（⑦一〇七頁）

鹿野によれば、こうした「空間」への関心の高まりは、第一に、それ自体が「変化・推移・発展などという「時間」の視点で世界や人類を割り切るしかたへの、批判ないし不信の高まりをものがたっている」（⑦一一一頁）。今日ではもはや、第二次世界大戦後に「未来」を示すものと思われた「アメリカ型民主主義」や「ソ連型社会主義」、「第三世界」などは、すでに色褪せ、「革命への幻滅、というよりもむしろそもそもそれに幻想をもたない姿勢が、確実に育ちつつある」（⑦一一四頁）。のみならず、「近代」ないし「文明」そのものへの懐疑が広まっている。これまで歴史を考える上で「絶対者」としての位置を占めていた「西洋近代」は相対化され、「ものすべて相対的である、というよりむしろもっとネガティブに、ものすべて相対的に過ぎないとの意識が、こうして社会の次元でも個人の次元でも、人びとを包みこもうとしている」（⑦一三〇頁）。「西洋近代」の相対化は、一九六〇年代末以来、「鹿野思想史」が課題としてきたものである。それがもはや人びとの「歴史意識」となったという把握は、「鹿野思想史」が「戦後歴史学」と訣別する上でのステップとなったと考えられる。

ところで、「空間」への関心の高まりの第二の意味は、「触知しうるという意味でのもっとも確実なものへの、意識の回帰」⑦一一七頁であり、その結果、「社会史」の主題・焦点として「からだとこころの生活（くらし）の様態」（⑦一三二頁）が浮上する。鹿野は、「社会史」が「自覚的にそれを意図」している例証として、「新しい歴史学は（中略）こころとからだの複合体である人間の身体を出発点とし、この身体に直接的に働きかけるさまざまな与件を問題にする」という二宮宏之の一文を挙げる（⑦一一七頁）。鹿野によれば、「社会史」への関心を高めたのは、「社会史」におけるこうした「人間の生態への関心」にほかならない。

ただし、「社会史」の「空間」設定には、二つの類型ないし方向性が見出せる。その一つは、人間を「自然界のなかの一種の生物」とみなす、いわば「エコロジー型」と呼ぶべきものである。そこには人間を、「理念」の次元ではなく、「生理」の次元で捉えようとする志向があり、それはしばしば「病理」への関心に接続する。そして「病理」

への関心は、「健康と病気、正常と異常、生と死などが、画然と切断された領域をそれぞれかたちづくるものでなく、また、前者が一般で後者が特殊というのでもなく、紙一重の関係にあり、かつだれもが両者を抱えこんでいるという認識へと導く」もの、「つまり人間はだれも、両者のあいだで浮動する存在、そういう殆さから免れえない存在との認識」を育てることになる（⑦一二一頁）。このような「エコロジー型」の「空間」設定は、人間を「生態史として捉える視点」に立つが、それは「いわば〝風景〟としての人間を提示しようとする方法」でもある。

他方、いま一つの類型は、人間を「空間」を造りだす「主体的な存在」と捉える、「コミューン的」とも呼べるものである。網野善彦の一連の仕事をその代表とするこの類型には、一方に「無縁」（「管理された空間」からの離脱）への強い関心、他方に「人間と人間とのきずなの回復への模索」という、一見対蹠的な志向性がみられるが、「それらは、一方でいまある秩序からの脱離をめざし、あるべき結合を求めるという意味で、いわば裏腹の関係にある」（⑦一二七頁）。こうした点を確認した上で、鹿野は「コミューン的空間を設定しようとするこういう歴史意識」は、「「制度」万能史観と「近代」万能史観へのアンチ・テーゼとして立っている」とする。「前者は、いかに制度の網の目が密になろうとも、その外がわに人びとの自由に呼吸しうる空間があったし、また人びとはそれを造りだしてきたとする歴史意識」であり、後者はこのタイプの作品では「「個」にたいする「集団」、「都市」にたいする「村落」、「機能」にたいする「習俗」の擁護が目立」つこと、また「そもそもこの型の社会史は、「近代」にたいして「前近代」ないし「中世」に、好んで場を求めようとする傾向をもつ」ことなどに示されている（同前）。

鹿野によれば、右の二つの類型・方向性は、「まったく別個の範疇としてあるというよりはむしろ、一方の極と他方の極を結ぶ無限の中間領域に、個々の研究者を散在させながら存在して」おり、「大抵の社会史家」は両極の方向性を「さまざまの度合で調和・混合・化合あるいは葛藤また相互侵蝕させながら抱えこんでいる」（⑦一二八頁）。そしてこうした状況は、「そのままとはいわずとも多少のプリズム反射をもって、現在を生きる人びとの歴史意識の在りようを反映」したものなのである（⑦一二九頁）。

以上のような鹿野の分析には、その後の鹿野が重視することとなる歴史意識の特徴が、姿を現している。たとえば、人びとを分断し管理する「管理社会」の出現が、「社会史」における「制度」と「近代」に対する忌避につながっているという把握は、「制度としての近代」という視点（①ix頁）へと確実に連なっている。[3] 人びとの関心が、「触知しうるという意味でのもっとも確実なもの」（⑦一一七頁）としての人間の「からだ」と「こころ」へ向かっているという把握も同様といえる。ただし、この時点での鹿野は、人間を「生理」＝「病理」の次元で捉えようとする方向に、主体の消去（人間の〝風景〟化）を見出し、こうした方向性が主体の回復への希求と並存しているところに、「社会史」＝歴史意識の「岐路」や「殆さ」があるとしている（⑦一三一頁）。「歴史意識の現在」に対するこうした把握からは、鹿野が人間の「生理」＝「病理」を積極的に主題化する筋道はみえてこないのである。

2　「化生する歴史学」

先述のような鹿野の「社会史」＝歴史意識に対する評価は、一九九〇年代に入るとそのニュアンスを変化させる。そのことが明示されたのが、一九九六年に発表された「化生する歴史学」（『唯物論研究年誌』創刊号、のちに『化生する歴史学――自明性の解体のなかで』校倉書房、一九九八年、さらに⑦所収）である。すなわちこの論文で鹿野は、近年ではもはや歴史学そのものの存立基盤が問われるようになったことを示しつつ、そうした事態が「歴史をみる眼」にもたらした変化として、ⓐ「関心の「からだ」と「こころ」への集中」、ⓑ「歴史をみるに当って、人びとがそれぞれの「窓から」のぞくという態度をとるようになった」こと、ⓒ「時間の観念の相対化」という三つの特徴を挙げる。

このⓐの動向に鹿野は、主に二宮宏之を参照しながら、「「国民」とか「民族」とかあるいは「制度」とかという、既存の外側からの徽しづけあるいは枠組の規制力からみずからを解き放ち、過去の再構築に向けてあらたに結び目を探ろうとする姿勢」を見出しつつ、次のように述べている。

「からだ」への関心の集中はさらに二つの意味をもっている、とわたくしは思う。一つは、それが「からだ」の外なる制度への不信に根ざすという二宮の指摘（正確には、その指摘をやや読み替えているが）とは逆に、その「からだ」の内にいかに制度が入り込み規制しているかを明らかにしようとの、強い衝迫である。少なからぬ人びとが、「からだ」をみずからの内なる〝他者〟とみる視点をもつようになった。そうしていま一つは、歴史学がついに、人びとの「生」（そこには当然「産」も「性」も「死」も「病」も「幼」も「老」も含む）を主題にし始めたとの意味である。これまで歴史学は、ひとが何ヲシタカに関心を集中させ、如何ニ生キタカをほぼ等閑に付してきた。もとより前者と後者とは多分に重なりあうとはいえ、軸足には明らかに違いがあった。その体質に変化が起きているということになる。シタことに主眼を置く限り、そのことで目立つ男性の事蹟が叙述の中心となり、女性は総体として歴史叙述から排除されていた（その点で歴史学は、文学ときわ立った亀裂を示していた）。それだけに女性史は、「生」の主題化という歴史学の転換に当って先頭走者となっている。（⑦二〇八〜二〇九頁、傍点高岡）

ここで鹿野が独自に付加した二つの「意味」は、前年に刊行された『桃太郎さがし——健康観の近代』（一九九五年）のモチーフでもあったと考えられる（本章第二節）。いずれにせよ、この段階で鹿野は、「からだ」と「こころ」への関心という「社会史」的テーマに積極的意義を認めるようになったのである。

このような鹿野の変化は、人びとの「歴史ばなれ」に対する危機意識を背景にしたものと考えられる。鹿野によれば、一九八〇年代から顕著になった「歴史ばなれ」とは、歴史を「現在」と連続したものではなく、「現在」（いま）と断絶した「時間帯」「異空間」としての「過去」（むかし）とみなす態度の広がりにほかならない。それは、「過去は現在まで持続しており、少なくとも無縁でなく、それゆえにそのトピックは取りあげるに値」することを力説してきた従来の歴史学の前提を突き崩すものであった。かくして「いまから糸の切れた凧同然となったむかし＝「過去」

は、歴史学にとって異物と化し」、「それを現在と結びつけようとするこころみは、おおむね冷淡に迎えられて空を切」るようになった。そして鹿野によれば、「歴史ばなれ」の影響をもっとも直接に受けたのは近代史の分野であり、かつて「現代に直結する分野として、よかれあしかれ旺盛な問題意識を直接にぶつける対象、あるいはそれを湧出する泉であった」近代史は、「いまと対比的なむかしとなってしまった」（⑦一八七〜一九〇頁）。つまり、「化生する歴史学」で確認されているのは、もはや人びとの「歴史意識」の方向性・可能性ではなく、「歴史意識」そのものの「稀薄化」なのである。

このようにみてくると、鹿野が『思想史論集』第五巻「まえがき」で述べる「わたくしたちの社会がいかに病んでいるか、その再生のためには身体そのものの主題化から出発するほかないのではなかろうか、社会史の出現自体その表象ではないか」との「想い」は、「歴史意識の現在――社会史をめぐって」（一九八四年）の時点ではなく、その後、一九八〇年代後半から九〇年代前半にかけて徐々に明確化したものと考えられる。以下、節をあらためて、この点を『コレラ騒動――病者と医療』と『桃太郎さがし――健康観の近代』について検証してみよう。

二　『コレラ騒動――病者と医療』から『桃太郎さがし――健康観の近代』へ

前述のように、鹿野自身が、人間の「からだ」と「こころ」の問題を主題化したのは、一九八八年の『コレラ騒動――病者と医療』においてであった。もっとも鹿野によれば、それは「編集委員の一人となっていたため、病いを主題とする巻を設けるように提案したところ、わが身に降りかかってしまった」（⑤ｖ頁）という事情によるものであり、自ら望んでのことではなかった。そしてその結果、鹿野は、「まったく未知の分野への踏み出しはひどくきつかった」と述懐する苦労をすることとなる。ともあれ、こうして「病い」を主題化したことが、鹿野をして「必然的にその〝対極〟としての健康の主題化をもたらし」、『健康観にみる近代』の原型である『桃太郎さがし――健康観の近代』（一九九五年）が産み出されることになる。

こうした経緯で成立した『桃太郎さがし――健康観の近代』は、『コレラ騒動――病者と医療』をベースとしつつ、それに大幅な修正・加筆を加えたものである。しかし両者を読みくらべてみると、その叙述が相当に異なっていることにあらためて気付かされる。では、「病い」から「健康」へという主題の変更には、どのような意味があったのか。『コレラ騒動――病者と医療』は、サブタイトルに示されるように、近代日本における「病者」と「医療」のあり方を問題としている。このような問題設定自体は、「社会史」によく見受けられるものであり、そしてその場合にはミシェル・フーコーを参照しつつ、医療＝医学が有する権力性が強調される傾向にある。こうした視点は『コレラ騒動――病者と医療』にも見られ、たとえば明治期における「養生」から「衛生」への転換に関しては、「それ〔衛生〕による「養生」の駆逐は、医学界・医療界や医療行政の担当者たちに、「衛生」の名において、病者のうちの病原菌のみを視圏に入れる姿勢、病者の隔離・管理の徹底化をめざす姿勢を、培いはしなかったろうか」（「コレラ・民衆・衛生行政」）と、当時最新の細菌医学に立脚した「衛生」の問題点が指摘されている。

しかし『コレラ騒動――病者と医療』における鹿野の叙述の骨格をなしているのは、なによりも、医療・衛生における国家本位・国家主導という性格である。鹿野は、長与専斎、後藤新平、森鷗外などの仕事、海軍工廠の健康診断で労働者の心臓病が無視されたという荒畑寒村が語る有名なエピソード、そして戦時期に登場する「国民体力法」などを事例としつつ、近代日本において求められたのが、明治期においては「国家本位の生命と健康の管理」であったことを強調している。そしてそのような枠組みの下で、昭和戦時期においては「国家主導の「衛生」」であり、『女工と結核』をまとめた石原修の仕事、結核を病んだ正岡子規や石田波郷らの作品、丸岡秀子らが光をあてた農村の貧困、病を社会矛盾の所産として捉えた「社会医学」「農村医学」の動きなどへの論及がなされ、国家本位・国家主導の医療・衛生の下での矛盾やそれと異なる方向性をめざした潮流がクローズアップされている。このように国家の役割を前面に押し出した『コレラ騒動――病者と医療』の構成は、戦後歴史学における近代史の描き方に準拠したものといえる。

これに対し、『桃太郎さがし――健康観の近代』は、まずその主題の設定で独自性がみられる。すなわち本書で前面に掲げられたのは、「健康第一、とはいうものの、昨今のわたくしたちは、まるで駆りたてられるように健康を追っている」、「いったいなぜこんなにまで健康熱に捉えられてしまったのだろうか。〔中略〕遡って日本の近現代で、この問題はどのように考えられてきたのだろうか」という問いである（⑤四～五頁）。このような問いは、まさに「「近代」がいかに心身に食い込んでいるか」（①xi頁）という鹿野の問題関心に照応した、「制度としての近代」「嵌めこまれた近代」への問いの具体化であり、そのような「わたくしたち」の「いま」を反省的に捉え直すために「健康観」の歴史が問題とされていってよい。

このような本書の構えは、「健康」の時代、「体質」の時代、「体力」の時代、「肉体」の時代、「体調」の時代（および「生命」の時代）という「時代区分」にもみてとれる。これらは時系列に沿ったものではあるが、それぞれの時代のキーワードは、「あくまでも相対的にそこに力点が置かれた」ものであり、「現在は、それら過去のすべての集積としてもある」（⑤五頁）。たしかに、「健康」「体質」「体力」「肉体」「体調」（そして「生命」）というキーワードは、いずれも現在の「わたくしたち」がとくに意識せずに用いている常用語であり、これらのキーワードは、「わたくしたち」の「いま」と「むかし」をつなぐため、鹿野によって意識的に設定されたものと考えられる。

このような問題の設定により、『桃太郎さがし――健康観の近代』の近現代史像は、『コレラ騒動――病者と医療』とは大きく変化することとなった。それは、『コレラ騒動――病者と医療』では「衛生」をキーワードとして説明されていた明治前期・中期が、「健康」の時代とされたことに端的に示されている。「衛生」から「健康」への変更は、国家主導の「衛生」をリードした長与や後藤よりも、近代的「健康」概念の普及者である福沢諭吉や西周ら「啓蒙思想家」の動向を重視することを意味する。すなわち本書では、文明開化期における「健康」という語の常用化に果たした「啓蒙思想家」の役割が重視され、西周の「人生三宝説」を事例として、近代の「健康」観の特質が、功利主義的道徳観の登場と連動していることとともに、本来私事・私利とされてきた健康が「公益」に連なるとされた点に求められている。

『養生訓』では、天寿を保つよう心がけるのは、孝のもとであり、そのためには私欲を抑えなければならぬ、と説かれていた。だが、「人生三宝説」では、健康は、欲望の充足との視点から論じられ、しかもそのように「私利」の追求であるがゆえに「公益」に連なると主張されるとともに、病気は「公益」に反する悪とさえみなされた。（⑤九頁）

「維新後ほぼ十九世紀末までの時期を、「健康」の時代と呼びたい」と主張する鹿野がその根拠とするのは、文明開化期における「健康」の語の常用化が、右のような「積極的な獲得目標としての健康、「公益」と関連づけられた健康という、あらたな健康観の成立と無関係ではなかった」からである。

また、「「健康」の時代」の後半では、幕末以来の日本人の「体格コンプレックス」との関連で、福沢諭吉が「男女同権論・女性解放論を繰りひろげた作品として名高い」「日本婦人論」が、「自前の人種改良を期した」福沢流の人種改良論でもあったことが指摘される（⑤二二頁）。さらに、本章の末尾における、「公益」と結びついた「健康」が、病者の隔離・管理や「体位向上」の追求をもたらした「底流」には、「国家本位の立場からの優勝劣敗の思想」があったという指摘（同前）も、従来の鹿野の分析を踏まえれば、「啓蒙思想」を問題としたものと読める。このように、「健康」の時代」で力点が置かれているのは、近代日本における「健康」概念が、「西欧文明」と一体化することで日本の「近代化」をリードした「啓蒙思想」の問題点と深く結びついていたことである。[4]

このような「近代」ないし「近代化」の文脈の重視は、「「健康」の時代」に続く「「体質」の時代」（二〇世紀初頭から日中戦争開始まで）においても顕著である。この章について鹿野は、「産業社会の成立にともなう健康の問題を、ここでは、工場労働に集約的にあらわれる結核および結核予防、都市中間層とともに浮上する薬と滋養という、二本の柱にしぼり、一つのこころみとして、これを「体質」改善の時代と特徴づけた」と要約している（⑤三九頁）。しかし、こうした『桃太郎さがし――健康観の近代』の時代把握の新しさは、二つの柱のうち「都市中間層とともに浮上する薬と滋養」の側にある。このうち「薬」に関しては、「薬の日常化」と「薬と美容との結合」という二つの現象が指摘される。「薬の日常化」とは、本来「身体に変調の生じたとき服用するものであった」薬を、「身体に異変がなくとも飲んだりつけたりするという、薬の常用化」のことであり、他方、「薬と美容との結合」については、「資生堂文化」を媒介として、それが「美容と健康」の結合、「化粧の日常的な行為への転換」と結びついていることが示される（⑤三三〜三五頁）。また「滋養」が注目されるのは、この時代における「滋養」「栄養」の重視が、「都市中間層の形成と一九世紀末以来の栄養学の発達を背景として、人びとのなかに推しひろめられようとした健康観」を示しているからである（⑤三六頁）。そして、こうした動向を体現したものとして、「滋養」と「栄養」を前面に押し出した森永キャラメルと江崎グリコに光があてられる。

右のような叙述を通じ、鹿野が明らかにするのは、都市大衆社会とそれを基盤とするマスメディア、それに製薬業界などが創り出す、いわば大衆消費社会における「健康」の諸相である。こうした動向は文字どおり現在に直結するものであるが、それはまた、戦争の時代＝「体力」の時代に接続するものでもあった。その実例が、本章の末尾に置かれた、「それなりに成立した大衆社会を背景に、ラジオと新聞というマスメディアが主催した」二つの健康キャンペーン、つまりラジオ体操と健康優良児表彰制度である。このうち朝日新聞社の主催により一九三〇年からスタートした健康優良児表彰制度は、本書によって初めてクローズアップされたものであり、同制度が十五年戦争期、「「健康国策」にもっとも適合する事業として、毎年はなばなしく実施され」たこと（⑤四一頁）、さらに「健康」の条件としての「体力」を浮上させることによって、文字どおり「体力」の時代を準備する役割を担っていた（⑤四三頁）という側面に光があてられている。[5]

鹿野は、『思想史論集』第一巻に収められた『大正デモクラシーの底流――〝土俗〟的精神への回帰』（一九七三年）において、創唱宗教や農村青年、大衆文学の中に「〝近代〟への怨恨」（①二二八頁）を検出し、そこに時代が「デモクラシー」から「ファシズム」へと急転した要因を見出した。これに対し本書では、「近代化」の産物である大衆社会やマスメディアの動向の中に、戦争の時代に接続する要素が見出されている。健康優良児表彰制度を意味する「桃太郎さがし」が、本書のタイトルとされたことは、こうした鹿野の関心の移動を象徴的に示すものといえるだろう。

戦争の時代である「「体力」の時代」では、『コレラ騒動――病者と医療』と同様に、国家の役割が強調されるが、『桃太郎さがし――健康観の近代』の新しさは、「体力」とともに「人口」の問題が取り上げられ、人口政策との関連で戦時体制下の女性の問題がクローズアップされていることである。女性に関する記述は、「「健康」の時代」での福沢「日本婦人論」への論及や、「「体質」の時代」で「薬と美容」「薬と健康」の結合が重視されたことにみられるように、『桃太郎さがし――健康観の近代』を通じた特徴である。本書において鹿野は、歴史叙述の中に女性を組み込むことを、明らかに自己の課題としている。

以上みてきたように、『桃太郎さがし――健康観の近代』は、さまざまな面で『コレラ騒動――病者と医療』とはまったく異なる作品といってよい。先に検討した「化生する歴史学」を踏まえていえば、その特徴は、第一に、「いま」と「むかし」を無関係なものとする「歴史ばなれ」の状況に対し、日本の近現代史を「わたくしたち」が内在化している「健康」という価値を「窓」として問い直すことで、現在の「わたくしたち」がいかに過去に拘束されているかを提示することが、本書全体のモチーフとなっていることである。その意味で本書は、何よりも一九八〇年代から九〇年代にかけて顕著となった人びとの「歴史意識」（の衰弱）に対して、鹿野が「応答」を試みた作品といえる。

第二の特徴は、本書における問い直しの対象が、「制度としての近代」「嵌めこまれた近代」に置かれていることである。鹿野が語るように、それは「「近代」がいかに心身に食い込んでいるか」という関心の深まりによるものであるが、同時にそのような関心は、一九八〇年代におけるポスト・モダニズム、九〇年代における「ポスト・モダンの歴史理論」としての「国民国家論」（⑦四二二頁）への違和感に裏打ちされたものであった。「国民国家論」への違和感は、「化生する歴史学」において、次のように語られている。

そこ〔近代国家〕から抜けでた（と少なくとも自認する）人びとにとって、「国家」や「国民」を捨て去るべきものと割り切って対象化しきれずにいるのは、いかにも野暮ったい所行としてさえ映じるようになってきた（前者の尖端にいる人が、後者に含まれると思われる人びとを指して、「旧い」という評語を使うのを一度ならず聴いた。丸山眞男がつとに抉りだした「旧い」「新しい」のパターン化が、なんの疑問もなく踏襲されている）。そこにみられるのは、みずからが「国民」として縛りつけられていることへの意識の希薄化である。意識のうえでの軽やかな脱「国民」は、かえって「国家」に包摂されている自己への無感覚を生むのではないか、といい換えてもよい。（⑦二一九頁）

右の文章における「国家」が、鹿野においてそのまま「近代」に置き換えられるものであることは、『思想史論集』第七巻「問いつづけたいこと」における「ポスト・モダンの歴史認識」批判（⑦四二一～四二八頁）に明らかである。ともあれ鹿野は、「近代」や「国家」を超えるという主張の広がりの中で、「逆に「近代」へのこだわり」を強めていったのであり（①x頁）、そしてそのことが、「制度としての近代」「嵌めこまれた近代」という視点を前景化させたのである。この文脈からいえば、『桃太郎さがし——健康観の近代』は、「国民国家論」を含む「ポスト・モダン」の潮流に対する鹿野の「応答」でもあったといえる。

第三は、以上のような性格をもつ本書は、当然のことながら、従来の「鹿野思想史」とはその角度を異にしている点である。それは「健康観」という主題の設定や、女性の重視などにもみられるが、もっとも注目されるのは、「鹿野思想史」を特徴づける「もう一つの近代」という視座が後景に退いている点である。そもそも「もう一つの近代」という視座は、大学紛争を機として鹿野の関心が、近代日本は「いかにあったか」を問題とするものから、「いかなる可能性があったか」、「その可能性がいかに抑えこまれていったか」へと変化したことで生じたものであった（鹿野「講談社学術文庫版へのまえがき」『日本近代化の思想』講談社、一九八六年、三頁）。その意味で、「もう一つの近代」という視座は、戦後日本社会の「変革」への期待と結びついていたといえる。しかし、一九七〇年代半ばを境として、そのような「変革」への気運は急速に退潮し、逆に八〇年代には先述のように「管理社会」が問題とされるようになる。鹿野は自らの「近代」観が、一九六〇年代末を転機に「めざされる近代」から「問われる近代」へと一変したとし、後者の中に「もう一つの近代」と「制度としての近代」「嵌めこまれた近代」を一括しているが（①vii〜x頁）、「制度としての近代」「嵌めこまれた近代」の前景化は、「もう一つの近代」の後景化と対をなすものであったというべきであろう[6]。

以上のような三重の意味において、『桃太郎さがし――健康観の近代』（および『健康観にみる近代』）には、一九八〇年代以降、とりわけ九〇年代の時代状況に対峙した、「鹿野思想史」のあり方が示されているのである。

おわりに

本稿で検討してきたように、『健康観にみる近代』には、一九八〇年代から九〇年代にかけて顕著になった時代状況が色濃く投影されている。それは、現在と過去の連続性を切断する「いま」と「むかし」という認識の広がりであり、また「近代」や「国民国家」を乗り超えることを掲げる「ポスト・モダンの歴史理論」の台頭であった。こうした時代状況の中で、鹿野が『健康観にみる近代』（『桃太郎さがし――健康観の近代』）で試みたことは、現在もまた「近代」に強く拘束されていること、別の言い方をすれば、「近代」の強靱さを確認することであったといえる。それは、「近代」の問題は、それを内側から超える視点を準備することなくして解決できないという鹿野の確信にもとづくものであった。

こうした鹿野の「近代」への向きあい方は、二一世紀に入ってより説得力を増しているように思われる。近年におけるグローバリズム批判と結びついたポピュリズムの台頭は、「国民国家」の逆襲ともみえる。「健康」をめぐっても、たとえば、二〇〇二年に成立した「健康増進法」は、その第二条で、「国民は、健康な生活習慣の重要性に対する関心と理解を深め、生涯にわたって、自らの健康状態を自覚するとともに、健康の増進に努めなければならない」と規定した。これにより、「健康」の増進が「国民の責務」とされるに至ったのであるが、このような規定を持つ法律は、国家が「体力」を管理しようとした戦時期にも存在しなかった。「わたくしたち」は依然として「近代」の中に生きている。『健康観にみる近代』は、今後とも、そのような「近代」を歴史的に考えるための手掛かりであり続けるだろう。

注

（1）本書の執筆者たちを中心として、その後、見市雅俊・高木勇夫・柿本昭人・南直人・川越修『青い恐怖　白い街――コレラ流行と近代ヨーロッパ』（平凡社、一九九〇年）、柿本昭人『健康と病のエピステーメー――十九世紀コレラ流行と近代社会システム』（ミネルヴァ書房、一九九一年）、見市雅俊『コレラの世界史』（晶文社、一九九四年）、川越修『性に病む社会――ドイツ　ある近代の軌跡』（山川出版社、一九九五年）などが相次いで刊行され、病と健康はヨーロッパ近代社会史の一大テーマとなった。

（2）本論文は再構成の上、鹿野『「鳥島」は入っているか』（岩波書店、一九八八年、⑦所収）に収録されたが、その第四節「社会史と文明像再編への志向」は落とされている。

（3）鹿野は、自らの研究が、ⓐ経済成長の結果としての「いわゆる管理社会」の到来、ⓑ一九六〇年代末の明治百年祭と学生反乱を転機として、「めざされる近代」から「問われる近代」へと一変し、以後、「制度としての近代」、「嵌めこまれた近代」という視点が基調となったと述べている（①ⅶ～ⅹ頁）。しかし、鹿野の論考で「管理社会」という認識が明示されるようになるのは、一九八〇年代、とりわけ「歴史意識の現在――社会史をめぐって」以後のことである。

（4）阿部安成「健康、衛生、あるいは病という歴史認識」（『一橋論叢』第一一六巻第二号、一九九六年八月）は、『桃太郎さがし』における「主体」は「健康」の管理者である国家であり、「客体」は管理される人々であると捉えた上で、鹿野が「国民国家」という語を一度も使っていないことを問題とし、「「国民」という怪物」を直視すべきことを論じている。しかし、こうした阿部の理解こそが、「国民国家」論の立場に拘束された誤読であろう。

（5）健康優良児の問題は、その後、社会学の領域で研究が進展した。その動向については、高井昌吏・古賀篤『健康優良児とその時代——健康というメディア・イベント』（青弓社、二〇〇八年）を参照。

（6）鹿野は、『歴史評論』第五六二号（一九九七年二月）における西川正雄との対談（聞き手・大日方純夫）「どうとらえるか——「近代」と近代史研究」において、自分の中での「近代」は戦後「三変したという感じがする」として、次のように語っている。まず第一は、「本当の近代をめざさなければならない」という意識からの「希望としての近代、本当に輝かしいものとしての近代」。次に出て来たのが、「豊かさとしての近代」で、「そのときに、何かそれでよかったのかなあという感じがあり」、「もう一つの近代は、というふうに考えた」。「しかし、それも呑み込むようなかたちで、では今はどうなのかというと、そういう言い方ですれば、制度としての近代。近代というものが一つの制度として確立していて、われわれの体内を非常に拘束している。だからそれをひとつひとつ腑分けしていって、そこから自分たちは別のつぎのものをめざさなければならないのではないかという気持ちがある」。つまり、「豊かさとしての近代」に対するものとしての「もう一つの近代」は、「制度としての近代」という見方に「呑み込」まれていったのである。

八　「兵士論」とその問題点――「インテリ兵」と「農民兵士」

赤澤史朗

はじめに

鹿野政直『兵士であること――動員と従軍の精神史』（朝日選書、二〇〇五年、『思想史論集』第5巻所収、以下⑤と略記）では、「インテリ兵」として歌人の宮柊二と画家の浜田知明が、「農民兵士」として岩手県藤根村の兵士の手紙が取り上げられている。ただし私は、宮柊二と農民兵士の問題を主に論じ、浜田知明については主として小沢節子の分析に任せたい。

鹿野の執筆の意図は、第一に戦争のイメージを、これまでの「銃後」中心のものから、より前線の「兵士」と「戦場」に比重をかけたものにすることであった。第二は、「英雄譚」とは異なる戦争の実相を見るということである[1]（⑤一四八頁）。日中全面戦争の開始とともに召集令状による「応召兵は激増し、兵士になることは巨大な国民的体験」となった。この「兵士になること」は、一般の市民に比べて極度にその「自由」の範囲が狭くなることを意味した（⑤一六七～一六八頁）。それは身体の自由の束縛から思想信条の自由の抑圧にまで及ぶものであった。鹿野にいわせれば、従来の「戦争体験」はもっぱら銃後国民の被害体験を中心に描かれているが、この「兵士になること」を「傍らにおいて戦争のいかなる復元もありえない」のであった（⑤一六八頁）。この発言には、戦後日本の非軍事的社会に慣れ親しんで、軍国主義の「兵営国家」に対する想像力に乏しい、今日の日本人を撃つものがあろう。

さらにこの本では、三島由紀夫が『仮面の告白』の中で、兵役に直面したこの頃の青年の「二つのタイプ」を描いている点を問題にしている。一つのタイプは「戦争への没入者」であり、「使命感につき動かされながら」戦争協力に邁進した人々である。もう一つは「戦争からの逃避者たち」であり、「私的な利益に固執」して「戦争から身を離していた人びと」である。同様の二つの型の生き方は、阿川弘之『春の城』でも描かれており、同じ問題に直面していた人が多かったと思われる（⑤三七〇〜三七二頁）。

鹿野はこの二つの生き方の違いを、今日の視点から改めて考えてみると、「要領への陥没か不条理への驀進か、そのどちらがよりあやまり少なかったのか、またそれが今日の平和運動になにをもたらしているか」が問われているのだという（⑤三七二頁）。そして「要領主義」を「きびしい損得の意識を根幹として、こうむり得る損害から、あらゆる方法をもちいて逃れようとする態度」と定義して、戦争への「被害者意識を基盤にした」「戦後の平和運動」はこの「要領主義の社会化過程」として展開された、との理解を示している（⑤三七四頁）。その上で、この「要領主義」とは真逆の生き方である「戦争に捉えられていた人びとのまさにその捉えられていた地点から、問題を考えることもゆるがせにできない作業である」というのである（⑤三七二頁）。

私としては戦後の平和運動が、戦時下の「要領主義」を継承し、生活の「エゴイズム」を核にしているという理解には、異論がある。とはいえこの当時、まさに「戦争に捉えられて」「兵士」となった人の生き方から、その人の戦後の過程も含めて、どんな可能性が引き出せるのかという点は、考えるべきものを含んでいよう。

ただし、一口に兵士といっても、鹿野は戦争に何かしらの批判的視点を持つ可能性のある「インテリ兵」と、そうした疑問を持つことの少なかった「農民兵士」の二つを区別して考察している。これは、岩手県農村文化懇談会編『戦没農民兵士の手紙』（一九六一年）をめぐる論争（赤澤 二〇〇一）以来の視点であるといえようが、両者の違いに留意して考察したい。

一　「インテリ兵」宮柊二の戦場

1　「美しい兵士」像

日中全面戦争期に応召した歌人・宮柊二は中等学校卒業以上の学歴を持ち、士官となる幹部候補生試験への受験資格を有していた。そのため上官から再三にわたって、その受験を薦められる。しかし宮は受験を断り、良心的にあくまで「一兵」であり続けようとしたのである。「インテリ兵」宮柊二は、この時代に真剣に「戦争に捉えられていた人びと」の一人であった。その意味で彼の戦闘体験の短歌からは、戦争に没入した人にはどんな思想的可能性が開けていたのかという視点に立っての解明が求められているといえよう。

この「戦争に捉えられていた」ということは、広い意味での道義的な戦争責任問題と関連してくる。この点では一概に言えないが、真面目に「戦争に捉えられて」国家に献身した人の場合、少年だった人は別として、「加害者としての反省」は困難になる傾向があるように見える。では、宮柊二の場合はどうであったのか。

鹿野は、宮の戦場詠『山西省』（一九四九年）の初出の形を確定し、その歌の題のつけ方や配列や読みによってその時々の宮の体験の内容を明らかにしている。

応召した宮は、前述のように「一兵に徹する覚悟」を抱いて、幹部候補生の受験を断り続けていた。その彼は「兵隊としての生長が私の人間としての生長と一つであり度い」（⑤一七六頁）と考えていた。しかし「一つであり度い」とはあくまで希望に過ぎない。非合理な抑圧に充ちた環境の中で、同僚の「戦友の何人かは自殺を図った」という（『山西省』「後記」）。だが宮は軍隊を、人間の試練の場、教育の場として見ていたようで、軍隊教育がたとえ非合理で非人間的であっても、ひとまずは肯定的に受け止めていたように思う。

鹿野は、宮が東宝文化映画部撮影の戦争映画『南京』（一九三八年公開）における、戦地で無名の屍となって焼かれる日本軍兵士の姿を見て衝撃を受けたということを紹介している（⑤一七〇頁）。それは自分がやがて義務として兵士となった果ての、避けられない運命の帰結を示すものであった。しかしそこから逆に宮は、自分もそうした名も知れない兵士の一人となって、生き死にしたいと望むようになる。そこにあるのは、おそらく「美しい兵士」像であり、それは国のために献身し自己放棄する底辺の兵士の中に、理想の民衆の実在を見出そうとする考え方であった。

鹿野は宮の中にあるのは「あえていえば、「国」や「大君」にでなく、「兵士」にみずからを融解してゆこうとする思念や想念の発酵であった」（⑤一七二頁）と述べ、「むしろ彼は国家を愛し、また運命への連帯感からもっとも忠実な兵士たろうとした。そうしてそのことが逆におそらく柊二みずからも意識しないまま、彼のうちに、国家が要請していた人間類型とは対極の個性の屹立を促した」（⑤一八〇頁）というのである。

一方から見ると宮柊二は、優秀な兵士であったと思われる。彼は自ら妹宛の手紙で述べたように、入営から約一年後の「九月一日、兄さんは上等兵になった。上等兵といっても、軍隊言葉の一選抜の上等兵だ。〔中略〕兄さんたちの同年兵〔中略〕の中でも一番といふことになる」といっている（宮 一九四〇年九月一三日）。これは彼が「インテリ兵」として重宝されたこととは別の問題であるようで、体力・運動能力・判断力とも日本軍の模範兵として優れていたことを示していたのではないかと思われる。

にもかかわらず「彼のうちに、国家が要請していた人間類型とは対極の個性の屹立を促した」という鹿野の最後の一文は、鋭い指摘である。日本軍隊の秩序は、その軍隊内の階級と入営年次によって作られており、地位の上昇を目指す競争が、上官へのゴマすりを含めてあからさまに展開する世界であった。こうした中で上官が薦める幹部候補生受験を頑なに断る彼は、底辺に生きる「美しい兵士」像を追い求め、人間的に成長した「立派な兵隊」になろうとしていたのであった（宮 一九五九）。彼はその精神においては、日本軍隊の基盤となりその不断のエネルギー源であった、軍隊内の立身出世主義とは「対極」の位置に、軍隊生活を熟知している下士官らの想像外の世界に、生きていたといえよう。

ただし鹿野は、「宮柊二の表現世界は、兵士が置かれていた状況や、そのなかでの兵士を捉えた衝動、兵士の犯した（という文字を用いるが）行為を念頭に置くとき、あまりに美しかったといわれるかもしれない。その批判はおそらく正しい」（⑤一七七頁）と述べて、宮の兵士像が実態を越えて理想化されたものであることを認めている。

応召中の宮の兵士観を示すものに、「旧詩篇一篇」（宮 一九五四）の前半部分に載せられた自作の詩「戦友よ」がある。「戦友よ」は、国民詩の朗読が流行する中で、軍隊内での宴会の場において、宮によって朗読されたものであった。「戦友」の実態は、学歴と教養も倫理観も異なる、郷土出身兵による「強制共同体」であるとともに、死の共同体でもあった（小野寺 二〇一二）。この詩の内容は、一言で言えば「戦友」たちに前述の「美しい兵士」像を見るものである。それは戦友を、国を護るために銃を取り、戦いに死ぬことをためらわない勇気ある兵士として、讃えようとするものであった。

その国の姿は二重に捉えられており、一つは日本の国家であるとともに、同時にそれぞれの「お国」＝民俗的な「追儺」や「鳥追い」の話に彩られる「ふるさと」（郷里）として描かれている。郷里を守るために戦うという想念は、実際には出身の郷里の村・共同体には縛られていない、宮の想像の産物であろう。そして後に、六十歳を越えた宮がインタビューに答えて「僕らが戦争で闘うことによって女子とか子供が生きていける」と述べていた（高野公彦ほか一九七三）ように、その献身は郷里の女子供を守るために出征するという自発性にも基づいていた。しかし防衛戦争ではない日中戦争について、この種の捉え方は一般的ではないし、宮には後年になっても、すべきでなかった戦争とは考えても、侵略戦争という認識はなかったのかもしれない。

「旧詩篇一篇」の後半は中原会戦の段家嶺の戦いの戦闘シーンである。段家嶺の戦いは、敵に包囲された中での撤退戦となった。宮は軍刀を抜いて物陰に隠れていた苦力を脅し、戦死者・戦傷者をその苦力に背負わせながら、銃弾の飛び交う中を、殿軍を勤めて撤退していった。その時、乗馬姿の旧知のインテリである軍医将校が狭い小径の中から突然姿を現して、「宮上等兵ッ、何を愚図々々してゐるッ」と叫んだのだった。軍医が宮柊二の身を心配して、危険な砲弾雨飛の中、馬を駆けさせて来たことは明らかであった。これは単なる「戦友」の域を越えた、「インテリ兵」の宮に個人的に好意を抱く「友人」の行動である（小野寺二〇一二）。

だがこの声を聞いて、宮は激怒する。「死体収容もせず、戦傷者収容も忘れ、先に遁れてゐながらその叫びごゑは何を意味してゐるか。」「私は咄嗟に叫び返してゐた。「斬るぞッ、卑怯者ッ」」。そして軍医と宮は「憎悪」の感情でにらみ合い、軍医は空しく引き返したのである。そんな中で、宮は自作の「戦友よ」を不意に想い出し、「どきっとした」という。詩「戦友よ」のテーマと、この直前の自分の行動が一致していると感じたからであった。宮の態度は、特別の「友人」の好意より倒れた「戦友」を収容することを優先させるものであった。その激怒と罵倒は、戦死傷者の「戦友」を見捨てて一人逃げ帰るのを、許せないと考えたからであろう。宮によれば、「すべて個人を殺して単純の中に生きる兵隊生活の中では此の信頼関係や友情は絶対のもの」なのであった（宮一九四二）。

なおこの戦闘の描写は、戦争の性格については言及せずに、危機に直面する中で「責任感、勇気、忍耐、自己犠牲といった個人の徳目、あるいは友情」といった、ある種の「男らしさ」を描いたものであったとも受け取れる（高橋二〇〇四）。不利な戦況に立ち向かって、自己の「男らしさ」だけを支えに状況を切り開こうとするのは、悲愴美の世界である。それはしばしば「戦記もの」に見られる手法といえる。「戦争は、例外なく死の美化をイデオロギーとしてもった」（⑤四一〇頁）のであって、宮の場合も上記の悲愴美を含んだ「死の美化」のイデオロギーを受容していたといえよう。

「戦友」を第一とする宮と「戦友」との仲は、鹿野のいうように総じて良かったとはいえ、郵便物や慰問品が宮一人にだけ多く届くことから、宮はやや妬まれていたようである（小野寺 九六頁）。「野局（野戦郵便局（赤澤））は宮さんのためにある」とまで言われ（宮 一九四〇年一二月二日）、「戦友」たちが宮宛の慰問品の分配を要求したりしている（宮 一九四二年六月一四日）。しかし師の北原白秋逝去の報を、宮にいち早く知らせてくれたのも「戦友」で、今や伍長となった宮が軍務を放棄して泣いてばかりいる時に、軍務を代行してくれたのは「戦友」たちであった（宮　一九四二年一一月）。

2　戦闘と殺人

宮の『山西省』では、異郷の地形と風景や光と影の中で展開する兵士たちの心境を、兵士たちの行動と情景描写で表現する。そこには、身に沁みるような孤独がある。

宮の『山西省』の代表的短歌に

ひきよせて寄り添ふごとく刺ししかば声も立てなくくづれをれて伏す

がある。

鹿野はこれを解釈して、ここには「私は人を殺した、殺人者だという心の絶叫があります。同時に義務として遂行した、せざるをえなかった、しかしやっぱり殺した、という反芻があります。武勲、手柄をたてたなどとは対極の気持ちがあります」と述べている（⑤一五五頁）。ハッキリとは書かれていないが、鹿野の「心の絶叫」という表現には、宮が初めて人を殺したのではないかとの推測があるように思う。

しかしこの歌については、これとは全く異質な解釈が、鹿野の七年後に書かれた笠原十九司の『日本軍の治安戦――日中戦争の実相』の中に見られる。笠原はこの短歌には、「部隊は挺身隊。敵は避けてひたすら侵入を心がけよ。銃は絶対に射つなとの命令にあり」との詞書きがあったことをあげて、「中国兵を抱え込んで自分の体重をかけて帯剣を突き刺し、腸を抉るようにして切断、相手は叫び声を上げる間もなくくずれるように死んだ、即死であった。〔中略〕戦闘慣れして、度胸の据わった兵士でなければできないことである。まさに「殺人のプロ」である」と書いている。（笠原 二〜三頁）「挺身隊」は訓練された「プロ」によって成りたっており、「プロ」ということはその成員には、すでに生きている捕虜の刺殺などの経験が過去にあったと考えられているようだ。

笠原によると、宮の参加した「治安戦」は、通常の戦闘とは質の違う対ゲリラ戦であって、山西省の抗日部落を潰滅させる目的のジェノサイド的な暴力行使であった。『山西省』所収の短歌にも、「目の下につらなる部落の幾つかが我に就き敵に就き遂に謀りき」の一首があるが、これは日本軍の報復行動を招くものであったろう。また、「落ち方の素赤き月の射す山をこよひ襲はむ生くる者残さじ」という短歌もある。宮は自分の参加した戦争について、「朝に戦闘をし、夕には部落捜索をする。そうした中に、幾つかの部落は灰燼に帰さしめられていった。〔中略〕人間の自然ならざる死が容易に行なわれ、生活が破壊され、部落が次々と焼き払われている戦闘地域」と回想している（宮 一九六四）。

戦争中において宮を含めて日本人には、報復や部落住民の皆殺しなどの掃討戦を、国際法違反の戦争犯罪とは考えず、通常の戦闘の一部と理解していた人も多かった。それが戦後になって戦争犯罪とされて、作戦の責任者や実行者の個人責任が裁かれる戦犯裁判の対象となることは、日本軍の予想していないところであった。

侵略戦争や戦争犯罪ということに関していえば、むろんどんな戦争にも「きれいな戦争」はなく、全ての戦争は「汚い」部分を含んでいる。しかし実際には裁かれない戦争犯罪も多いことからすると、戦時国際法とその裁判には不公平な面が多いともいえる。だが戦時国際法上での捕虜虐待・敵国住民虐殺などへの禁止規定ができたことは、戦争する国家の手を縛るものであり、それはそれで画期的なことであった。

宮は、「昭和二三年一一月一二日、A級戦犯者日本人二十五名へ対する極東軍事裁判所の判決下る」との詞書きを添えた「砂光る」（宮 一九五一）を詠んでいる。そこには

苦しみていくさののちを三歳経し国のこころを救ひたまはな

という一首があった（二〇頁）。敗戦後三年を経ても救われない「国のこころ」とは、いったい何を意味するものであろう？　ともあれこの時の宮からすると、東京裁判の判決では、戦争のかたはつかなかったと考えていたことが窺える。

鹿野は、宮が『山西省』の「続後記」（宮　一九四九）の中で、「中国ははつきりした将来の自信の上に立つて、犠牲を見守り見送つてゐた」と記したことをあげ、ここでは「戦争の本質が見極められていたのである。と同時に、反戦のというよりはむしろ、不戦の意志の表明をもなしていた」という（⑤一八二頁）。しかし中国は「犠牲を見守り見送つてゐた」だけではなくて、その犠牲の責任を追及する姿勢を持っていた。

このジェノサイド的な掃討戦の実態については、笠原によれば、宮の上司に当たる相楽圭二大隊副官が中華人民共和国の太原戦犯管理所において、詳細な自筆供述書を残している。その供述書によれば、「部下に民家の放火や住民刺殺を行わせ、八路軍に通じた嫌疑で、農民を逮捕、拷問、撲殺、刺殺、射殺させ」「強姦」もしている（前掲笠原）。ただしこの頃の中国共産党は政治的判断から、戦争責任の追及は日本の支配層や戦争指導者に止め、日本人民に罪はないとする立場をとっていた。その点で宮と、戦犯として裁かれた上司の大隊副官とでは、その責任追及が異なることになる。とはいえ中国共産党は、日本人民にも侵略戦争への反省は求めていた。これに宮はどのように対応したのだろうか。

3　『山西省』と二つの中国観

戦中から戦後への時代の急旋回は、多くの日本人の想像を越えたものであった。この急転換に直面してみると、宮にも「戦争への悔恨」が生じ（宮　一九四七）、戦時中の自分についてそのまま肯定はしにくい「弱さ」があったことが自覚されてくる。彼は、自分の「あの過誤は如何なる遁れ難い運命だったのか」と、「過誤を冒さしめた原理的の弱さ」を突き詰めようとし、それを「傷痕」と見て戦時下の自身を反省的に捉えようとする。「孤独派宣言」（一九四九年）はその中で生まれた。それは自身の生き方の根本的な転換を望みながら、安易な戦後転向を避けようとするものであった。鹿野は、「そこにみられる「傷痕」への強烈なこだわりは、「一兵」に徹したがゆえに初めて不退転の意思として表明されえた。そうして戦争をどう記憶するかという意味における戦後意識の形成は、この痛恨を抜きにしては成りたちえないはずのものであった」（⑤一八三頁）という。

だが宮における戦争の記憶の形成過程は、「傷痕」への「こだわり」とともに、戦中から戦後への中国との関係が絡む、複雑なものだったのではないだろうか。宮は一方では「治安戦」の凄惨さを想起しつつ、その戦闘の中で「たたかふ兵隊に現はれてくる人間といふものの深さ立派さに目を瞠つた。それは敵味方に対して同じだった」という（宮 一九五九、傍点赤澤）。これは日中の兵士が死闘する現場で、大文字の「人間」が兵士の中から立ち上がってきたのに感動したことを示している。追い詰められて自爆した八路軍兵士の背嚢には学習書があり、「学習しつつ闘うというその姿勢」を知った。日本軍に捕らえられた中国共産党員の女性兵士は、「従容とみずから死を選んでいった」（⑤一八一～一八二頁）。日本兵だけでなく中国の兵士の中に、「民族」の自尊心や献身性を見出していく点に、宮の「インテリ兵」としての視野の広さが示されているといえよう。

またこれとは別に、戦闘地域の外での「駐屯宣撫」の過程で知った中国人もあった。それらの人々は、宮にとって無条件で「懐しい」人々であり、また宮には中国の古典文化に対する「情熱とか、敬愛とかいうもの」があって、中国はひたすら「好き」でたまらない存在であった（前掲高野ほか 一九七三）。

そうした彼に「ものすごい衝撃」を与えたのは、一九六四年の中国初の核実験成功のニュースであった。中国を「目覚ましい躍進」を続ける国として好感を抱いていた彼に（宮 一九六〇）、それは「新しき恐怖の音」として響いた（宮 一九六四）。

一九六六年、宮は半月にわたって観光団の一員として中国を旅している。宮には「日本を詫《（ママ）》びたい」気持とともに、旧知の「中国の人々」を「懐かしいという気持が濃厚に」あった。だが中国政府は観光のための団体旅行は認めても、彼が兵隊として駐屯した時代の中国人との交流は、「許さなかった」のである。

こうした事態を踏まえて宮は、「ぼくが好きだと思っている中国」と「今の中国というもの」とは「いくぶん違うんじゃないかという気がする」という考えに辿り着く。そこから宮は、訪中の間は歌を詠まないという決断をする。日本人民に侵略戦争への反省を求める中国は、同時に侵略を二度と許さない強力な国家建設へと向かい、核兵器を容認する国であった。またその中国は、日中両国民の自由な交流を必ずしも望んでいなかった。宮はその「政治の問題」を抜きにして懐旧の情から短歌を作るのでは、誤った中国像を造ることになると考えたのである（前掲高野ほか一九七三）。文化大革命は、すでにこの中国旅行時には始まっていた。

他方で宮の回想の中に厳存している中国人は、その種の「政治」とは異なる「人間」的な記憶に溢れた存在であった。宮は、核兵器に対する批判と中国の「政治」への違和感を抱きながら、自分の「前身が兵隊だった」ことの負い目や、中国の「政治」の方針に対する遠慮の意識があったのか、それを率直に語ろうとはしなかった（同前）。このねじれの中で宮の戦争体験と戦争責任問題は、突き詰められるには至らなかったようである。

歌集『山西省』についていえば、「戦闘体験」を核とした緊迫感は、戦場の実相を描き尽しているところがある。とはいえそれは、新たな戦後的な観点から、自己の「戦闘体験」を批判的に再整理しきれなかったという印象もある。この点については、作者の宮にも気付くところがあったのか、「続後記」の中でこの優れた作品群に、「多少の記録的の意味」しかなく「幾千の普遍力を有するや疑ふ」との、不当ともいえる厳しい自己評価を与えているのだった。

二　「農民兵士」と村

1　軍事郵便の性格と内容

鹿野「村の兵士たちの中国戦線――岩手県和賀郡藤根村・高橋峯次郎宛通信をおもな素材として」（⑤二四〇頁）は、「インテリ兵」であった宮柊二と打って変わって、「農民兵士」の意識を取り上げた分析である。この藤根村の高橋峯次郎宛通信は、出征地中国からの『七〇〇〇通の軍事郵便――高橋峯次郎と農民』（菊池敬一、一九八三年）によって知られている。

鹿野によれば、二〇世紀の末から近代日本軍事史の分野では兵士を主題とする研究が続出し、「極言すれば軍事史は、国家史の主題から民衆史の主題へと移りつつある」という（⑤二四二頁）。それは兵士の従軍日記や、村や家族へ送られた軍事郵便を材料とした研究の発展によって生まれた。そこでは農民が強制的に兵士として動員された後に、どのようにして戦争への参加・協力の論理を身につけたのか、中国での初めての海外体験は何をもたらしたのかが、追求されていたと言えよう。

出征兵士からの大量の軍事郵便は、村の在郷軍人会分会長であり青年訓練所の補助員でもある高橋峯次郎宛に発信されたものである。高橋峯次郎は、分会の機関紙である『眞友』を編集発行し、『眞友』は村に残された家族と出征兵士を結ぶ役割を果たすようになる。その軍事援護に力を注ぐ高橋峯次郎は、出征兵士には「人格化された銃後・郷土」そのもの（⑤二五八頁）として映ったという。

鹿野の分析手法（⑤二六一頁）は、軍事郵便という通信手段の制約を考慮にいれた上で、定型的な表現から逸脱している軍事郵便を中心に取り上げるという、これまでの農民兵士論に関する従来の手法に沿った面がある。その上で鹿野のねらいは、普通の「人びとが、どんなふうに心理的にまた肉体的に戦場へ連れだされていったか、そこで「兵士」としてどのように振舞い、どんな姿を曝したかという」点を明らかにしていこうというものであった。それは「農民兵士」の「国家」への「献身の意味を問う」（⑤三一〇頁）ことを意味した。

軍事郵便は主に出征兵士の消息を伝えるものであり、まず「書かれたということ自体が本人の生存の証明」であった（⑤二六一～二六二頁）。他方で部隊の所在地など秘匿は徹底していて、この所在地の記述問題は「検閲と兵士との闘ぎあいの場をなし」ていたという（⑤二六七頁）。一般的に出征兵士が伝えたい情報と、検閲を含む軍事郵便という形式の間には齟齬があり、軍事郵便は必ずしも戦地の生活実態を伝えるものではなかった。多くの兵士が経験した「慰安婦」を買う行為は、決して書かれることはなかった（⑤二六八頁）。以上の三点の指摘は、軍事郵便の基本的特徴をつかんでおり、鹿野の読みの深さを示している。

また自分の参加する戦争の目的については、「東洋永遠の平和」のためなど、その意味内容があまり明確でない政府の説明通りに書かれているものが多い（⑤二七五頁）。なお農民であった兵士たちは、中国の農業を見るにつけ、故郷での「農事」を想い出していた。彼らの残された家族の生活に関する「後顧の憂い」は深く、村の人びとの勤労奉仕は「兵士たちを発奮させ」、「援助への感謝と、みずからの軍務への精励が対として表明される」（⑤二九二頁）のであった。そこでは「農民としての鞏固な郷土意識、村びととしての共同性にもとづく負担感が、兵士たちの〝遅れをとらぬ〟精神、〝後ろをみせぬ〟戦闘意欲を支えた」（⑤二九四頁）という仕組みになっていたという。この村に縛られた「面目意識」こそが、「強兵」の基盤であったと鹿野は考えている。

他方で日本軍が中国を「破壊した結果としての惨状が、敗けた国はあわれとの感懐を誘い、敗けてはならぬとの覚悟を強めさせた」（⑤三〇〇頁）のである。戦友を失った衝撃に基づく長文の戦闘状況を記した手紙も、将来の兵士となる小学校生徒への教訓となる手紙として、書かれたものであろう（⑤三〇〇～三〇二頁）。

以上の鹿野の分析を読むに当たり参照の必要があるのは、それより一二年前に書かれた井口和起の論文であろう。

井口は「日中戦争下の兵士たち――出征兵士たちの村役場宛通信から」（井口 一九九一）の中で、日中全面戦争期の出征兵士からの村当局（京都府竹野郡旧木津村）宛の手紙類一三〇八通を分析している。井口によればその軍事郵便の内容は、次のように分類できるという。

その通信中で、第一に「もっとも多いのは応召の報告・見送りのお礼・残された家族への援助の依頼などを内容とする挨拶状に属するもの」と同然のものであり、「覚悟と後事を託する挨拶で終わる」（井口 一一一頁）ものである。第二に「いま一つ典型的なものが、慰問品へのお礼」「村からの贈物についての感謝」（一一二頁）であり、第三は「いわば決意の表明」「『聖戦』に邁進する決意を表明」したものである（一一二〜一一三頁）。兵士たちは、自分の言葉では戦争目的を説明できないでおり、「書くことを通じて自分自身の戦意を固める役割を果たしていく」（一一九頁）という。「ところが、この銃後への決意の表明がさらに進むと、今度は銃後への強い励ましというか、時には説教や訓示とさえ聞こえかねないものになる」場合もあった。

そして「第四のタイプは、負傷したり、病気に罹った兵士たちからの通信で」、「戦場に赴くことのできない『無念』を嘆く文言がつづく」（一一四頁）。そして第五に中国認識の中で「最も多いのは『敗戦国のみじめさ』として中国や中国民衆をとらえることである」（一二三頁）、「それ故に戦争は絶対に勝たねばならぬと、ここでも戦意の高揚が結びつく」（一二九頁）という。さらに第六に、中国の農業の発展度は地域による差が大きいようで、技術的に遅れているとは限らなかったという。

井口の紹介した出征兵士からの軍事郵便の内容は、鹿野の指摘した三点の基本的特徴を除いて、鹿野の分析した軍事郵便の特質と一致している。ただしその位置づけは、やや違っていた。鹿野は、高橋峯次郎宛に膨大な軍事郵便が出された背景に、郷土を象徴する高橋峯次郎に対する個人的な「信頼感」や「思慕の情」が基礎にあるとし（⑤二四八頁）、軍事郵便で兵士の「本音がどこまで吐露されるか」という疑問は残るものの、それでもその切迫した息遣いの文章・表現からすると、ホンネの片鱗を吐露しているのではないかと考えたのであった。

これが井口の場合には、それらは単なる私信ではなく村宛の手紙であり、いずれも「兵士たちの「公的態度」」、つまり「表向きの顔」を示すものであったといっている（井口　一二八頁）。ここで井口の論理を敷衍すると、出征時の「お礼」も、後事を託する依頼も、慰問品・家族支援への「感謝」も、「病気負傷」時の「無念」の思いも、戦友を失った衝撃を詳細に記した手紙も、銃後の村への説教も、戦場となり日本軍に破壊・蹂躙された中国の惨状も、すべて兵士の戦意を固めさせその高揚を図る、「覚悟」や「決意表明」に結びつく構造を持っていると考えられるのである。これは軍事郵便の文章に兵士たちがどのような私的な思いを込めようとも、それは村と軍隊で許容される、典型的な論理の枠組みの中にあったということになろう。

そしてこの点は、高橋峯次郎宛の郵便にも当てはまるものであったのではないか。兵士たちは自己の戦意を固めさせる定型の論理の枠組みの中でしか、ホンネも語れないのである。兵士による高橋宛の軍事郵便は、挨拶状に等しいものであり、事実下士官層の中には印刷の文章で済ます者もいた。兵士には思想の自由はなく、農民は軍隊に動員される中で、軍隊と地域社会の秩序に同化する考えを身につけるようになるのである。

なお『戦没農民兵士の手紙』をめぐる論争で、最も厳しい批評をした安田武は、しばしば元学徒兵の立場で農民兵士を批判したように受け取られていた。しかしそれは農民兵士一般ではなく、主として農民出身の古年兵や下士官への批評なのであって、一口に農民兵士といってもめざましく「進級」する兵士とそうでない兵士とでは、その資質が異なっていたのである。安田はその「軍隊歴」によって、農民兵士たちを類型分けすべきだと唱え、軍隊への適応力の高い出世する兵士たちのモラルの欠如を批判したのであった（赤澤　二〇〇二）。

この点では鹿野が、農民兵士の多くが、戦争目的について上からの押しつけの言葉である「東洋永遠の平和」などと記しているのに対し、それとは「軍隊歴」の異なる職業として下士官を選んだ兵士たちは、そもそも戦争目的などには言及せず、ただ「軍務に精励」するとしか書いていないことを指摘している点は注目される（⑤二七七～二七九頁）。戦争のプロとしての下士官たちは、戦争の大義名分を信じていなかったのかもしれない。

なお鹿野からも井口からも指摘されている点は、多くの農民兵士にとって初めて経験した中国の実情が、彼らの確信に変化していくことである。中国人が逃げ去ったのちの食糧の徴発や、大きな家を宿舎として勝手に使用することも、当然化していく。鹿野は、そこには自分たちが「〝土足〟で中国へ踏みこんでいるとの意識はきわめて稀薄で」、「むしろ踏みこんでいるゆえの〝主人公〟意識が兵士たちを捉えてゆく」と述べている（⑤三一二頁）。これは、もともとあった中国人への蔑視意識が中国との戦争によって高まってきて、それが戦地での体験によって、強化されるという結果を生んでいるのであった。

2　兵士の意識を規定するもの

ただ一人ひとりの兵士の意識・行動は、その軍隊歴によるだけでなく、経済的な境遇、所属部隊の役割や進路希望など、その兵士の独自の条件によって説明できる場合がある。

例えば加藤孝志の場合、現地の農業を見て郷里の農作業を想起する典型的な農民兵士として描かれているが、加藤は農村出身者であるが、農民ではない。彼の職業は大工であるとされ、北海道、千葉県、大阪市で働いていた（藤井ほか編・山辺二〇〇三）。農村には農業では食えない雑業層がいて、郷里を離れて転々としている場合がある。あるいは彼は、もともと農民になりたかったのかもしれない。

鹿野は彼の「野心的な功名心」の有無について否定的に説明しているが（⑤二九四頁）、憲兵を志願しながら憲兵の試験に合格できず、それでも一時憲兵を補佐する「討伐」の仕事の「分隊長」となったことを自慢し、中国人に対し権力的にふるまえることを喜んでいることからすると、加藤はむしろ故郷に錦を飾りたいという欲求が強い人であったように思える。加藤は、母親が故郷に一人暮らしで青年団少年団の援助を受けているらしく（⑤二九一～二九二頁）、その負い目が強かったように見える（⑤二九三～二九四頁）。

鹿野がその名前を秘している高橋徳松の場合、農家の四男で高等小学校も卒業し、機関銃中隊に所属しており、歩兵伍長で除隊し満鉄自警隊に就職している。「馬賊」との戦いでは「機関銃で射撃すれば、忽ち死の巷と化す」ので、「俺らあ馬鹿くせえ」と言っていることを、鹿野は殺人の経験が「ひとをこんなに野放図にする」、「常軌からわが身を逸脱させずにはいられないそのような衝動を生んだ」と解釈している（⑤三〇九頁）。

しかし彼は前の手紙からいくらも時間の経たない次の手紙（一九三二年一二月三日）では、奉天駅で拳銃一丁与えられただけで、二、三人の兵で大量の荷物の監視を命じられた。すると「周囲は支那人」が「何百人と俺たちを注視してゐるかの如く、こんな時若《も》しや敵兵がどっと現はれてくるのではないかと、実に実に心細く」と、戦々恐々たる心理を記している（藤井ほか編・佐藤 二〇〇三）。これからすると彼は機関銃を持てば強くなり、拳銃しか持たされない時には弱くなるという具合に、携行する武器の違いで、中国人に対し傲岸にもなり臆病にもなったとも理解できる。日本兵としての強さの自信は、武器の性能に依存するのである。

また稲刈りなど農繁期の「農作業を戦闘になぞらえて捉えた兵士」として取り上げられている高橋善一は、四町の田畑を所有する農家の跡継ぎであり、経済的に裕福で高等小学校も卒業している。一九三七年に近衛歩兵連隊に現役兵として入隊し、最終的には軍曹にまで出世している（藤井ほか編・小田嶋① 二〇〇三）。裕福で順調に出世している高橋善一の手紙には、戦地で出会った故郷の友の懐かしい姿などが綴られている。だがその戦場体験はインタビューによれば、意外にも残虐事件を含むものであった。近衛師団の一員であることは「最後のとどめを刺す部隊」に属したことを意味し、「戦地では罪のない子供や年寄りまで殺し、民家に火をつけ、地雷を仕掛け前進し」、その地雷には「マッチで火をつけた」という。二・二六事件以降の近衛師団は、外地に追いやられたばかりでなく、もっぱら「汚い戦争」の中心を担わされていたのであった。

しかしこうした戦場の実態に関しては、当時も従軍日記に書くと「憲兵に没収」されて「大変だった」し、これまで「戦友会で話す程度で家族に話したことはない」という。おそらく戦後は意識的に秘匿してきたのであろう。「戦争だからやむを得ないが、いい気持ちはしなかった」というのは、前述の住民殺戮は戦争犯罪ではなく、通常の戦闘の一部と考えていたことを示しているように思う〈前掲小田嶋①二〇〇三〉。晩年〈二〇〇〇年一月、八二歳〉のインタビューで初めて公表したのは、高齢化の中での心境の変化があったと考えられる〈後述〉。

またこれ以外にも、藤根村の兵士たちによるこのような中国住民への加害の記録は、高橋徳兵衛の軍事郵便の記述の中にも見られる〈藤井ほか編・小田嶋②二〇〇三〉。高橋徳兵衛は、約三町五反歩の田と五反の畑を有する比較的裕福な農家であり、一九三七年七月、三二歳の時の二回目の入隊で北支に派遣された。共産軍との激戦となる戦闘を何度も経験しており、その中で軍曹に進級している。経済的に裕福な農家で、軍隊の下士官層に位置づけられる高橋善一と高橋徳兵衛は、軍と地域社会の双方で中堅の地位にいた。

下士官になった後は軍事郵便の検閲も緩くなったのか、これまで語らなかった日本軍の戦闘の状況を赤裸々に記している。「討伐」では「民家を焼き払」い、「山西は軍民一致、抗日は徹底して居りまして、部落民は居ません」という。また「先日も中隊は攻撃前進の際、散開して前進したところは、畑で働いて居る地方民は逃げ場を失《うしな》うも、麦畑にすくたまって〈ママ〉、ぶるぶるして居った。女も居れば子供もある。でも兵隊は気が張って居るので罪のない女子供も殺して前進する。悲惨なものですね」と書き送っている。「兵隊は気が張って居る」ことを理由に、「女子供も殺」すことを当然視しており、それに対する疑問も全くない。住民は「抗日」の敵の一種と考えられていたのか、ここでも住民虐殺は、正常な戦闘の一環として理解されているようだ〈前掲小田嶋②二〇〇三〉。

前述のように問題は、兵士たちの戦争のイメージが、勝ちさえすれば敗戦国民に対してしたい放題が当たり前という、ルールなき戦争観に立っていることである。それとももう一つ、このような農民兵士たちの戦後はどんなものであったのか。そこには独自の戦争への反省に基づく「戦争体験」論が成立する可能性はあったのだろうか。これらについては、「おわりに」で考えてみたい。

おわりに

まず第一に、振り返ってみると、戦後の「戦争体験」論の初発に位置するのは、『きけ　わだつみのこえ』（一九四九年）であった。それは、戦争や軍隊に否定的で内心で平和を念願しながら、心ならずも戦死した戦没「学徒兵」の日記や手記から成っており、「戦争体験」論は銃後国民のではなく、兵士の資料の収集に始まっていたのである。そこには戦時下であるにもかかわらず、戦後からの視点に近いものが含まれていた（ただしこれには、編集過程での原文の改竄があった）。

同書は第二次世界大戦がやっと終わったというのに、早くも第三次世界大戦の開始が噂されるような世界情勢に対する、抗議の声として刊行された。つまりそれは政治の世界でのイデオロギー対立を越えた、人類的・普遍的価値の存在を信じる、非政治的な平和運動の出発点として生み出されたものであった。

その点で「インテリ兵」宮柊二の戦場詠も、学徒兵からそう遠い位置にいたわけではない。彼は兵士の命を濫費する戦争の残酷な姿を鮮やかに描き、逆に自分は義務を果たしえたとする満足感を感じているのであった。宮はやがて、戦争否定の平和主義の価値観に次第に接近していったと思うが、宮の非戦の思想は、宮が期待した中国の現実の動きとは矛盾するところがあった。それは中国の「政治」と「人間」の問題として宮に意識されていた。ただし宮にとって戦争体験・戦争責任の問題は、十分深められずに終わったように見える。

第二に、戦後の日本では、一方で平和運動の発展の中で次第に拡大していった反戦・非戦系の戦争観が、原爆被爆者などの多様な銃後の「戦争体験」の自覚を背景に、実感の裏付けを得て形成されていった。しかし政府は、この種の戦争犠牲者の運動を危険視する。他方で保守の基盤となった遺族会など旧軍関係団体の戦争観は、戦没軍人の特権化を当然視するものであり、その慰霊と顕彰に力点を置き、軍人恩給の復活を図っていく。

こうした中で、元兵士たちがしばしば戦争肯定の戦争観に引き寄せられた理由の一つは、敗戦後における戦没者の忘却と、元軍人と元兵士たちへの冷眼視に対する反発にあった。兵士たちは出征の時点では地域を挙げて壮行行事が行なわれたのに、敗戦で復員した時には、地域社会から戦地での苦労をねぎらわれることはなかったのである。

公職追放該当者の三分の二は職業軍人を中心とする軍関係者であり、軍人恩給も停止される。GHQ（連合国軍最高司令官総司令部）の非軍事化政策は、戦時中に企業・官製団体ほか多くの分野で指導的な地位に進出した元軍人たちを、その地位から放逐するものであり、戦後社会に蔓延していた国民の厭戦・反軍感情に支えられて、非軍事化政策は徹底的に貫徹したのである。元兵士たちが軍人として召集されて、時には生死の間をさまようことを強要された期間は、キャリアとしては評価されない「無駄な時間」となり、元兵士と遺族たちは敗戦の責任をしたたかに払わされたと感じたのである。彼らには戦争を否定的に評価することが、戦没者の死の意義を無にするものと感じられた。

他方で、何の戦後補償もない銃後の国民からすれば、元兵士とその遺族は、戦時中と変わらぬ戦争肯定の戦争観に立ち、靖国神社の国家護持を唱え、恩給などの個人補償を獲得してその増額をひたすら追求する、露骨な利益団体に外ならなかった。以上のように日本人の中の戦争観の亀裂と対立は、解決しがたいものと思われた。

今回の鹿野の研究では、宮柊二についてもある程度そう言えるが、「村の兵士」について彼らの戦時中の戦争観の復元は丁寧に追跡されているものの、兵士たちの戦後の生き方から振り返った「戦争体験」とその変化が、十分究明されていない点に、問題が残ろう。なぜなら「戦争体験」という言葉には異なる二つの用法があり、一つは普通名詞としての戦争の体験を意味するが、もう一つは戦後になって獲得された独自の平和観や戦争への反省に立って、または戦後の経験を踏まえて、整理された自身の戦時中の体験を意味するからである。その点からすると、元兵士たちがたとえいかに戦前型の戦争観に囚われていようとも、その戦争観には戦後の生き方からの投影が見られ、また戦争の空しさをまったく感じない人は、少数であったとも思える。

だが戦友会による部隊史が数多く刊行された一九八〇年代から、元兵士が居住地の市町村の戦争体験記録集へ投稿する形で、または新聞社・出版社の企画する戦争体験記録集に文章を寄せる形で、部隊史では描かれない戦場の体験を筆にする者が現れてくる。この動向は一九九〇年代にはさらに大きなものとなり、元兵士の高齢化が進む中で、死ぬ前に是非語っておきたいと、極限状況での戦場の実相を暴露する動きが始まる。

こうした中で藤原彰『餓死した英霊たち』（青木書店、二〇〇一年）は、象徴的な本となった。この本は、軍中央の参謀たちが自分の支配下にある兵士たちを、将棋の駒のように無駄に使役して餓死、海没その他の無意味で悲惨な死を余儀なくさせたとして、戦争指導者の責任を追及したものであり、元兵士の間でも大きな支持を得ていくのである。この認識は、銃後の国民の戦争体験論とも通底し、その空しい死を強制された立場からの戦争への批判的な見方を生み出すこととなった。ようやく前線の兵士と銃後の国民の間で、「戦争体験」を媒介に、国民の戦争観が統合される可能性が生じてきたのである。

第三に、しかし以上の動向によっても、解決できない問題がある。それは宮と村の兵士たちに共通する、侵略戦争や戦争犯罪への意識をいかに考えるかという課題である。この点については、日本の戦争の意義を否定することとBC級戦犯裁判で裁かれることの衝撃から、旧軍関係団体が猛反発するとともに元兵士たちに戦場の加害体験の口外を禁じた事実があった。そのため戦争犯罪を含む「戦闘体験」を家族にも語らない元兵士は多く、彼らの体験は隣人あるいは身内の戦争体験とも結びつかないで、それらから孤立してしまう（野上二〇〇八）。

侵略戦争や戦争犯罪の概念は、戦争には国家を越えたルールがあるという考え方に基づいている。それは戦争にも許容される戦争とそうでない戦争があり、兵士や軍人の暴力行使には、一定の限界があるという考え方である。十五年戦争期の日本軍には、この戦争にルールがあるという考え方がなかった。この中で自己の属する集団の責任にどれだけ向き合うかは、究極的には国家を越えた人権意識の有無に関連していた。

その点では、日本軍の加害を描いた浜田知明の「風景」「黄土地帯」などが、サンフランシスコ講和条約発効後の一九五〇年代前半期、折しもBC級戦犯無罪論が横溢し、その釈放運動が盛り上がった時代に描かれたことは、シュルレアリズムのもつ独自の可能性を示すものであろう。今日から見ると、日本軍の加害の事実を率直に描いたこと自体が、この時代にはほとんどあり得ないことのような気がする。

なお兵士たちに国家の一員として振るわれる暴力への歯止めがなかったのは、前述の日本人の抱くルールなき戦争観のゆえである。それは逆に自らの空襲被害さえ、まるで自然災害であるかのように捉える考え方にも繋がっている。だがこの点の考察は、与えられた枚数を越えるものであり、別に考えることとしたい。

※鹿野さんの著書『兵士であること』の元となった国立歴史民俗博物館の共同研究には、私も参加しながら途中で脱落してしまった。本稿は、大幅に遅れたその共同研究への応答でもある。

注

（1）鹿野はさらに、「慰霊の問題」と「兵営国家」としての近代日本という点を究明したいとしているが、この二つの問題は具体的に論じられていない。

引用・参考文献

赤澤史朗「「農民兵士論争」再論」『立命館法学』第二七一・二七二合併号、二〇〇一年、六三一～六三三頁。

井口和起「日中戦争下の兵士たち――出征兵士たちの村役場宛通信から」『立命館大学人文科学研究所紀要』第五二号、一九九一年九月、一一一～一二五頁、一二八～一二九頁。

小野寺拓也『野戦郵便から読み解く「ふつうのドイツ兵」』山川出版社、二〇一二年、九七頁。

笠原十九司『日本軍の治安戦――日中戦争の実相』岩波書店、二〇一〇年、三～四頁。

菊池敬一『七〇〇〇通の軍事郵便――高橋峯次郎と農民』柏樹社、一九八三年。

高野公彦ほか「青春と老い・宮柊二氏に聞く」『短歌』一九七三年一月、三一～三三頁。

高橋由典「一九六〇年代少年週刊誌における「戦争」――「少年マガジン」の事例」中久郎編『戦後日本のなかの「戦争」』世界思想

社、二〇〇四年、一九六頁。

野上元「戦後社会と二つの戦争体験」浜日出夫編『戦後日本における市民意識の形成――戦争体験の世代間継承』慶應義塾大学出版会、二〇〇八年、一二頁。

藤井忠俊・関沢まゆみ編『国立歴史民俗博物館研究報告　第一〇一集［共同研究］近現代の兵士の実像Ⅰ　村と戦場』二〇〇三年。
1．小田嶋恭二①「解題・翻刻　高橋善一の軍事郵便について」三四四頁。
2．小田嶋恭二②「解題・翻刻　高橋徳兵衛の軍事郵便について」三九九、四〇一、四〇九〜四一〇頁。
4．佐藤憲一「解題・翻刻　高橋徳松氏の軍事郵便について」四五五〜四五六頁。
6．山辺昌彦「解題・翻刻　加藤孝志の郵便」四九五、五〇八〜五〇九頁。
『宮柊二集』第一巻（岩波書店、一九八五年）、『山西省』中「後記」「続後記」一九四九年、一八五〜一九三頁。

『宮柊二集』第二巻（岩波書店、一九九〇年）、『晩夏』中「砂光る」一九五一年、二〇頁。

『宮柊二集』第六巻（岩波書店、一九八九年）、「佐藤佐太郎君への返事」一九四二年、三一頁。

「わが短歌に指向するもの」一九四七年、五六頁。

「孤独派宣言」一九四九年、九一頁。

「旧詩篇一篇」一九五四年、三二六頁。

『宮柊二集』第七巻（岩波書店、一九九〇年）、「中国で拾った本」一九六〇年、一四七頁。

「牟礼小筆」中「戦争と平和」一九六四年。

『宮柊二集』別巻（岩波書店、一九九一年）、「戦中書簡」一九四〇年九月一三日、宮田鶴子宛、一三六頁。

「戦中書簡」一九四〇年一二月二日、北原白秋宛、一四一頁。

「戦中書簡」一九四二年六月一四日滝口英子宛、二四七頁。

「戦中書簡」一九四二年一一月、滝口英子宛、二五六頁。

宮柊二『宮柊二自選歌集』新潮社、一九五九年、五〇頁。

九　鹿野政直「浜田知明論」の深度と射程――歴史家が絵画を読むということ

小沢節子

はじめに

一九九〇年代初め、鹿野政直は卒業論文「近代日本軍隊の成立」以来、四〇年ぶりに軍隊を主題に論じるようになった。研究は『兵士であること――動員と従軍の精神史』（朝日選書、二〇〇五年）という一冊に結実し、『鹿野政直思想史論集』第五巻に収録された。本稿はその「動員と従軍」という章から「取り憑いた兵営・戦場――浜田知明の戦後」をとりあげ、他の二本の論考（「「一兵」の覚悟――宮柊二の戦場詠序説」、「村の兵士たちの中国戦線――岩手県和賀郡藤根村・高橋峯次郎宛通信をおもな素材として」）を視野に入れつつ論じる。絵画作品を素材として兵士の経験を考察した同論は、膨大な鹿野の仕事の中にあっては小品というべきかもしれない。だが、浜田知明（一九一七―）は「兵士であること」に不可避に伴う加害と被害の両義性を表現しえた希有な存在であり、その絵画世界に鹿野はひとりの歴史家として迫っていく。そこからは歴史家が絵画を読む／絵画という表象を通して歴史を叙述するとはどのようなことかという、決して小さくはないテーマが浮かび上がってくる。

本稿は、第一節で「初年兵哀歌シリーズ」[1]（以下「初年兵哀歌」と表記）を中心に鹿野の浜田論をたどり、第二節では浜田知明研究の歴史と現状を参照しながら鹿野の議論の独自性を検証する。なお、鹿野は「初年兵哀歌」後の浜田の創作活動にも言及しているが、ここでは同シリーズに焦点を絞る。「初年兵哀歌」を深く理解することなしには、浜田知明の人と芸術について語ることはできないと考えるからである。

一　銅版画に刻まれた兵営と戦場

1　銅版画という「小さな器」

浜田は東京美術学校を卒業した一九三九年暮れに入隊、中国戦線に赴く。[2] 二度にわたって計四年一〇ヶ月を過ごした軍隊の野蛮さと残酷さは彼に生涯の主題を与えたが、「主題と手法の一体化した表現の発見」（⑤二〇一頁）までには年月が必要だった。五〇年には同窓の銅版画家駒井哲郎や戦前から活躍した版画家関野準一郎を通して銅版画の技法を本格的に学びはじめ、「初年兵哀歌」の制作がはじまる。戦後の美術界における版画の隆盛とそのなかで銅版画を選んだ若い作家たちの意識についてはさらなる検討を要するが、鹿野は従来の美術史研究では語られることのない「社会意識」を問題とする。「後述する「よみがえる亡霊」のような作品に示される彼の社会意識から推すとき、そこには日本の逆コースの開始、世界における冷戦の激化（一九五〇年に勃発の朝鮮戦争に至る）という情勢が、何らかの意味で触媒となっていたとすべきかもしれない」（同前）。

さらに、戦中戦後の戦争画に対する違和感が、油絵から銅版画への転換の「もっとも強い動機」（⑤二〇二頁）だったのではないかとも推察する。戦争画が「戦時中にはまま悲壮感をともなう勇壮さを、戦後には一転して悲惨さを、それぞれ溢れさせているのにたいし、それが心にそぐわないとのこだわり」（同前）をもち、「逆にぎりぎりのところまで削ぎ落そう」（⑤二〇三頁）としたというのである。[3] ここでは必ずしも銅版画の「小ささ」については語られていないが、プレス機のサイズに規定される銅版画では油彩画や水墨画の（戦争画にみる）ような大画面の作品を制作す

図 9-1 《初年兵哀歌（ぐにゃぐにゃとした太陽がのぼる）》（1952 年）
熊本県立美術館蔵（以下、表記のないものは同）

ることは難しく、銅版画という技法の選択は、小さな画面の中に世界を細密に描き込む表現が選びとられたことを意味する。たとえば、《初年兵哀歌（ぐにゃぐにゃとした太陽がのぼる）》（一九五二・図9－1）には、八・九×一七・六（㎝）の画面の中に広大な中国の大地が描かれている。

こうした表現の特性は「動員と従軍」論の構成とも無縁ではない。歌人宮柊二と画家浜田知明という二人の「インテリ兵」の戦場経験は、戦場に赴く前の主体形成（目撃者となるという眼差しの自覚＝覚悟）においても、ともに山西省に出征し、幹部候補生となることを拒否して、「戦場の心象（風景）」を歌集『山西省』（一九四六／四九）、「初年兵哀歌」という戦後の作品へと昇華させたという意味でも、「村の兵士たち」の経験と対照的かつ補完的に叙述される。[4] さらに短歌と銅版画という表現の器においても、宮と浜田は相似形をなしている。「初年兵哀歌」はしばしば後述のように戦後文学と対比されるが、小さな画面に引き込まれた鑑賞者が、瞬時にして軍隊と戦争の全貌に出会うという意味では、宮の短歌に通じる。「日本軍の主力をなしていた歩兵の兵士にとって、広角レンズで捉えたように展開する戦線という意味での戦場はありえなかった」（⑤一七八頁）という現実をふまえて、静寂の中に具体的な惨劇の場面を表現した宮や浜田の営為に触れると

図9-2 《初年兵哀歌—風景（一隅）》（1954年）

き、その対極として思い浮ぶのは、やはり藤田嗣治に代表される作戦記録画の「広角レンズで捉えたような」大画面、阿鼻叫喚の戦闘場面だろう。これらアトリエでの過剰な想像力の産物に対して、銅版画という小さな器に盛られた戦場体験は、もっとも小さな場所の出来事、もっとも個別的な瞬間をとらえることで、大きな物語や大画面では表現されえない戦争の普遍的な様相を伝えている。

敵兵殺害の瞬間の情景を切りとった「ひきよせて寄り添ふごとく刺ししかば声も立てなくくづをれて伏す」という一首と、《初年兵哀歌—風景（一隅）》（一九五四・図9―2）に代表される二人の表現は、短歌としての「悽愴の気品」（⑤一七七頁）、銅版画としての「美しさ」（⑤二一〇頁）において鹿野を深くとらえた。同時に、それらは「被動者＝被害者となったがゆえに、主動者＝加害者となる存在であった」（⑤一六七頁）兵士の体験の、そして戦場の惨禍そのものの直截な表現であると分析される。その根底には「加害者としての反省は、不条理へ身を投じていった人びとにしてはじめて提出しうる」（「戦争の影」⑤三七四頁）という認識がある。彼らの表現の美しさと痛ましさの両義性を感受することは、加害と被害についての思想的な考察と切り離されてはいないのである。

2　「聖馬」から「芋虫」まで

戦場に引き出される自分（たち）の姿を屠場の馬に重ねて描いた戦前の《聖馬》（一九三八・図9－3）から、「多くの人びとを架けた＝生け贄とした機構そのものを正面の対象とする姿勢を示し」（⑤一九三頁）た戦後の《聖馬》を経て、浜田は銅版画を自らのものとしていく。その過程で鹿野が注目するのが、「初年兵哀歌」のスタイルが定まる直前の作品、《風景》（一九五一・図9－4）である。鹿野の浜田論の核心のひとつは後述の「風景」論だが、「出来事」の事後のありさまを描いた他の作品に対して、「風景」という題名を最初に冠した同作には、その後に展開するすべての主題とともに日本兵による中国人殺傷の直接的な「現場」が唯一描かれていることも、鹿野は見逃していない。「日本軍兵士の家探しで、首を切られた屍体・軍刀で刺されてバンザイをする女性・三階に顔に鍋墨を塗って潜む女性・彼女を気づかい二階から下を窺う老女など凄惨な光景を頭を垂れる驢馬（そこに中国人の嘆きを象徴したのか、自身の無力さを託したのか）を片隅に配置しつつ、しかもやや童画ふうに描いた」（⑤二〇九頁）。

図 9-3　《聖馬》（1938 年）

同時期の同様の画風の《幼きキリスト》（一九五一・図9－5）も見ておこう。ハンモックで眠

図9-4　《風景》（1951年）

る赤ん坊がイエス・キリストであることを、傍らの魚のマーク（イクトゥス）が示す。洗濯物を干す中国服の女性は聖母マリアだろう。背景には三本の十字架が立つゴルゴダの丘も見える。雲間に隠れたベツレヘムの星に導かれてやってくるのは、しかし、東方の三博士というよりは、馬に乗り、万歳をする日本軍の将兵たちのようだ。赤ん坊と母親は平原の彼方からやってくる彼らの存在に気づいてはいないが、飼い葉桶に首を突っ込んだ牛だけは不吉な兆しを感じているかのような鋭い眼差しを見せている。兵士たちが二人のもとにたどり着いたときに何が起こるのか／起きたのか……

一見、愛らしい画面の中から恐ろしさが迫ってくる。少年時代に平凡社の『世界美術全集』でマンテーニャの《死せるキリスト》（一四八〇頃）に関心をもって以来、慣れ親しんできたキリスト教美術の図像を引用しながら、浜田は自身の体験をどのように表現できるかを模索したのだった。こうした図像は——戦前の《聖馬》から一貫する磔刑のイメージを別として——やがて姿を消していくが、童画風の表現と底知れぬ恐ろしさの共存は「初年兵哀歌」の内務班＝兵営の表現へと流れ込んでいく。「芋虫」となった初年兵の姿である。

「芋虫」のようなイメージは、一九四一年の《戦地でのスケッチ（臨晋にて　4月23日）》（図9－6）に登場し、九年後には《初年兵哀歌（芋虫の兵隊）》（図9－7）が第一四回自由美術展に発表される（ただし、銅版の腐蝕が浅く作品として成功していないと、浜田は版画を一枚しか残さなかった）。翌年の《初年兵哀歌（銃架のかげ）》（図9－8）では、ピンで留められた柔らかな、すぐにでも押し潰されそうな（画面奥の芋虫たちはすでに半ば潰れている）芋虫が、初年兵たちの存在の被傷性を伝える。技法的にも、アクアチントの松脂の粒子が醸し出す奥行きの感覚や星屑のような輝きが、色彩＝油彩を捨て銅版画を選んだストイックな決断がもたらした豊かさを語る。主題と技法の見事な結びつきが浜田の名を一躍高めた作品であり、鹿野が『兵士であること』の表紙に選んだのもこの絵である。ただ、戦時中のスケッチをよく見ると、二本の手には小さな指もついており、芋虫というよりは人間の胎児のようでもある。独房のような兵舎の中が丸く光に照らされているのも母親の胎内のように、左側の鎖はへその緒のようにも見える。その鎖から解き放たれて初年兵哀歌のキャラクターが誕生しつつある様なのだろうか。だが、一九四一年の戦場で生まれ落ちた赤子（あかご／せきし）は、九年後には大きな目から涙を流し、一〇年後には手も失って芋虫と化した。

図 9-5　《幼きキリスト》（1951 年）

浜田の思索の中で変容した日本兵の姿＝芋虫は、もはや聖なる存在ではない。だが、ちりばめられたアクアチントの光の中で最も小さく弱いものが現世の価値や秩序を照し返す。「戦争あるいは戦時の情景を主題とする絵画は無数にというほど制作されてきたが、その全重量を、「初年兵」という「一番その矛盾がしわよせされて」いる存在に懸けた作品は、おそらく浜田が最初であった。留められた芋虫の兵隊は、その無力さゆえに一瞬にして、軍隊と、戦われた戦争の全容を見返すのである」（⑤一九八頁）。このように書くとき、鹿野は「兵隊にとられる」こと、とりわけ「兵営」への恐怖感を根底において戦時を過ごした少年時代の自分を芋虫に重ね、同時に自らの思想史という営みについても語ってはいないか。だが、浜田が描いたのは芋虫となった兵隊の姿だ

図 9-7 《初年兵哀歌（芋虫の兵隊）》（1950 年）

図 9-6 《戦地でのスケッチ（臨晋にて 4 月 23 日）》（1941 年）

図 9-8 《初年兵哀歌（銃架のかげ）》（1951 年）

けではなかった。「初年兵哀歌」には、戦中の鹿野少年の想像を超えたもうひとつの世界が開示されたのだった。

3　描かれた「風景」

《初年兵哀歌（歩哨）》（一九五四・図9－9）と《初年兵哀歌（風景）》（一九五二・図9－10）は、浜田の全画業の中でもよく知られた作品である。浜田は前者のような現場を実際に目撃したわけではないが、軍隊の非人間的な抑圧からの自由を求める兵士の姿をこのような形で描かずにはいられなかった。後者については、《戦地でのスケッチ（中原会戦―関家溝にて　6月）》（図9－11）を元に描かれたと紹介されることも多いが、[5] スケッチの死体は男性であるとも指摘されている（井上 二〇一五、一二三頁）。浜田自身は「スケッチはしなかったものの、これだけは、実際に見た光景である」（吉田 一九九六、七九頁）とも、「ただそういうのが戦場にあったということ、それだけなんです」とも語っている（二〇一五年九月二日の筆者と林田龍太による聞き取り）。性器に棒をさしこまれた女性の死体は他の画家も描いており、兵士の回想等でもしばしば言及されている（池田 二〇一〇、笠原 一九九九）。浜田もまた山西省での軍隊生活の中で見聞した事実を作品化したのだろう。[6] 林田龍太による聞き取りを紹介しよう。

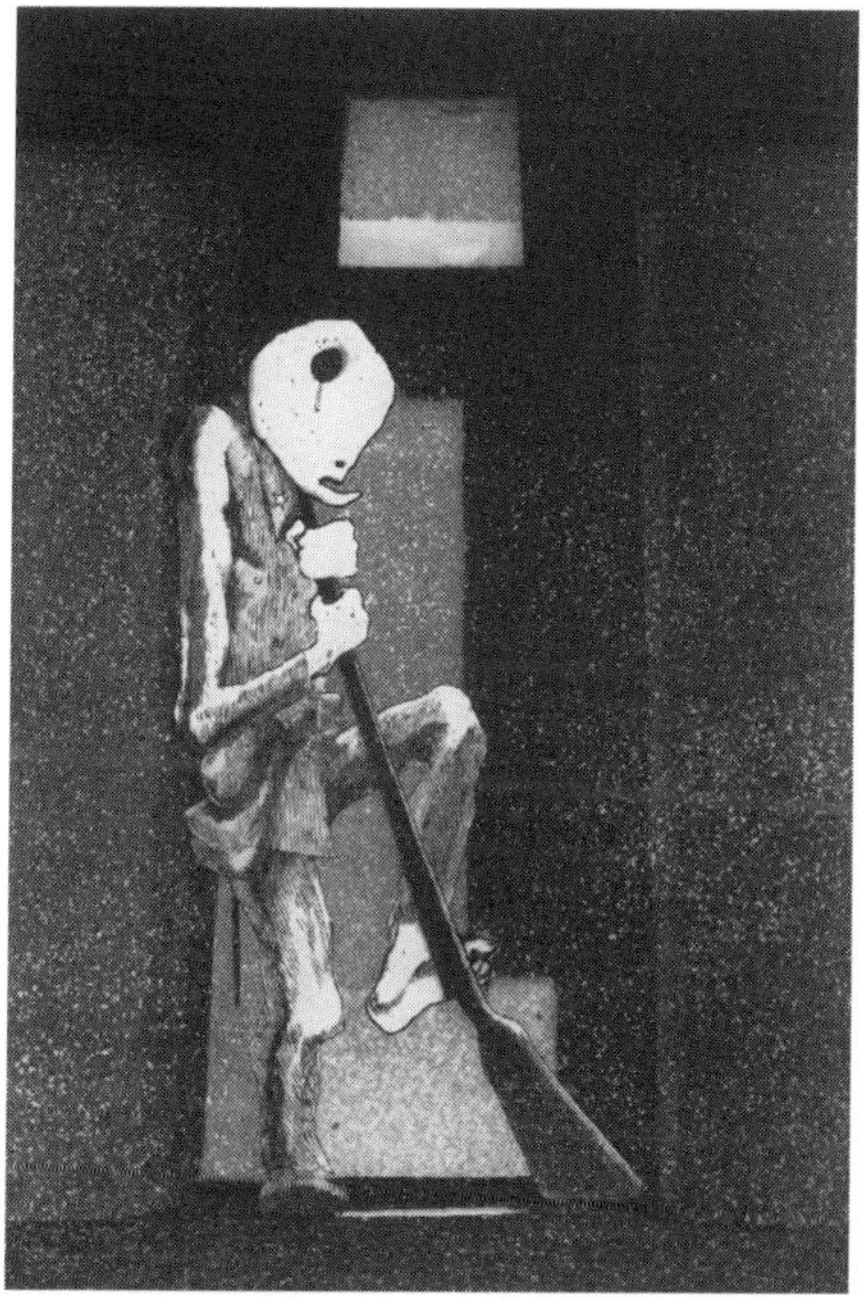

図9-9 《初年兵哀歌（歩哨）》（1954年）

（浜田）他の作品ではだいたいデフォルメして描いていますけれども、これだけはですね、あまり造形的に変えないで、見たままを描こ

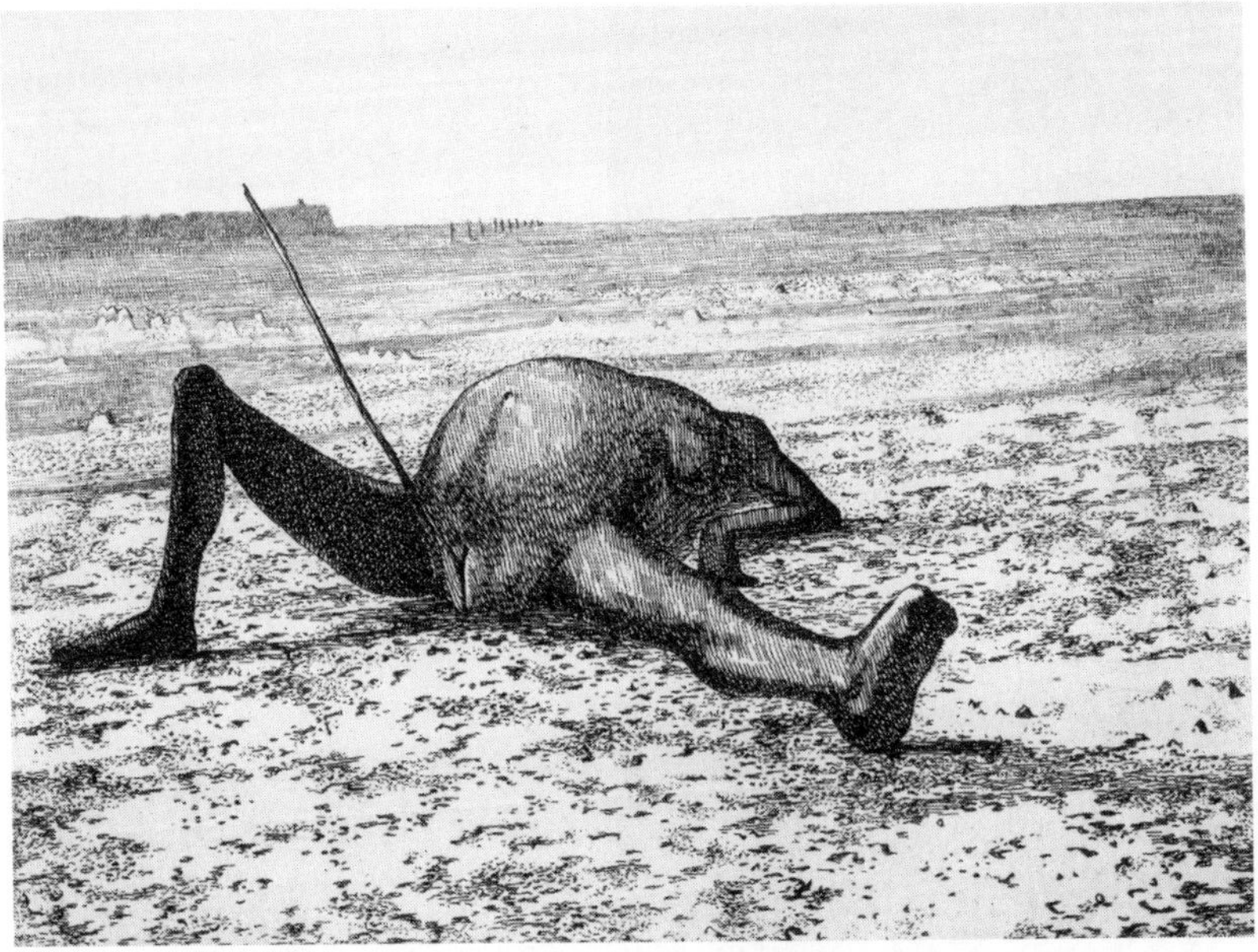

図 9-10 《初年兵哀歌（風景）》（1952 年）

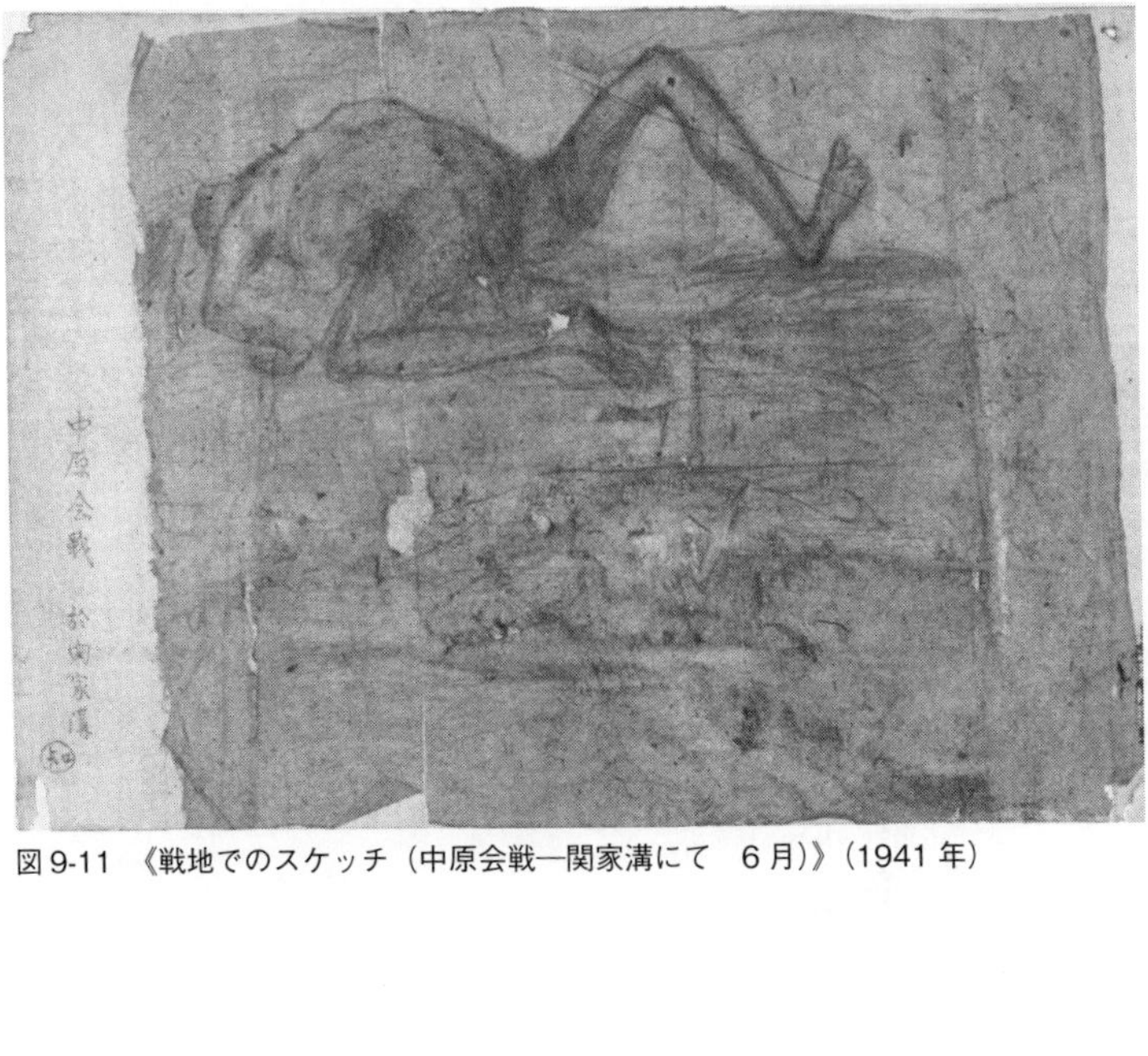

図 9-11 《戦地でのスケッチ（中原会戦―関家溝にて 6 月）》（1941 年）

うと。

（林田）棒が描かれることで、死体が三角形の構図を見せるようになっています。これを見たときに、死体を造形的なモチーフとして見せようとする先生の視点を感じました。

（浜田）はい、やっぱり造形的な角度っていうものがどうしても必要です。

（傍点小沢、熊本県立美術館 二〇一四、二四三頁）

無惨な死体の背景に、地平線へと歩き去っていく兵隊たちの姿を小さく描く＝絵画として再構成することで、浜田は兵営の初年兵が戦場の殺戮者でもあることを示した。だが、それだけではなく、死体に突き刺された棒の作り出す「造形感覚」もまた意識されているのである。同様に《初年兵哀歌（歩哨）》は悲惨な情景を描きながらも、兵隊の目から流れる一粒の涙がその哀切感ゆえに見るものの感情移入を促すのだが、ここにも研ぎ澄まされた造形感覚が反映されている。高浜州賀子の聞き取りに、浜田は次のように語っている。

（浜田）涙が流れているんですが、これで絵が甘くなるんじゃないかと随分迷いました。何日も。どちらかに決まったら腐食しようと思って。でもポロリと一つ置きたかったんです。

（高浜）大きな目が兵隊の若さを感じさせます。若くてあどけなくて、それに涙だから、ここで情感がぱあっと出て……。

（浜田）そうですか。あった方が良かったんじゃないですかね。垂直線がここに入って、絵としても。

（傍点小沢、熊本県立美術館 二〇〇一、三八頁）

本稿ではこれらの作品について「初年兵哀歌」と総称したが、鹿野は「多分に内務班にその本質が凝集する兵営については連作「初年兵哀歌」に、戦場については「風景」と題された複数の作品に」（⑤一九七頁）わけた上で、後者について「戦場ではヒトは否応なくモノと化するという実感」、「そのような衝撃に満ちた光景が、日常化してゆくという感覚」、そして「光景への「感傷」を捨て、対象に距離をもって踏みとどまろうとする意識」の三点が、浜田に「人間の「風景」化」を促したと分析する（⑤二一三～二一七頁）。

《初年兵哀歌―風景（一隅）》（前掲図9－2）にしても、兵営の兵隊の姿に見るような情感や哀感は皆無であり、戦場の記録写真のような即物的な客観性が際立つ。頭部がないようにも見える死体は、特徴的な脚の形共々、変形され不完全な、字義通りの非人間的な存在である。鹿野は、戦場では「皇軍」・日本人の「死者」「犠牲者」に対して、「支那軍」・中国人に対しては「死体」、すなわちモノという見方が一般化していたとも指摘するが（⑤三一四、三二七頁）、そうであれば、浜田の眼差しは日本兵一般の眼差しだったともいえよう。だが、浜田は自らの眼をカメラのレンズと化すかのように、そうした眼差しを徹底し、戦場の光景を脳裏に焼きつけたのだった。浜田は戦場で見た死体の極端な形態に魅了されたともしばしば語っているが、感情や感傷を凍結させ、モノとして死体を凝視する画家の眼差し＝視覚の欲望に没入することで、戦場の狂気からも退廃からも距離を保ちえたのだろう。こうした態度や前述の聞き取りにみるような戦後の造形意識について、鹿野は浜田の「二つの自己認識」を論じる。「彼は、牽かれる自分と凝視者であろうとする自分という、二つの自分を組み立てて、逃れようもない軍隊生活の日を待ったのである。当事者と観察者という二つの自己認識を用意したことが、彼におそらく、「兵士」としてこの社会を生きのびさせる心理的基盤を構築したとともに、戦後に繰りひろげられる制作活動において、みられる自分をみる自分が捉え返すという、きわだった批評性を賦与することになる」（⑤一九六頁）。

「風景」というタイトルに導かれて小さな画面をのぞき込む者は、その類い稀な銅版画表現の美しさの中で、非人間化されモノと化した死体という、自らとは関わりようのない存在に出会い、言葉を失う。一方、《初年兵哀歌（風景）》を見た浜田の幼い娘が「痛かったろうなあ」と語ったように（熊本県立美術館 二〇〇一、二六頁）、痛覚とともに画中の被害者の経験に出会う者もいる。前述のように、鹿野は表現の美しさと痛ましさをともに感受して、《初年兵哀歌—風景（一隅）》は「繰りひろげられた行為の残虐性と対比的に、画面の明暗・密度ともに美しさでわたくしを魅了する」（⑤二一〇頁）と吐露したが、多くの男性批評家・美術史家の言説はこうしたアンビヴァレントな感覚からはほど遠い（池田 二〇一〇）。鹿野の理解は、「兵隊にとられること」を自らの宿命とすることから出発した思索と感覚の深さ故だろう。それはまた、「兵」に「オトコ」と振り仮名をした日本軍の兵士の経験（⑤三二〇頁）をふまえて、『兵士であること』は「女性史を分野の一つとしてきたわたくしの、最初（にして最後）の男性史という気がしている」（⑤四二二頁）と記した歴史家としての「立場性」を示している。

二　浜田知明論の系譜のなかで

1　美術と文学のあいだで

鹿野の浜田論には、実は先行研究への言及がほとんどない。むろん言及の有無は知識の有無と同義ではなく、前節でみたように、鹿野は「裸眼」で作品に向き合おうとしたのである。一方、美術史研究者が鹿野の浜田論をとりあげることも、管見の及ぶかぎりない。そうした状況をふまえて、「初年兵哀歌」をめぐる議論の歴史を紹介しておきたい。

戦後七〇年を機に開催された戦争と美術をテーマとする多くの展覧会では、香月泰男の「シベリア・シリーズ」や丸木位里・俊の「原爆の図」などと並んで「初年兵哀歌」が展示された。だが、「戦争を描いた戦後美術」が一定の広がりをもって考察の対象とされるようになったのはごく最近のことである。また、近年盛んになった一九五〇年代の文化運動研究の中でも、「初年兵哀歌」は木版画やルポルタージュ絵画とともに社会的な絵画としてとりあげられることが多い。中国の木刻画の影響を受けてはじまった木版画運動にみるように、五〇年代の文化運動では美術においても大衆にはたらきかけ社会と斬り結ぶ表現が探究され、集団的な制作活動がこころみられた（宇野田ほか編 二〇一六）。しかし、浜田は社会的・政治的な運動に関与することはなく、「主題」に固執しながらも、社会主義リアリズムとはほど遠い小さな銅版画を制作しつづけた。その営みがきわめて個人的な様相を帯びているのは、「軍隊生活でしたたかに味わわされた集団行動への嫌悪感、また組織への不信感」（⑤二〇四頁）故だろう。この孤立によって、浜田は五〇年代に成立する日本の「現代美術」シーンの流行からも、共産党の路線転換に伴う左翼芸術家たちの困難からも「自由」であった。

一方、《初年兵哀歌（銃架のかげ）》（前掲図9－8）といった作品は、発表当時から画壇を越えて、野間宏「真空地帯」（一九五二）や大岡昇平「俘虜記」（一九四八）といった戦後文学と相呼応するものとみなされていた[7]。浜田もまた、「戦後派の文学者には、野間宏をはじめとして、浜田さんを好きな人が非常に多いのですが、かれらの作品を読まれましたか」という美術評論家針生一郎の質問に、野間や大岡、梅崎春生の作品に親しんだと答えている（針生 一九七二、五五頁）。生き残った者がそれぞれの戦争体験を梃子にしてどのように新たな表現を作り出すかという戦後文学の課題を、浜田も共有していたのである。

次に、土方定一（一九〇四－八〇）、針生一郎（一九二五－二〇一〇）、菊畑茂久馬（一九三五－）という三世代の論者の浜田論を手短に紹介する。美術評論家の土方もまた、「初年兵哀歌」は「『俘虜記』に相当する戦後美術」であると述べ、ゴヤを引き合いに出して、「浜田知明のなかの孤独な鬼は、この若い作家になんという大きな課題を負わせてしまったことか。そして、ゴヤの場合はフランス軍隊に殺戮され強姦された自国スペインの民衆、ゲリラ兵であり、浜田知明の場合は、自分もそのひとりである日本軍隊に殺戮され強姦された中国の民衆であることである」（土方 一九七七、三三八頁）と語る。戦時下を中国で過ごした土方の体験が遠くに谺するようだが（酒井 二〇一六）、「鬼に憑かれた作家」という認識は鹿野にも通じる。二人は世代も経験も異なるが、ともに浜田の作品に戦場の中の「中国の民衆」と、それに取り憑かれた画家の姿を見出したのだった。

二〇歳で敗戦を迎え、戦前的価値の転換を体験した針生は、《絞首台》（一九五四・図9－12）に戦争を遂行した支配者の責任を告発する姿勢を見る（針生 一九八三）。同作については、鹿野も「政治情勢にストレートに介入する作品」として、浜田の「戦後」の出発点に位置づけている（⑤二一八頁）。

戦争画に関する著作もある画家の菊畑は、戦中世代の浜田理解を「戦後思想の一種の高ぶった虚偽」（菊畑 一九八二、四八頁）として斥け、浜田の死者の絵には「生々しさがない」と指摘する。《初年兵哀歌（風景）》についても、「凌辱した者がちょこちょこ逃げて、獣のような兵士達から強姦されて殺された女の方が、大地に堂々と股をおっ広げて、気持ちよさそうにぐうぐう高鼾をかいて寝ている。浜田はそうは描いていないのだろうが、わたしにはどうしてもそう見えるからこの絵が面白いのだ。母なる大地にこそ棒杭を突っ込んで、それで気がいく男達」（同五七頁）と述べ、戦争に対する「痛烈な皮肉とユーモア」を読みとる。これに対して、美術史家の池田忍は、「女性を母なる「大地」と一体化させる」菊畑の眼差しは、女性身体の「自然化」の延長にあると指摘する（池田 二〇一〇、二一七頁）。鹿野のいうところの「人間の「風景」化」を、ジェンダーの視角からとらえ返した議論ともいえるだろう。

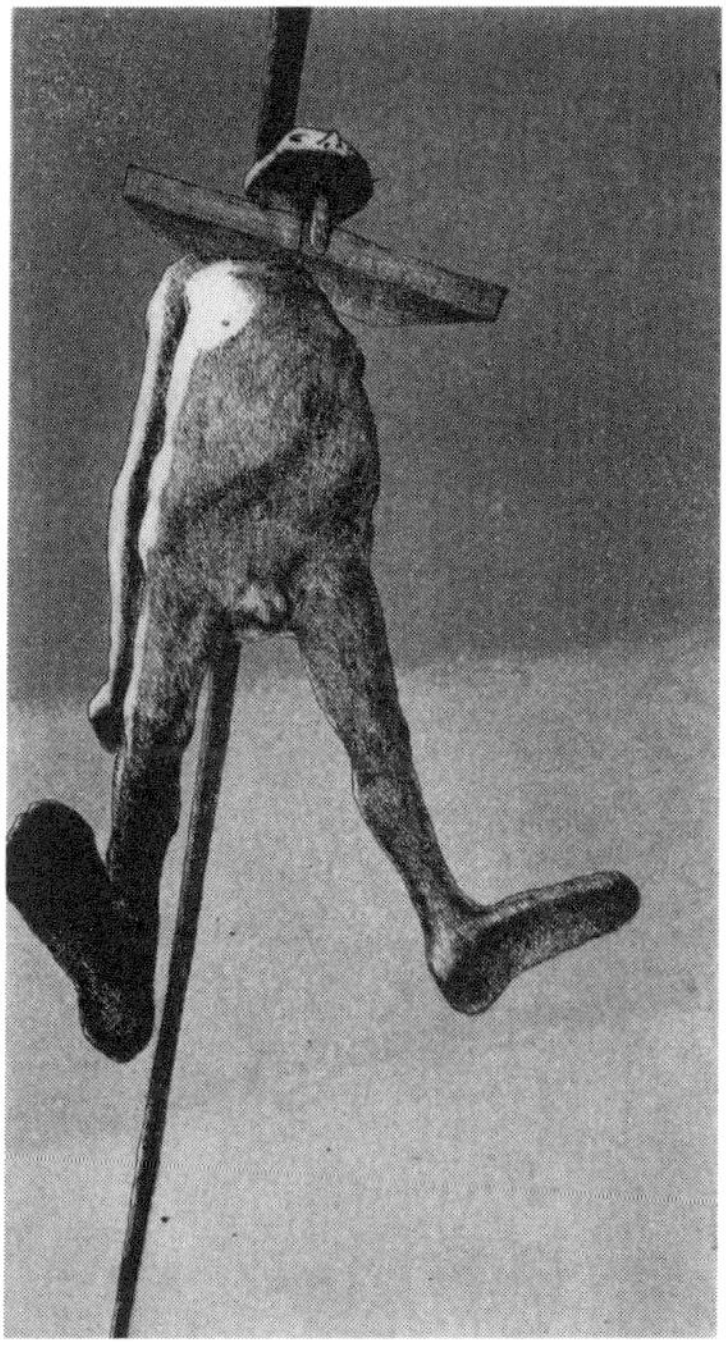

図9-12 《絞首台》（1954年）

2　表現と技法をめぐる研究の深まり

鹿野は浜田の画家としての自己形成史のみならず、銅版画の技法や画面構成、イメージの美術史的な由来にも臆することなく踏み込んでいった。思想の全容を理解するとは思惟方法・思惟過程を含めて考察することにほかならないという鹿野の思想史の立場からすれば、たとえ対象が画家であろうと当然のことともいえるが、それを可能にしたのは一九七〇年代後半以降、各地の美術館でくり返し開催された浜田知明展に伴う評伝・技法研究の進展である。その上で、鹿野の浜田論を批判的に対象化しうる視座として、近年のシュルレアリスムと銅版画をめぐる議論の深まりについても簡単に紹介しておきたい。

まず、浜田のシュルレアリスム体験については、具体的な造形意識から論じられるようになった。たとえば、林田龍太は、画学生時代の浜田が、当時は「内乱の予感」というタイトルで知られた《茹でた隠元豆のある柔らかい構造》（一九三六）というスペインの画家ダリの作品から、「鋭角的に曲がった膝の造型」という影響を受けたことに注目した（熊本県立美術館 二〇一四、一一九頁）。鹿野もこの絵の「啓示」を重視しつつ、技法的な影響についても「変形また解体された人体、苦悩あるいは苦悶をそこに集中させたかとみえる腕と手の表情、さまざまに配された〝小道具〟など、浜田に投げかけた影は濃かった」と把握している（⑤一九二頁）。だが、特定の造形表現が戦場体験（戦場での死体との出会い）を経て、戦後の作品の中に執拗に繰り返されるという事実は何を意味するのか。新しい絵画様式としてシュルレアリスムを受容した日本の若い画家たちは、南方や中国の戦場で、慣れ親しんだ絵画的光景が「現実」として顕現する様に戦慄したことであろう。生還した者だけが、そうした経験を「遅れてきたシュルレアリスム」として再び絵画の世界に定着させることができたのであり（小沢 二〇一四）、本書第八章赤澤論文で提起された、戦場の現実を率直に描きえた浜田の独自性を考える鍵ともなるだろう。

次に、ジャック・カロ、ゴヤ、オットー・ディックスらの「銅版画の戦争画」という系譜に浜田を位置づけた石川卓磨は、同時代日本の社会的・政治的な美術運動と比較して浜田の異質性を指摘する（石川 二〇一四）。表現論としても社会的な文脈においても、「初年兵哀歌」が木版画ではなく銅版画であることの意味を改めて考えさせられる。なお、両大戦間のドイツの画家、ディックスやマックス・ベックマンらとの比較は、ゴヤの影響を中心に語られてきた「浜田と西洋美術」という視点に同時代性という横の広がりをもたらすが、銅版画という技法、戦場における暴力と人間の極限状況を直視する態度が共通するとはいえ、浜田自身はディックスの影響を一貫して否定している（小沢 二〇一五、井上 二〇一五）。浜田の銅版画の静謐な則物性とディックスの生々しい直接性の比較はさておき、そもそも浜田の描いた戦場には、彼らの表現を特徴づける第一次世界大戦ならではの塹壕戦や、空爆の情景は登場しない。中国の大地をひたすら行軍する歩兵たちという「古典的」な描写は、西欧での「初年兵哀歌」評価の一因かもしれず、また二〇世紀後半の戦争をどう描くかという「初年兵哀歌」後の浜田の模索ともつながっている。

なお、近年の美術史の叙述では、浜田の代表作として《初年兵哀歌（風景）》（前掲図9－10）がとりあげられる傾向がある（北澤ほか編 二〇一四、河田責任編集 二〇一五）。《初年兵哀歌（歩哨）》（前掲図9－9）のような作品が広く同時代の共感を得たのは、軍隊の非人間性への憤りとすべての矛盾をしわ寄せされる初年兵の姿への感情移入が社会的に存在したことを意味する。戦争に対する強い忌避感が、「初年兵哀歌」という兵隊歌謡のタイトルに漂う幽かなノスタルジーと溶け合って、同時代の戦争体験者・元兵士たちに共有されたのだろう。それに代わる《初年兵哀歌（風景）》の前景化は、戦争の非体験者が大勢を占めるようになった時代ならではの関心の移行とともに、一九八〇年代以降の戦争認識とりわけ被害と加害をめぐる議論を反映していると思われる。だが、そうした議論を個々の表現者の戦後経験に則して考えていくとはどのようなことかについて、最後に触れておきたい。

3 「取り憑かれる」ということ

「それぞれの意味をもって浜田に取り憑いた」（⑤一九六頁）兵営と戦場だが、兵営では自殺することだけを考えていたという浜田は、戦場では殺戮の「事後の目撃者」として犠牲者＝まったき他者である死者と出会った。被害と加害のつなぎ目にある他者（性）との出会いとは、だが、浜田に限ったことではない。第一節では宮と浜田の表現の小さな器について述べたが、鹿野は、二人のさらなる共通性として、戦場の／兵の記憶に「取り憑かれたひと」であったことを指摘する。取り憑くとは、自らの意志と関わりなく、何ものかが――土方はそれを「鬼」と表現したが――やってきて取り憑くのであり、記憶の亡霊性／亡霊的な記憶ともいえよう。人を刺し殺す、殺された人＝死体を見つめつづけるという体験に、宮や浜田は否応なく巻き込まれた。被動・被害と主動・加害の重ね合わさるこの地点は、過去となることなく、彼らの生きる時間の中に留まりつづけた。

強制収容所を生きのびた作家ルート・クリューガーが四〇年後にその場所を訪れ、違和感に苛まれながら自らの経験にふさわしい言葉を探す中で、「以前でも以後でもないある時の、ある場所のなんたるかを伝える」観念として「時景」（ツァイトシャフト）という言葉を見出したというエピソードを、鹿野はくり返し語る（「原爆文学について」⑤四〇三頁）。宮や浜田の戦場という「風景」も、彼らの現実の時間を超えた静止画像のような経験にほかならないという意味では、「時景」と言い換えることもできるだろう。戦場の浜田は、意識的に自らを当事者性から乖離させ、目撃者・観察者と化したもうひとりの自己を存在させることで、目の前の光景を凝視し、脳内で作品として再構成しつづけた。鹿野のいう「二つの自己認識」であり、こうした意識が、戦後も、再帰してくる亡霊的な記憶を造形意識と銅版画の技術の洗練によって表現することを可能にしたのである。

浜田や宮は、兵士としての体験を表現したいという強固な意志をもちつづけて戦場を生き抜き、戦後の独自の作品世界にいたった。だが、それは、最も極限的な状態を経ても、人はそれを表現する主体となりうる、ということではない。表現者としての強靭な主体は取り憑かれた主体だったのであり、彼らに取り憑いたものが表現を迫ったのである。鹿野は「トラウマ」という言葉を慎重に回避しているが、それは壊された主体の回復・再統合・治癒をめざすという意味でのトラウマ論とは異なる位相で、壊れ（かけ）たままの主体を生きた（再帰する亡霊的な記憶とともに、表現者として生きた）生の問題として、宮や浜田の戦後を考えようとしたからだろう。

「初年兵哀歌」の制作によって精神的な「復員」を果たした浜田が、「ユーモアと風刺」の画家・彫刻家として生きていくその後の軌跡について、鹿野は「戦後の戦争」に対峙しつづけたと述べる。そこには「兵士であること」とは戦後の問題にほかならないという認識がある。やがて、浜田は一九九〇年代には「初年兵哀歌」の主題で彫刻を制作するようになり、新世紀に入ると中国戦線での経験を新たに表現するようになる。

二〇〇八年の夏、チリ紙のデッサン（前掲図9－11）と同じ中原会戦の最中の、ある集落での記憶を、浜田は鉛筆とボールペンで描いた。顔に鍋墨を塗った少女が窓の中から浜田たち日本兵の姿をみつけた瞬間の《忘れえぬ顔（A）》（二〇〇八・図9－13）、《同（B）》（同年・図9－14）である。(8) かつて童画風の《風景》（前掲図9－4）に描かれた「現場」といってもよいだろう。この後、少女は浜田の「戦友」に強姦されたという（熊本県立美術館 二〇一五、〇二三頁）。「初年兵哀歌」の中では童画的にカリカチュアライズされた、あるいは非人間化されたモノとして頭＝顔のない存在に描かれていた中国の女性たちのひとりが、七〇年近い年月を経て初めて表情をもった個別的・具体的な存在として現われたのである。「戦友」が近年、亡くなったことで、今まで描くことのできなかった記憶が表現されたという見方もできるが、その記憶が「忘れえぬ顔」と題されたことの意味は大きい。鹿野は、戦後の浜田の中には「のちに「加害」という表現が与えられる、戦争で踏みにじった人びとへの痛切な意識が沈殿していた」（⑤二二一頁）と指摘するが、戦争／戦場体験に「取り憑かれ」ながら、それを表現の「方法」とすることで戦後を生きてきた浜田は、改めて自らの内に生きつづけてきた「他者」と出会い直しているのである。

おわりに

鹿野の浜田論は、様々な浜田知明論と接点を持つ。だが、「初年兵哀歌」の主題に深く共感しつつもそれを表現す

図 9-13 《忘れえぬ顔（A）》（2008 年）
神奈川県立近代美術館蔵

図 9-14 《忘れえぬ顔（B）》（2008 年）

る技法の問題に踏み込むことのない文学的な理解とも、世界に評価された銅版画表現の洗練を語りながら描かれた主題の由来を探ることのない美術史的な理解とも異なる。また、虫けらのような兵隊たちの姿に「哀感」のみを見出す態度とも、殺された中国人女性を描いた作品を「戦時性暴力の証言」としてのみ評価する態度とも異なる。

「初年兵哀歌」は発表当初から現在にいたるまで、浜田の個人的な記憶の表象であると同時に、日本軍兵士たちの中国戦線の経験を浮かび上がらせ、兵士としての体験や集合的な記憶に関する歴史叙述として参照されてきた。それに対して、「初年兵哀歌」をめぐる議論の焦点ともなる被害と加害の問題についても、鹿野は両者の関係性、いわばダイナミクスが一人の表現者の主体においてどのように作動しているかを問題とした。歴史叙述を検証するメタヒストリーの次元にとどまらず、鹿野自身の経験と共振させながら、日本軍兵士だった作家の精神構造と戦後日本への異議申立てを絵の中に読み解き、絵画から照し返されるようにして言葉を紡ぎ出していく。そのようにして「絵画の思想」を分析しえたのは、鹿野の思想史研究が言説のみならず、生活や日常に注目し、人びとの意識と生理の表現を見出してきたことと無縁ではない。そして、鹿野の浜田論の深度と射程をさぐることは、歴史家と画家という二つの焦点からなる楕円をなぞるようにして浜田の絵画世界に触れ、鹿野の戦争体験と戦後体験の底にあるものへの想像力を喚起される経験でもあった。

注

（1）一九五〇年から五四年にかけて、浜田は軍隊経験を主題とした作品を集中的に発表した。そのうちの一五作品が、後に本人によって副題を添えて《初年兵哀歌》と名づけられた。本稿ではこの一五点に加えて同時期の同様の主題の作品を「広義の初年兵哀歌シリーズ」と考え、「初年兵哀歌」と表記する。なお、本稿は「初年兵哀歌」を論じた拙稿（小沢 二〇一四、二〇一五）と部分的に重なる。

（2）一九四三年に満期除隊となるが四四年には再召集され、伊豆諸島の新島で終戦を迎える。浜田の経歴については、吉田浩による聞き取り（吉田 一九九六）および「浜田知明のすべて」展図録（熊本県立美術館 二〇一五）を参照。

（3）鹿野は戦後の戦争画「原爆の図」と被爆者の絵画（「市民の描いた原爆の絵」）についても言及するが、両者の比較はその生成をめぐる歴史的文脈を含めた検証が必要だと考える。また、戦争画に対する浜田の評価については拙稿（小沢 二〇一四）を参照。

（4）こうした鹿野の宮柊二評価に対して、笠原十九司は、八路軍根拠地の掃討作戦における挺身隊員＝「殺人のプロ」という宮柊二像を詳らかにした（笠原 二〇一〇）。宮と浜田は山西省での従軍期間はほぼ重なるが、兵士としてどのように「敵」と相対したかという状況は異なる。浜田は第三七師団歩兵第二二五連隊の大砲を扱う中隊に配属されたが、「大砲は、戦いの現場から離れて撃つ。だから直接、銃撃戦に出会うことは少な」く、最初の一年はもっぱら「弾薬を積んだ馬の手綱を引いて行軍した」（吉田 一九九六、七六・七七頁）。そうした行軍の途中で戦場に放置された中国人の死体を目にしたのであり、基本的には出来事の「事後の目撃者」だったと思われる。本稿では鹿野が二人の表現に共通性を見出したことについて論じるが、宮の経験の意味については、本書第八章赤澤論文を参照されたい。

（5）中原会戦（中原作戦）は、一九四一年五月から六月にかけて山西省南端の省境の山岳地帯で展開された、国民政府軍を対象とした掃討作戦（笠原 二〇一〇）。

（6）浜田の部隊の対面する敵は閻錫山の山西軍と国民政府軍であり、共産党軍と戦ったことはないが、一九四二年八月から一〇月にかけて「山西・察哈爾・河北省境山地における共産党軍巣窟を徹底掃討して、共産軍を包囲撃破した後、さらに共産党軍地区を遮断して残敵を剔抉掃討」（笠原 二〇一〇、「巻末資料」九頁）した晋察冀《しんさつき》辺区粛清作戦には、浜田の中隊からも一分隊、砲一門が参加した。帰還した下士官から戦闘の実態を聞かされた浜田は、それが「三光作戦」と呼ばれることを後に知ったという（二〇一六年一月九日付筆者宛書簡）。山西省の治安戦の実態と浜田の戦争認識については改めて検討したい。

（7）雑誌『えすぽわーる』第一号（一九五二年）には、『近代文学』同人（荒正人・佐々木基一・寺田透・野間宏・花田清輝・平田次三郎）と自由美術家協会同人（麻生三郎・井上長三郎・末松正樹・鶴岡政男・長谷川三郎・難波田龍起・浜田知明・森芳雄・吉井忠）の討論会「新らしき芸術運動に就いて」が掲載されている。「真空地帯」執筆中の野間が同年一〇月の第一五回自由美術展の浜田の出品作をとりあげ、イメージの主観性を、また寺田が「物語性」を批判するのに対し、浜田は造形上の問題にとどまらず「絵画に思想性を、文学性を持たせたい」（一二五頁）と反論。野間は「「初年兵哀歌」が一番印象に残っているのは、その所為かも知れませんね」と応えている。鹿野はこの浜田の発言について、「あえて主題性を掲げることによって、浜田は、〝尖端〟を追う群に加わるのでなく、それから身を離す姿勢を鮮明にしたのだった」と位置づける（⑤二〇四頁）。

（8）八月二八日の日付のある《忘れえぬ顔（A）》はスピードのある線、荒々しいタッチと濃い色合いで描かれている。十日後の九月七日に描かれた《同（B）》は力を抜いて丁寧に、少女の顔や見開いた目に当たる光も計算されて描かれている。つまり、（A）からは蘇ってくる記憶（少女の「顔」と情景、すなわち日本軍の行軍や集落の様子）を急いで捕捉しようとする様が伝わり、（B）はそれを改めて整理し「作品」として再構成しようとするかのようである。ここには、「市民の描いた原爆の絵」や東京大空襲の体験画にみる下絵と発表作品の関係とも似た、自分の内部から浮き上がってくる記憶（内的なイメージ）を、いかに現実のイメージとして捕捉し定着させるかという過程がみてとれる。

参考文献

池田忍「描かれた戦場の性暴力——いま、敗戦後の「戦争画」をどのように見るのか」池田忍・小林緑編『ジェンダー史叢書4　視覚表象と音楽』明石書店、二〇一〇年

石川卓磨「戦争と銅版画——浜田知明の「戦争」画について」Critical Archive vol.2『前夜／前線』二〇一四年六月

井上正敏「熊本県立美術館「戦後70年記念　浜田知明のすべて」」『芸術批評誌 リア』第三六号、二〇一六年一月

宇野田尚哉・川口隆行・坂口博・鳥羽耕史・中谷いずみ・道場親信編『「サークルの時代」を読む——戦後文化運動研究への招待』影書房、二〇一六年

笠原十九司『南京事件と三光作戦——未来に生かす戦争の記憶』大月書店、一九九九年

笠原十九司『日本軍の治安戦——日中戦争の実相』岩波書店、二〇一〇年

河田明久責任編集『日本美術全集　第18巻　戦争と美術』小学館、二〇一五年

菊畑茂久馬「一兵卒の戦後——浜田知明論」、初出『みづゑ』一九八〇年七月、のちに同著『戦後美術の原質』葦書房、一九八二年

北澤憲昭・佐藤道信・森仁史編『美術の日本近現代史——制度・言説・造型』東京美術、二〇一四年

熊本県立美術館（高浜州賀子・坂本正文編）『浜田知明——版画と彫刻による人間の探究』熊本県立美術館、二〇〇一年

熊本県立美術館編『画家たちの上京物語——坂本善三、大塚耕二、浜田知明の軌跡』画家たちの上京物語展実行委員会、二〇一四年

熊本県立美術館編『戦後70年記念　浜田知明のすべて——銅版画・彫刻・油彩画・スケッチによる浜田知明の全貌』熊本県立美術館・熊本県立美術館友の会、二〇一五年

小沢節子「絵画の光跡——大塚耕二・浜田知明・坂本善三の作品をたどって」熊本県立美術館編『画家たちの上京物語』、二〇一四年

小沢節子「浜田知明論のために——「初年兵哀歌」はどのように論じられてきたのか」『美術運動史研究会ニュース』第一五〇号、二〇一五年八月

酒井忠康『芸術の海をゆく人——回想の土方定一』みすず書房、二〇一六年

針生一郎「ディアローグ29」『みづゑ』一九七二年七月
針生一郎「浜田知明――反骨から幻視への道」、初出「反骨から幻視へ」熊本県立美術館編・刊『浜田知明銅版画展』一九七九年、のちに同著『わが愛憎の画家たち』平凡社、一九八三年
土方定一「浜田知明の版画――その孤独な鬼」、初出『みづゑ』一九六〇年九月、のちに同著『土方定一著作集8　近代日本の画家論Ⅲ』平凡社、一九七七年
吉田浩『浜田知明聞書――人と時代を見つめて』西日本新聞社、一九九六年

【後記】

浜田作品は、図9－13《忘れえぬ顔（A）》（二〇〇八・神奈川県立近代美術館蔵）以外は、すべて熊本県立美術館蔵。また、図版の掲載を快く承諾して下さった浜田知明氏に改めてお礼申し上げます。

本稿執筆にいたるまでには、二〇一四年に「画家たちの上京物語」展を企画した熊本県立美術館の林田龍太主任学芸員、熊本日日新聞社の小野由起子記者にお世話になった。また友人の版画家藤江民さんには、銅版画の実技を教授いただいた。記して感謝します。

一〇　いのちの思想史の方へ――鹿野民衆思想史にとっての沖縄

戸邉秀明

はじめに

一九七〇年代以降の鹿野思想史学の展開のなかで、沖縄という主題は特に重要な位置を占めている。自選集である『鹿野政直思想史論集』全七巻のうち、沖縄に二巻を充てていることはその証左である。[1] しかも沖縄は、『思想史論集』完結後も鹿野が自己の思想史研究を更新し続けるもっとも重要な契機として今日まである。この現在進行形の試みを促すものはなにか。沖縄をめぐる鹿野の諸作品、とりわけ沖縄戦後史に関する論究から探ってみたい。

もちろん鹿野の沖縄史研究は戦後史に限らない。鹿野の人物論としてはもっとも稠密な『沖縄の淵――伊波普猷とその時代』(岩波書店、一九九三年、④所収)は、近代沖縄史の思想的稜線を鳥瞰できる稀有な作品である。だがその伊波論にしても、鹿野が〝沖縄の戦後〟に出会った際の衝撃を抜きにはありえなかった。そのため本章は、その出会い方がもつ意味と、それが規定した沖縄戦後思想史の方法を吟味することに、課題を限定したい。

鹿野の沖縄史研究を正面に据えた検討は、伊波普猷研究史の文脈以外では従来ほとんどなく、書評を含めても恵まれているとはいえない。鹿野が取り組んだ他の分野と同様、思想史という枠にとどめられ、研究成果は知見として多く参照されながらも、批判的論及は乏しい。[2] むしろ注目すべきは文学研究からの批判だが、それも個々の文学作品の読解に関する言及であり、鹿野の沖縄に対する視角それ自体を検討しているわけではない[3]。

そこでまず鹿野の沖縄との出会いをたどって初発の関心を確認し、次いで『戦後沖縄の思想像』（朝日新聞社、一九八七年）から『沖縄の戦後思想を考える』（岩波書店、二〇一一年）に至る、沖縄戦後思想史の方法と構想を検討する。さらに沖縄を通じて自己の思想史研究を更新し続ける鹿野の思考の現在の焦点についても考えてみたい。

一 〝もうひとつの戦後史〟の衝撃

一般に、鹿野思想史学にとっての沖縄史は、女性史への関心と双璧をなすとみなされている。ところが、その著作から沖縄に関する言及をたどると、沖縄の〝発見〟は、女性史に比べて存外と遅いことがわかる。

奇異に思われるかもしれない。なぜならば、『思想史論集』第三巻の「まえがき」でも、少年期にさかのぼって沖縄との出会いが綴られているからである[4]。その記憶は、岸和田にいた少年時代に沖縄出身の女性（儀間カマド）と出会い、その名前では日本社会で生きることが難儀だろうと、同級生だった在日朝鮮人少年の受難と合わせて、少数者であることの悲哀を知った体験にゆきつく。戦時期に孤独をかこつばかりの少年が、自分のうちに育てた悲哀との同期を、近代日本のマイノリティである両者に感じたことは想像に難くない。「以来、心の印画紙にこの名前を焼きつけたまま」、戦後を生きてきた。また沖縄の日本復帰以前に、同世代の沖縄出身「留学生」とも交流している。

しかし他方で、「脱占領という意味で復帰を当然と思いつつも、戦前・戦中における沖縄からきた人びとへの視線の記憶を、わずかながらももつだけに、それと切れたかたちで「沖縄返還」を叫ぶことに、ためらいが付いてまわった」。そのため、政治的な次元でのみ「沖縄問題」を捉え、復帰以後急速に「問題」を忘れ去っていく風潮に違和感を抱いていた。だがそうした抑制的姿勢を考慮しても、一九七〇年代後半まで「沖縄をみずからの学問的課題とする意識は皆無であった」ことは、今日の鹿野を知る者からすれば意外であろう（以上、③ⅲ・ⅴ頁）。

確かに『資本主義形成期の秩序意識』（筑摩書房、一九六九年）は、あれほどの大著でありながら沖縄に関する言及がない。西岡虎之助との共著『日本近代史――黒船から敗戦まで』（筑摩書房、一九七一年）でも、全国規模の自由民権運動の一環として、謝花昇が該当項目の最後でふれられただけだった。これらに比べれば、『日本近代化の思想』（研究社、一九七二年）の言及は、『沖縄県史』所収の史料を用いて「琉球処分」直後の「同化＝皇化」政策を扱う先駆的な分析だが、それは「東京の巨大化――帝都と辺境の創出」という節で引かれる帝都の対極としての「辺境」の事例にとどまっていた（同書一四四〜一四八頁）。沖縄史の歴史的独自性に関する理解の乏しかった当時の日本史の研究状況を、鹿野も共有していたといえる。

伊波普猷への関心はどうだろうか。七〇年代半ばに刊行された『伊波普猷全集』（平凡社、一九七四〜七六年）の読後感から、「全人格的な怒りと悲しみの岩盤に達し、そこから噴きあげてくるような質の思想」、「こんなにもひだの深く多い文脈を、近代日本はほとんどもつことがなかった」と高く評価していた。[5] だが、伊波を通して沖縄の思想に肉迫するのは八〇年代のことであり、これを今日に通じる沖縄史研究の出発とすることは難しい。[6]

したがって直接は、一九七七年、琉球大学教育学部から集中講義のため招聘を受けて、初めて沖縄に渡った際の経験に始まると考えるべきだろう。回想に拠れば、それは鹿野に三つの痛覚を与えた。[7]

第一に、講義（題目は「日本近代社会思想史」）の準備を通じて、自己の思想史研究が「「日本」という概念で「本土」しか意識していなかった」限界を痛感することになった。「わたくしの〝学問〟などは、沖縄で店開きしたとたん、空気にふれたミイラのように、ボロボロにくずれ去ってしまうのではとのおびえが、ときに体内を奔った」。

第二に、「体験した本土占領」とは異なる「統治の密度」への驚きが、「そのときわたくしを刺し貫いた」。それは、琉球列島米国民政府（米軍による統治機関）による〝宣撫工作〟用の広報誌『今日の琉球』『守礼の光』を目の当たりにした時だった。「人口百万人前後の沖縄で、さまざまの闘争への参加者が、十万人台にものぼる場合があったという事実の秘密を、わたくしは、瞬時にして理解しえたような気がした」。一九七九年、鹿野が戦後史そのものを対象化した初めての論文が、まさにこの『今日の琉球』に現れた統治者のパターナリズムと被統治者の屈折した感情との「せめぎ合い」を焦点として書かれた論文であった。[8]

第三に、五〇年代に琉球大学の学生文芸同人誌『琉大文学』で活躍した思想家たちとの出会いがあった。新川明・川満信一・岡本恵徳らとの出会いは、自分と同世代（いずれも一九三〇年代前半生）でこのような思想を紡ぎ出していた人々がいたことへの驚きとして体感された。そこから鹿野は、反復帰論者、気鋭の批評家として知られていた彼らではなく、彼らの思想形成の舞台だった『琉大文学』と誌面の表現そのものに関心を集中させる。彼らが体験した「戦後」を、同世代の自分がまったく意識できなかった無自覚さの批判的点検へと、自らを駆り立てた。

もっとも、このような体験に反応する思想的な準備が受け手になければ、出会いは一過性で終わっただろう。七〇年代の鹿野は、「戦後」が達成したとされる「近代」の抑圧性と、そこに自分も組み込まれているがゆえの加害性への加担について思索を深めた。「戦後」に対する懊悩と危機感は、論文「国民の歴史意識・歴史像と歴史学」（『岩波講座　日本歴史24　別巻1　戦後日本史学の展開』岩波書店、一九七七年）で表明され、その後、戦後像、さらにはこの社会の人間観・文明観の現在を総体として問い質す『「鳥島」は入っているか――歴史意識の現在と歴史学』（岩波書店、一九八八年）に結実する。その軌跡は、鹿野を「戦後歴史学」のなかの思想史研究者という位置から離脱させるに充分だった。そうであればこそ、沖縄との出会いは、再検討に努めていたはずの「戦後」が、「沖縄の戦後」を欠落させていたことの痛覚をバネとして、戦後史の探究へと焦点を結ぶ。

沖縄を視野に入れるかどうかで歴史像がほとんど一変するという体験を、わたくしは、戦後史を考えはじめたころに味わった。〔中略〕わたくしたちが漠然と「日本戦後史」と考えている景観は、「沖縄」を（不謹慎ないいかただが）挿入することによって、たちまち「本土戦後史」の実態をみせるに至る。[9]

なお、このように書けば、鹿野が自分のために新たな研究対象を領有した一方的な関係ととられるかもしれない。だが、この一九七七年の出会い以前に、沖縄の側で鹿野の歴史研究から直に学ぶという出会いがあった。新川明は、『資本主義形成期の秩序意識』を刊行直後に買い求め、鹿野の姿勢に感銘を受けるとともに、同書により色川大吉の『明治精神史』（黄河書房、一九六四年、この時点では初版か六八年刊行の増補版）の意義を知り、民衆（思想）史という方法を発見する。当時新川は、反復帰論に結実する反国家・同化批判の論理を鍛えるべく沖縄近代史の点検にふみ出し、一方で謝花昇や伊波普猷を日本復帰の歴史的先達とする見方を排し、他方で圧制に抗する拠点を沖縄の民衆史に見いだそうとしていた。そのための方法を探しあぐねていた新川にとり、鹿野や色川の歴史叙述は、「暗夜の海を航行していて見つけた灯台のごときもの」だった。してみると、本土の民衆思想史家と沖縄の反復帰論者との出会いは、一方的な研究対象の発見ではなく、状況に抗するための方法と拠点を希求する同時代人たちのさまざまな邂逅の絡まり合いとして実現した。沖縄と日本の断絶が否応なく焦点化される現在、このような側面を戦後思想史のうちに書き込むことは今後ますます必要となろう[10]。

二　『戦後沖縄の思想像』にみる戦後思想史の構想

以後、一九八〇年代にかけて、鹿野の著作活動のなかに沖縄の「戦後」が一気に前景化する。個別論文が続々と発表され、一九八七年、書き下ろしも含めて『戦後沖縄の思想像』（以下、『思想像』と略）にまとめられた。「沖縄の人びとのこだわるところへのわたくしなりのこだわり、というべきものを断続的に筆にしていった結果[11]」と謙遜するものの、今日に至るまで、これほど綿密な史料分析に裏づけられた沖縄の戦後思想史はない。全五〇〇頁にのぼる同書は鹿野の単著のなかでは二番目に大部な著作にあたり、収録された五論文それぞれが充実した雄編といえる。その構成は以下の通りである。

ⓐ「沖縄」と「琉球」のはざまで——戦後の出発（一九八四年成稿、一部を早稲田大学大学院の『文学研究科紀要』第三〇輯、一九八五年に発表するも、基本的に書き下ろし）
ⓑ「否《ノン》」の文学——『琉大文学』の航跡（『沖縄文化研究』第一二号、法政大学沖縄文化研究所、一九八六年初出）
ⓒ統治者の福音——『今日の琉球』とその周辺（一九七九年初出の二論文を再構成、注（8）も参照）
ⓓある渡航拒否——永積安明教授の場合（『沖縄文化研究』第八号、一九八一年初出）
ⓔ異化・同化・自立——大城立裕の文学と思想（一九八七年成稿・書き下ろし）

同書に表れた特徴について、従来の鹿野の方法意識や主題との対比で、大きく三つに括りだしてみよう。

第一は、これが鹿野にとり、「戦後」思想を初めて正面から対象にした歴史研究であることにかかわる。ここで「戦後」思想史は、まずもって占領をめぐる思想史として問い質された。この当時まで、「本土」の「戦後研究」は、長らく「戦後改革研究」として発想されてきた。米軍の関与をいかに見積もり評価するにせよ、現在の達成から過去が評価され、「戦後民主主義」が制度として埋め込まれた時代との理解が広く共有されていた。してみると、占領という事態が、人々の心の襞に、社会の深層に、どのような傷を刻みつけるのか、という観点での占領史研究は、むしろ「沖縄から始まった」といえる。[12]最初の沖縄訪問で実感した占領統治の「密度」に促されたそのような視座の転回は、『思想像』の論文ⓐⓒの独創的な占領思想史を生み出した。とりわけ論文ⓐは、米国の占領関係の史料、それも政策にかかわる覚書や軍の報告書など、一般には政治史・占領政策史で用いられる公文書等の一次史料から新聞史料までを丹念に渉猟し突き合わせ、米国中枢の沖縄統治構想から現地米軍の発想、そして圧倒的な暴力を前にした沖縄の人々の交渉のさままでを描き出している。通例、いわゆる講座ものなどで割り振られる「戦後思想史」ではおよそない視野の広がりで、「思想」とそれが現れる現場が対象化されている点は、沖縄史はおろか本土の占領史においても空前の試みであった。

また鹿野は六〇年代半ばに交換教員として米国に滞在して以来、在米の日本占領関係史料（接収された日本政府資料を含む）についていち早く調査・分析をしており、プランゲ文庫（GHQ民間検閲局が収集した占領下日本の新聞・雑誌等の膨大な検閲資料群。米国メリーランド大学図書館所蔵）への着目も先駆的である。そうした一連の調査がこの論考で一部実を結んだ。これは、自己の占領体験へとさかのぼる「戦後」像の再審につながると同時に、戦後「日本」思想史にとってのアメリカという存在について、鹿野が筆を及ぼした数少ない論考のひとつとなった。[13]

同時に着目したいのは、論文ⓐのように多様な主体の史料を組み合わせた場合、また論文ⓒのように雑誌媒体そのものを占領者の統治構想の表れとして読む場合に、言葉に対する鋭敏な感受性が遺憾なく発揮されていることである。右に見た史料はその多くが断片的なものであり、政策文書であれば無味乾燥で勝手な断言の連なりがほとんどである。しかし鹿野の史料に対する手つきは、そこから占領者たちの無自覚な尊大さや、被占領者の悲哀、屈折、韜晦、沈黙を読み取る。論文ⓒで、『今日の琉球』誌面に登場した沖縄の親米知識人の発言から、被占領者の制約のなかで主体性を発揮しようとして陥るジレンマや意識の屈折を抉り出すところにも、それは読み取れる。誌面分析を通じて、支配思想の構築における占領政治の力学に鋭く切り込むと同時に、沖縄の言論人や社会活動家がそこに取り込まれていく過程から、沖縄の内部矛盾はしかと凝視された。

第二に、まさに言葉にかかわって、「文学思想史」の論文が中核を占める点で、『思想像』は鹿野思想史学の方法的特徴が全面的に開花した様相を呈する。[14]文学表現を思想史の対象とする志向は、鹿野にとり、もとより年来のものだ。初期の夏目漱石への傾倒に始まり、『大正デモクラシーの底流――〝土俗〟的精神への回帰』（NHKブックス、一九七三年、①所収）における『大菩薩峠』論によって打ち立てられた、文学作品を民衆思想の発現として読解する方法の開発など、独擅場といってよい。もっとも、そうした関心と方法が論文ⓑⓔに結晶した背景には、別の要因も働く。近現代に被った歴史的経緯から、沖縄では「文学なくして思想史は成り立たないというほどの比重をもってきた」ためだ。そこでは、「思想は呻きの迸《ほとばし》りとして突き出されざるをえず、必然的に身体性を帯びることになった」[15]。思想が、文学を表出の器に選んだのだ。

近代沖縄の文学が「敗残者」の弱さや苦しみから主客未分離で、自己を突き放した観察や批評を包含できなかったのに対して、「沖縄戦や米軍支配というもっとも苛烈な体験が、「にが世」性を担いながらも、文学の質を変えた」。論文ⓑⓔの執筆は、鹿野にそれを確信させる。『琉大文学』は、沖縄の「現代文学」における「評論の誕生」を印象づけた。戦争を生き延びた青年たちの死の影を背負った詩歌で出発した同誌は、やがて抑圧状況とそれに屈従する旧来の社会に対する徹底的な拒否を露わにした。それがもっとも凝縮された表現が文学評論であった。「以来、評論活動は、沖縄の現代文学に不可欠の分野をかたちづくって、創作活動の提示するさまざまの「にが世」性の解読に力を発揮するとともに、しばしば通有の意味における文学を超えて、文化論を繰りひろげつつもある」[16]。

また大城立裕の文学は、大きな骨格の小説により沖縄社会の生態を解剖し、自分たちが被った歴史を哀話として嘆くのではなく、悲喜劇として造形する批評性を獲得した。その批評の刃は、ヤマトの暴力だけでなく、アジアに対する自らの加害性をも告発する度量と普遍性を有していた。鹿野は、大城本人から受けた格別の厚遇を存分に活かして、戦後沖縄の思想家論としてもっとも綿密かつ長大な論文（『思想像』の頁数の半分弱を占める）をしあげた。

ここでは、時代の相を典型的に映し出す媒体として文学作品を絵解きするような利用はされていない。沖縄のように言語環境から苦難にみまわれた地域では、文学者がすべからく思想家の相貌を備え、小説・評論・詩歌といったジャンルに分化する以前の思想が表現のなかに湛えられているとの確信が、鹿野をして『琉大文学』や大城文学の丹念な読解へと向かわせた。「大城の足跡を追いつつ、彼をとおして、戦後沖縄のトータルな思想像をはるかに眺めているとの手応えが、時折わたくしを満たした」との吐露は、そのような方法的自負の表れだろう[17]。

鹿野にとり、文学への着目が、思想を身体性の深みから把握するためのものであるならば、対象を〝文学〟に限る必要もない。実際にも、のちに「比較的になまの身体性から遠いとされる社会科学にあっても、沖縄では、あるいは沖縄を出自とするひとが沖縄を主題とする場合、概念の独り歩きの気配が少なく、〝情念〟が滲み出ていたり、身体性に寄り添ってきたような印象を受けます」と書いている。[18] 鹿野思想史学の方法意識がもっとも鋭敏に働いた結果、本書では「文学思想史」による既存の「思想史」の相対化がもっとも明瞭に実行されている。

第三に、論文ⓓに見いだされる〈沖縄／本土思想交流史〉とでもよぶべき領域の開拓がある。『思想像』でおよそもっとも目立たないこの論考は、しかし本書が「本土戦後史」の枠組みを克服する試みであることを考えれば、見逃すことはできない。「ある渡航拒否」とは、中世軍記物の研究などで五〇年代に国民文学論を担ったことでも知られる永積安明が、琉球大学に招聘されたにもかかわらず、米軍が沖縄への入域を当初拒否した事件を指す。鹿野は、この事件に象徴される米国占領の実態を衝くだけでなく、この拒否を撤回させようと努力し、招聘を実現させた琉大の教員・学生たちの運動や意識の有り様と、それに導かれて占領下沖縄への訪問を実現した永積の沖縄観の変化を、当事者への聞き取りや史料提供を活かして描いている。占領期の一挿話とされそうなこの「事件」を、鹿野は、事件によって偶然結び合わされた人々が、しかしその難儀によく立ち向かうことで互いを知り、互いを変えていく軌跡として、つまりは思想史の対象として捉え直した。「沖縄の戦後」が「本土の戦後」を問い質す位置にあったことを永積の沖縄論を通じて示すとともに、相互性によって互いを変え得た稔りの機会の意味を、一見些末な支配政策の濫用にかかわった人々の営為を犀利に読み解くことから開示していくのである。

名のある思想家たちの比較や交流ではなく、このような「相互主体性」（鶴見俊輔）によって新たに生まれる思想への着目は、個人に内属し、個人から湧出する思想の追跡を得意とする鹿野にしては珍しい試みである。それをなさしめたのは、永積の沖縄観の深まりに見られる自己克服の軌跡が、復帰前後から、鹿野にとり心動かされる示唆深いものと映っていたからだろう。その後、鹿野自身によっても、また沖縄史研究総体としても、必ずしも継承・発展されていない側面としてこの特徴にあえて言及するのは、後述するような沖縄戦後史と本土戦後史をまったく別のものと見なす捉え方とは異なる視点がここに宿されており、そこから学ぶことが今日こそ必要だと考えるからである。

以上の特徴により、『思想像』は、占領統治の力の内実の分析と、それに抗する人々の営為の両方を、思想史的に分析することをなしとげた。それにより、思想史という枠をふみこえて、（沖縄戦後史はもとより本土戦後史でも同様だが）政治史や運動史中心の戦後史叙述に対して、正面から異議を唱える作品にしあがった。

鹿野は、『思想像』を「書きおえて、沖縄の思想史について、二つのあらたな問題関心が起きつつある」と記し、「戦後沖縄思想史の全体を幾らかは見透しうるようになったかとの意識」と、「戦後思想の源流をたずねて、近代から近世へと遡りたいとの気持」とを表明している。[19] 九〇年代以降の沖縄をめぐる政治・思想状況の変化に向きあうことをなかば余儀なくされるなかで、鹿野は、この両方の企図を実現させていく。後者は、ほどなくして伊波普猷の評伝（前掲）として結実するが、前者の「見透し」はどのような展開を見せただろうか。

三　沖縄戦後史の通史叙述——復帰運動像を焦点として

『思想像』で鍛えられた方法意識は、一九九〇年代以降、より広がりのある通史的観点へと転轍していく。「周辺から沖縄」（歴史学研究会編『国民国家を問う』青木書店、一九九四年）、「沖縄の経験」（『歴史学研究』第七〇三号、一九九七年一〇月増刊、一九九七年度歴史学研究会大会全体会報告）等の論考により、「琉球処分」以来の思想の軌跡を見通し、それをもとに沖縄戦後思想史の本格的な通史叙述が展開された。本節では、戦後史の個別の論点にはふみこまず、通史的観点がどのように構成され、それにより鹿野に特有の沖縄戦後史像がいかに生み出されたかに絞って検討する。

九〇年代、歴史学界では国民国家批判がひとつの焦点となるなかで、沖縄の歴史的位置から国民国家日本を問う機会が増えた。鹿野もそのような求めに応じるなかで、次のような「見透し」を提示した。すなわち、沖縄の近代は、琉球処分に発する「最後尾」の県としての苦難ゆえに、喪失させられた自己を求める「自己回復の模索」の時代として、沖縄の現代＝戦後は、地上戦と継続する占領とに直面した経験ゆえに、奪われた「自己決定の追求」を重ねた時代として、それぞれ概括された。被動者の立場に据えおかれた点で近代と現代とが地続きであるがため、いずれにおいても〝奪われた自己〟の回復が思想表現の基調となった。ただ鹿野は、そこに単なる持続を見たのではない。戦争と占領による圧倒的な孤立感のなかで蓄えられた自立の志向が、「周辺」から国民国家の「中心」を撃つ役割にとどまらず、やがて「周辺」の観念自体を無化する力を獲得しつつあることに注目していた（以上は前段の九〇年代発表の二論文による）。

その後も、この見取図は鹿野の論考でさまざまに下敷きとされ、さらに充実した。その集大成ともいえる『沖縄の戦後思想を考える』では、「企業国家の自画像」としての「本土戦後史」とは別個の「沖縄戦後史」が打ち立てられ、戦後思想史「通史」の稀有な試みが果たされた[20]。その特徴を、ごくかいつまんで見渡してみよう。

第一に、一九七二年の「復帰」を境としてその前後をほぼ等しい分量で描くことで、「復帰」をまたぎ越して展開する思想の軌跡が初めて一望できるようになった。「「占領」という檻のなかで」（第一部）文学や運動の表現として鍛えられた思想あればこそ、「復帰」後の沖縄を襲った「「日本」という枠のなかで」（第二部）も、政治・社会運動の停滞期とされる時期にこそ、文化をめぐる自意識の再構築をバネに思想が深められていく過程が描かれる。

第二に、九〇年代の概括的著作ではふみこめなかった「沖縄戦」という主題に、地上戦の傷跡を抱えた人々の思想的営為として各時期の表現を読み取り、随時目配りすることで応えている[21]。その結果、先に見た沖縄近現代史を通観する見通しは維持しつつも、「沖縄の思想」の特質を、〈戦場後〉という条件下であるがゆえに深められた「戦後思想」であることに見る観点が、鹿野のなかでより深められた。

第三に、復帰運動に代表される社会運動のなかで生い育った言葉を、積極的に思想史の対象とする傾きが強まった。後述する阿波根昌鴻や安里清信はその典型だが、ほかにも大田昌秀、福地曠昭、山内徳信といった各時代のオピニオンリーダーを、状況診断や戦略の是非ではなく、状況に正対して民衆の権利思想を体現した点で位置づける叙述は新鮮である。また女性たちの表現についても、トートーメー（位牌）継承問題（一族内の男系のみが位牌と財産を相続できるとする沖縄の慣習に対して、女性たちが八〇年代に異議を唱え始めた問題）のように「占領という檻」が再編強化した家父長制の存在など、沖縄が内部に抱える問題を突き出した運動の言葉を意識的に多く取り上げている。

では本書全体の要となる鹿野の視点とはなんだろうか。目配りの行き届いた対象選択ゆえに、ひとつに絞ることは難しいが、あえて挙げれば復帰運動とその思想の評価にゆきつく。

復帰後、とりわけ一九九五年以降の米軍基地反対運動を決定的契機として、復帰運動に対する評価は暗転した。系列化に結果し、自己決定の権能を吸引されて挫折した運動への幻滅と決別が口々に語られた。他方で、復帰運動をもうひとつの同化論として剔抉した反復帰論が再評価される。復帰運動を中心的に担った学校教員（沖縄教職員会）によって、戦後の同化教育の最大の犠牲者となった団塊の世代の論客たちが、復帰運動批判の急先鋒となった。

ところが鹿野は、そのような批判にもかかわらず、否、大勢が批判に傾くからこそ、「復帰運動については、本当にこれから検討してゆかなければならない問題が、たくさん含まれている」と留保を求めた。占領下の沖縄の思想は、復帰運動を中心においてみることで、「それに対抗する諸思想を誘発した点を含めて」、初めて構造的に捉えることができるからだ。渾身の批判を受けるほどなお強く人々を縛るものならば、それと「諸思想」との関係を探ることが、いまにつながる復帰後の思想展開のダイナミズムを捉える鍵となるだろう。

「異民族支配からの脱却」という目標のわかりやすさにより、占領のなかで人心を糾合できた復帰運動は、しかし「民族主義的と一色化しうるものでは」ない。しかも、次々と降りかかる占領の暴力に対処するなかで、自治の思想、反戦の思想、人権の思想が成長し、批判の切っ先を米軍だけでなく日本にも突きつけていった。それらは「いずれも、沖縄でもっとも脅かされてきて、したがって深く希求されてきたというべき、生きるうえでの基礎条件をなす思想」であった。その結果、「祖国」への思慕に吸着されがちだった復帰論は、「日本国憲法のもとへの復帰論」、「即時無条件復帰論」へと発展し、日米両権力に一定の衝撃を与えて状況を動かすに至った。(22)

しかし、「自己決定の追求」へ向けた大いなる歩みは、権利主体としての「国民」を希求するがゆえに、もっとも強く「国民」＝日本人たらんとする衝動に拘束されもした。ここで沖縄の近現代は、新たな観点で概括される。主語を沖縄人（沖縄の人びと）とし、「国民」という言葉に照らすとき、琉球処分に始まる時期は、「沖縄の人びとが「国民」へと連行されていった時代」、それにたいして占領を基底条件とする戦後は、「沖縄の人びとがみずから「国民」であることを求めていった時代」とする構図です。それは、一つの落し穴へのめりこんでいった思想といえるかもしれません。とともに、そこに発揮された主体性・能動性ゆえに、自立への芽を内在させていたということができます。つまり倒立した自立思想とでもいうべきものでした。[23]

一見、復帰思想とは真逆に見える反復帰論や大城立裕の思想に見いだされる（とりわけ文化の面での）自立の思想、さらには大和世の重圧に耐えて復帰後も持続した平和運動や環境運動・女性運動も、復帰運動が生み出したこの「倒立した自立思想」の内部から、その矛盾を噛みしめるなかで成長した。のめりこみが導いた陥穽を痛切に受けとめ、克服しようとの営為ゆえに、復帰後の沖縄の歩みは「「国民」であることを対象化しはじめた時代」として位置づけられた。これにより、復帰の前と後が思想のダイナミックな展開として有機的につながった。

明晰な見通しのもとに位置づけられると、復帰運動が「批判者をも巻き込んで、いかに痛切な思索を促し、いかに巨大な渦となったか」が理解できる。「その意味で復帰運動は、それの切り捨てのうえにでなく、それを潜り抜けてのかなたに、沖縄の未来を想到できる（あるいは、それを抜きにしては想到できない）精神の体験として立っている」との確信を鹿野は表明する。[24] 明言はないものの、これは自己否定のために「切り捨て」を強く志向する現在の沖縄の思潮に対して、沖縄への思いゆえにした著者なりの批判的メッセージであるだろう。

こうして鹿野の沖縄戦後思想史は、復帰運動に対する評価を刷新しただけでなく、復帰をまたぎ越す沖縄の思想的営為の持続と転回の両方を、諸思想の連関の構造的理解によって可能にした。復帰運動を中核として、沖縄の戦後思想の構造と動態を捉え直すその「見透し」は、復帰運動の根にあった自立・解放の思想がどのような地下茎となって復帰後に開花し、さらに現在まで根を張り続けているかをはるかに遠望することで確信に至る。

以上の構想は、すでに一九九七年の歴研大会報告「沖縄の経験」（前掲）で提起されていたが、二〇一〇年のこの通史で豊かな叙述として体系化された。しかし、それを鹿野に促した状況は、沖縄にとりあまりに厳しいものだった。同書は、安保改定五〇年にあたる二〇一〇年現在、政権交代も虚しく、継続する日米安保体制に立ち向かう「沖縄の人びと」の倦まず弛まずの運動を指して、「「にが世」を克服し「あま世」をめざす動きは、そうした暴力主義的な「帝国」の観念の対極に、辺野古の海で始められている」と希望を託して終わっている。(25) けれどもその後、再度の交代で生まれた政権のいっそうの強権と対峙せざるをえない沖縄からの問いを受けて、鹿野はさらに沖縄の思想像、ひいては自己の思想史の方法的更新へと歩を進める。

四　アイデンティティから「いのちの思想」へ

沖縄戦後史の通史叙述が体系的な見通しを備え、個性の葉を茂らせた枝振りを太くしていく一方で、沖縄をめぐる鹿野の言葉が、口ごもるような躊躇を経ずには発せられない時期があった。一九九〇年代後半、沖縄の歴史が「近代日本のマイノリティ」の経験のひとつとして頻繁に言及されるようになった当時、非当事者＝マジョリティである自己の立ち位置からなにほどのことがいえるのか、との呻きのような自問自答が繰り返された。国民国家論による近代社会批判や文化研究が隆盛するなか、「当事者／非当事者」という位置が、研究の立場性（ポジショナリティ）との関係で鋭く問われ、時に本質主義的なまでに当事者の視点が重視される場合も見られた時期である。

だが同時に、そのような認識が普及した歴史的意義を重視しつつも、普及の実態が生みだす新たな危うさについて、鹿野は鋭敏に感知していた。反差別の運動が、マイノリティという言葉を「原語のまま通用させる原動力となった」

ことは、確かに「顕著な成果であった」。けれども「この言葉は、それを発することにいささかでも安住する心が萌《きざ》せば、「マイノリティ」の固定化として、あらたなバリア形成への可能性を絶えずはらんで」いた[26]。

前述のように、言葉に対するずば抜けた鋭敏さが、鹿野の思想史叙述を支えているが、それはとりわけ言葉の無自覚な（したがってごく日常的な）使用に反映された権力関係の作用について発揮される。「マイノリティ」が九〇年代の日本で広まった際、鹿野はこの言葉の使いづらさを指摘するかたちで、私たちの「安住」を衝いた。すなわち、ⓐ対象を「マイノリティ」と位置づけることで「特殊」の位置に固着させる罠に陥らないか、ⓑマイノリティを鏡とすることで自己を相対化する契機を得るという観察者の奢りや対象の手段化はないか、ⓒマイノリティと対象化することでそこに内包される諸矛盾や差異を消去して単一化して見ていないか、と[27]。これは民衆思想史の探索を通じて、差別の問題と当事者たちの生きづらさに眼を凝らしてきた人にしてなお続けられる、厳しい自己省察であった。とともに、かたちを整えつつあったマイノリティ史の研究に警鐘を鳴らすことで、そこに自身も含まれる研究の方法や視点を更新させる決意の表明でも、それはあっただろう。

この厳しい姿勢は、女性史研究が市民権を得る過程で広く指摘された「ゲットー化」に対する危惧と共通のものがある。そのような罠から逃れるべく、鹿野が選んだのは、マイノリティと括られがちな人々を「部門史」の枠から解放し、「存在の復権」を求めた思想的営為の相において（一般化ではなく）普遍化する道であった。鹿野は、近現代日本の思想家列伝を青少年向けに書き下ろした新書のなかで、「女性の思想」といった項目を立てず、あえて「存在の復権を求めて」という章に関連する人物を配したが、そこに伊波普猷らを盛り込んでいることに、〝解放〟の意図がよく現れている[28]。では沖縄が近現代に被った経験を部門史や特殊性から解き放ち、同時に普遍性に関する既成の認識を揺るがすような「存在の復権」を突き出す歴史像はいかに可能か。それはいま、鹿野にとり、「いのち」の尊厳を総体として訴える思想の可能性として形象化されようとしている。

鹿野がそのような関心を公にするのは、これが初めてではない。それどころか、一九六〇年代末の学生反乱や公害問題などに発する〝近代・文明への問い〟から、七〇年代の〝戦後意識の再検討〟や〝学問の立て替え・立て直し〟の希求を経て、八〇年代に深まってゆく人間論へと、後半期の鹿野の思想史研究は、それ自体、「存在の復権」を求めた苦闘ともいえる。だが八〇年代までは、そこに沖縄の経験が重ねられることは決して多くなかった[29]。

鹿野のなかで、「文学思想史」を中核とする沖縄戦後史の描き方が変わるのは、『思想史論集』完結前後の二〇〇〇年代後半からと見える。それは「日本」へと固着し閉塞するこの社会への深い絶望を契機とする。沖縄に対する国家の強権発動への怒りに加え、近年そこに、「沖縄をいけにえにしさえすれば、安全が担保されたと思い込む」日本社会への憤りが明言されるに至った。二〇一三年一月二七日、米軍の新型輸送機オスプレイの沖縄配備に反対する「建白書」を携えて東京に現れた沖縄の自治体首長たちを迎える集会に鹿野は参加した。「首相への直訴とともに、〝本土〟の人間に、基地に呻吟する沖縄の現況と、不退転の決意とを訴えようとする行動だったが、それを迎えるヤマトの表情は、そうじていえば、その日の寒風以上に冷たかった。それが日本の現在である」。そのためか、鹿野は近年、本土思想史と沖縄思想史とを別個のものと捉えるべき、とさえあえて発言している[30]。

しかし同時に、絶望の深さゆえに、「建白書」の文言に集約される沖縄の戦後思想に新たな価値、あるいはより深い次元として、「いのちの思想、より正確にはいのちへの加害を振り払う思想、を育んできた」位相を発見していく。鹿野は首長たちの「発言に耳を傾けつつ、いのちの思想を発酵させてきた二人の際立った人物、伊江島の阿波根昌鴻と屋慶名の安里清信を思い起さずにはいられなかった」。

そこでは、伊江島の土地闘争を中心で担った阿波根は、被占領下において、「土地を、軍によって奪われることへの抵抗者」として、そして金武湾闘争の思想的中心と目された安里清信は、復帰後において、「海を、資本によって奪われることへの抵抗者」として、鹿野のなかで新たな構図のもとに位置づけられることとなった[31]。

おそらく、ここに一人加えて、実際には三人が、近年の鹿野を惹きつけてやまない存在である。三人目は、いわゆるひめゆり学徒隊の引率教員として知られる仲宗根政善である。右の構図にならえば、引率しながら生き長らえた負い目を引きずりつつ、平和といのちを希求した教育者である仲宗根は、地上戦の後としての「戦後」において、人々（特に若者）を戦争によって奪われることに対する抵抗者として、九〇年代末以降の鹿野の沖縄論に頻繁に登場する。仲宗根が戦後営々と書き綴った日記体の随感録中に噴出する、戦争の記憶と占領への怒り、そして激することから遠いはずの仲宗根にあって国家への憤りが露わとなるところに、鹿野は眼を凝らす。沖縄では、「戦中〔沖縄戦〕と戦後〔米軍占領下〕にわたるそのような二重の経験が、追いつめられた地点から、さまざまな運動に「いのち」を軸とする思想を発酵させた」[32]（〔 〕内は引用者注記）。「沖縄戦にこだわり抜くかどうかが、文化の争点と化す情勢が生れている」現在、仲宗根の沈黙からほとばしる記憶の断片にこそ学ぼうとする鹿野の姿勢が垣間見える[33]。

九〇年代後半まで、これらの人物は主題として大きく扱われることはなかった。彼らへと引き絞られた焦点に、沖縄の戦後が育んだ思想の中核として、「いのち」の渇仰と凝視、そしてそれを阻もうとするものへの抵抗を見ようとするこの提言は、沖縄戦後思想史に関する鹿野の絶え間ない更新の現段階を示す。

このような構想は、戦後七〇年の節目に発表された阿波根昌鴻論でもっとも緊密な叙述として展開されている[34]。鹿野の人物論のなかでも出色であるとともに、そこに鹿野の民衆思想史の原像にして到達点を見る思いがする。

鹿野は、阿波根の闘い方から次のような八つの特徴を解きほぐすかたちで、彼が養った見識・判断力・行動力と、それが周囲に与えた効果まで描き込んでいく。ⓐ「人間」という観念を基盤に据えて軍に対する農民の対等性、さらには優位性すら説いて人々を鼓舞したこと。ⓑ米軍の強権にも一貫して「道理」を根拠に応酬したこと。ⓒ徹底して記録する姿勢により抵抗の足場を固めたこと。ⓓ全員代表制の体制をつくり貫いたこと。ⓔ離島ゆえに闘いが孤立せぬよう、沖縄内外に向けてしたたかさを秘めた大胆なアピールを続けたこと。ⓕ消費組合など暮らしを守る活動を闘争と組み合わせて取り組んだこと。ⓖ闘いと学習を連関させ、闘いを自己啓発の場とし、運動の継続をも図ったこと。ⓗ闘いのなかで生まれた文化の媒介者となったこと――これらを通じて、「生存権」の思想と、それを阻む米軍だけでなく日本政府の責任を問い、戦争反対を貫く主体が形成されていった。

これらの特徴は、系統的な学習でつくる思想から導き出されたのではなく、戦前の中南米への出稼ぎ体験と、一燈園に身を寄せた学びに始まる聖書・仏教書・哲学書からの独学にもとづいており、それらが「彼の体内をへめぐることを通じて、普遍性を帯びる「道理」として発出し、思想的核心をかたちづくった」[35]。そうして育まれた思想の表出は、いきおい闘いのなかの態度や姿勢といったものに凝縮して現れるが、鹿野は断片的な記録や彼に対する評価のなかから、思想を読み取ってゆく。とともに、阿波根が戦時下で示した戦争への献身、死へとふれがちな戦場下での心の傾きを見逃さず、戦後の痛恨のゆえに占領下の闘いへと反転する道を捉えている。

ではこのような「思想」の読み取り方から、鹿野の民衆思想史の最新の姿はいかにうかがえるだろうか。ひとつには、阿波根らの戦後沖縄の闘いの核心を、戦争や開発という近代の暴力に対する生存権思想の興隆に見ることで、民衆思想の根源を「いのちの思想」として捉える鹿野の方法的構えがさらに確かなものとなっている。読者は、鹿野が形象化した阿波根の姿に、六〇年代後半に鹿野の思想史が転回する契機ともなった田中正造の姿を重ねたくなるだろう[36]。その意味で、阿波根から鹿野が読み取る「思想」は、鹿野の民衆思想史の方法意識をより鮮明にし、「民衆」の内実を掘り下げる試みとなっている。

もうひとつ確認すべきは、阿波根に見いだされた「思想」は、確かに伊江島の民衆に根づく文化を養分として花開いた面があるとしても、鹿野はそれを一気に「沖縄の思想」としてまとめていないことである。むしろ伊江島の闘いが、首里や那覇に代表される沖縄を経由せずに世界性・普遍性を獲得しうることが、阿波根の海外体験やごった煮とも見える独学の様相から確認されている[37]。そこには、沖縄と日本の断層を強調することで、かえって沖縄内部の差異が見えにくくなることへの警鐘と併せて、「生存権」や「財産権」（土地の権利）などの近代的概念が、民衆の個々の経験によって捉え直され、鍛え直されて新たな意義を帯びることへの信頼が見てとれる。

おわりに――鹿野思想史にとっての「沖縄」、そして「近代」

以上、駆け足の概観であまりに粗雑な素描にとどまるが、それでも、鹿野思想史にとっての沖縄の意味として、次のような要素をつかまえることは許されるだろう。

第一に、沖縄は鹿野にとり、思想の生い育つ拠点として固有の「地域」を見いだしたほぼ唯一の場所であった。

第二に、「本土思想史」でしかなかった自己の思想史の枠組みを相対化し、組み替える支点となった。

第三に、「民衆」像を問い直し、アイデンティティ、マイノリティや当事者といった諸概念との緊張関係のなかで、自己の思想史における主体を測り直す試金石の位置を占めてきた。

第四に、一九七〇年代以降の〝近代の問い直し〟を、達成ゆえの問い直しではなく、その達成なるものが犠牲にしてきたものからの問い直しとして措定させる転轍の場となった。

第五に、個への執心からする国家・近代・文明の問い直しという、とりわけ七〇年代以降の鹿野思想史で深まる関心を、近代批判を内にはらむ〈未完のプロジェクト〉としての近代の潜勢力《ポテンシャル》にかけ、その観点から、「いのちの思想史」へと自己の思想史研究を批判的に組み替え、総括していく〈晩年のスタイル〉の起点となっている。

本土戦後史という枠組みの解体を促す「沖縄の戦後」の発見は、手慣れた自己の思想史分析を応用する場所ではなく、鹿野自身の思想の見方の根底的な組み替えを要請した。鹿野がそのよびかけによく応答したことは本論に見た通りだ。ただし、そのような変化の軌跡からは、人々の思いを「思想」としてつかみ出す側の主体性と、近代への向きあい方に関して、この歴史家が一貫させてきた線がむしろはっきりと浮かび上がる。

沖縄に着目し、沖縄の呻きを聴き取ろうとする鹿野の姿勢は、本土戦後史と沖縄戦後史との隔絶を悲嘆しつつも、沖縄と日本を〝切り離す〟こととは別個の志向性を示している。近年の阿波根論などからうかがえるのは、「本土思想史」と対立させて「沖縄の思想」を切り出すというよりも、「近代化ゆえに封じこめられていった存在の復権のために奮闘した人びと[38]」、つまりは近代が生み出す矛盾に対して人権や生存の課題としてそれらを直視し、立ち向かった人々が、地域や時代、民族の枠を越えて呼応し合うような、いわば思想史のネットワークの方向性である。そこで重要なのは、思想家として形象化した人物を並べれば自然と見えてくるような系譜ではなく、ネットワークとしてつなげようとする思想史家の主体性と構想力によって初めて作り出される連関（思想の星座）であろう。

その連関は、鹿野をとらえてやまなかった近代への問いと思考に、また新しい語り口を加えているように見える。秩序への違和感から出発したこの歴史家は、しかし秩序からの逸脱や逃走を羨望するだけでなく、近年になり、国家や社会が押しつける秩序を相対化したり、組み替えたりして別個の制度や秩序を構想する想像力にあらためて希望を見いだしている。最近作の論考中での人権や生存権という言葉の頻出は、一見すると近代主義的価値観への本卦還りのように映る。だがそれは、「人びとの思想」の根源にある「いのち」まで降り立ち、そこから近代と国家主権の暴力を撃つために組み替えられて浮上してきた主体の言葉である。鹿野が聴き取ったその言葉を聴き届けられる主体に、私たちは、はたしてなれるだろうか。

注

（1）第三巻「沖縄Ⅰ　占領下を生きる」、第四巻「沖縄Ⅱ　滅却に抗して」（いずれも二〇〇八年）。

（2）わずかに若林千代や屋嘉比収による考察が見られる程度である。若林千代「沖縄現代史の展望と方法をめぐって――国際関係研究における理解の一つの試み」『地域研究』第一号、沖縄大学地域研究所、二〇〇五年。屋嘉比収「沖縄を叙述する、ということ――『鹿野政直思想史論集』の沖縄関係著作第三巻と第四巻を読んで」『けーし風』第六〇号、二〇〇八年九月。

（3）新城郁夫「戦後沖縄文学覚え書き――『琉大文学』という試み」（同『沖縄文学という企て――葛藤する言語・身体・記憶』インパクト出版会、二〇〇三年）、村上陽子「沈黙へのまなざし――大城立裕「カクテル・パーティー」」（同『出来事の残響――原爆文学と沖縄文学』インパクト出版会、二〇一五年）などを参照。

(4)　以下も参照。鹿野・戸邉・我部聖「〈インタビュー〉沖縄の歴史意識の〝いま〟にむきあう」『けーし風』第六〇号、二〇〇八年九月、二六〜二八頁、鹿野・新川明・川満信一・松島朝義・冨山一郎・森宣雄・戸邉秀明「〈座談会〉歴史の自立をめぐって」森・冨山・戸邉編『あま世へ——沖縄戦後史の自立にむけて』法政大学出版局、二〇一七年、一八一〜一八四頁。

(5)　鹿野「F. Ifa のことなど」『新沖縄文学』第三八号、特集「琉球処分」一〇〇年、一九七八年五月、一六頁。しかもこの随想は、初の沖縄滞在後の作品である。

(6)　鹿野『近代日本の民間学』(岩波新書、一九八三年、①所収)中の「沖縄の凝視　伊波普猷」が最初のまとまった論究である。『日本の歴史27　大正デモクラシー』(小学館、一九七六年)では、「比嘉春潮の明治四三年」の一項(四五〜四七頁)を立てるが、伊波は比嘉の師とされて柳田国男らと並ぶ扱いは受けていない。

(7)　以下は鹿野『戦後沖縄の思想像』(朝日新聞社、一九八七年)の「あとがき」(四九五〜四九六頁)等による。

(8)　一九七九年発表の二論文、「在沖縄アメリカ軍の文化政策と『今日の琉球』の発刊」(『史観』第一〇〇冊、同年三月)、「『今日の琉球』をとおしてみた在沖縄アメリカ軍の文化政策」(『日本歴史』第三七五号、同年八月)は、再構成されて『戦後沖縄の思想像』第三章となった。

(9)　前掲『近代日本の民間学』(①三〇〇頁)。引用は伊波普猷に関する項目の冒頭部分にあたる。

(10)　以上、新川明「精神の挑発者——「色川大吉著作集」刊行によせて」『ちくま』第二九五号、一九九五年一〇月、四〜七頁。

(11)　前掲『戦後沖縄の思想像』四九六頁。

(12)　以上、鹿野「沖縄世と公文書館」同『化生する歴史学——自明性の解体のなかで』校倉書房、一九九八年、一三〇頁。なおそこで想定された研究は、主に一九七〇年代までの社会科学分野の戦後改革史研究であろうと思われる。他方で、思想の科学研究会による占領の共同研究や焼け跡闇市派の諸研究など、本土における民間学的な占領史研究を逸することはできない。

(13)　占領軍を含め、アメリカに取り組んだ鹿野の論考は、意外なほど少ない。また鹿野の一九六〇年代半ばの一年七ヶ月にわたるアメリカ体験の意味については、堀場清子『アメリカの裏窓』(潮出版社、一九六八年)などからうかがうよりほかない。

(14)　『思想史論集』に『思想像』を収めるに当たり、紙幅の制限から収録論考の選択を迫られた結果、論文ⓐを「I　キーストーンの刻印」と題して序論として置き、論文ⓑⓔを「II　憤怒と凝視」の題のもとに配した。これにより、鹿野の関心の所在がいっそう鮮明な書物になったともいえる。

(15)　鹿野『沖縄の戦後思想を考える』岩波書店、二〇一一年、三八頁。

(16)　以上、鹿野「『にが世』の文学」『岩波講座　日本文学史15　琉球文学・沖縄の文学』付録「月報7」、岩波書店、一九九六年、前

掲『化生する歴史学』所収、引用は一八〇・一八二〜一八三頁。
(17) 前掲『戦後沖縄の思想像』四九七頁。
(18) 前掲『沖縄の戦後思想を考える』三八頁。
(19) 前掲『戦後沖縄の思想像』四九七頁。
(20) 「企業国家の自画像」とは、鹿野が一九九〇年代半ばに構想していた戦後日本思想史で予定されていたタイトルであった（吉川弘文館の「歴史文化ライブラリー」シリーズ発行当初の刊行予定書目中にある）。企画は実現しなかったが、その視点は『日本の歴史9　日本の現代』（岩波ジュニア新書、二〇〇〇年）に一部引き継がれた。ただ同書の叙述は独立回復後から始まっているため、残念ながら本土占領期の叙述はない。
(21) 沖縄戦の実相を知れば知るほど、思想史として「戦場」を対象化することの難さが募ったことは、前掲「〈インタビュー〉沖縄の歴史意識の〝いま〟にむきあう」三四〜三九頁で吐露されている。
(22) 以上の二段落の引用は、『沖縄の戦後思想を考える』五〇〜五二・五六頁。
(23) 同前、五九頁。
(24) 同前、六〇・一〇九頁。
(25) 同前、二三七頁。引用中の「　」内は、その直前に引かれた伊波普猷の絶筆の言葉から採られている。
(26) 鹿野『近代社会と格闘した思想家たち』岩波ジュニア新書、二〇〇五年、一一五頁。
(27) 鹿野「沖縄の経験〈大会報告要旨〉」『歴史学研究』第六九七号、一九九七年五月、三七〜三八頁。
(28) 前掲『近代社会と格闘した思想家たち』一一五頁。同じ章では、伊波のほかに、知里真志保、松本治一郎、与謝野晶子、平塚らいてう、高群逸枝ら六名が取り上げられている。
(29) たとえば『「鳥島」は入っているか』では、一九六〇年代後半以降、「民権」から「人権」への日本社会の権利意識の深まりによって田中正造が遡及的に見いだされていくことを的確に指摘しているものの、沖縄については直近で起きた学校現場に対する日の丸・君が代の強制について批判的に言及する以上には深められていなかった。
(30) 鹿野「沖縄史の日本史からの自立――傷みの歴史から「あま世」の希望」前掲、森ほか編『あま世へ』所収、一三六〜一四五頁。もっともこの断言は、多分に「非沖縄人」が沖縄に向きあうための不退転の決意表明と推測される。また両者を切り離すことが、本土側のいっそう身勝手な対沖縄レイシズムの正当化にならぬかとの危惧も同時に表明している。
(31) 以上の三段落の引用は、鹿野「沖縄の要請行動の場に身を置いて」岩波書店編集部編『これからどうする――未来のつくり方』

岩波書店、二〇一三年、一六七～一六九頁。前掲「沖縄史の日本史からの自立」一三八～一四一頁も参照。

(32) 以上、鹿野「『ひめゆりの塔の記』を読む」、「戦争の影――「生命《いのち》」の時代に」、ともに『週刊朝日百科 日本の歴史〈新訂増補〉120「生命」の時代』朝日新聞社、二〇〇四年、引用は⑤四一三～四一四頁。

(33) 鹿野「沖縄をめぐる／に発する「文化」の状況」新崎盛暉・比嘉政夫・家中茂編『地域の自立 シマの力』下巻〈沖縄大学地域研究所叢書〉、コモンズ、二〇〇六年、引用は④三七八頁。

(34) 鹿野「阿波根昌鴻――「命どぅ宝」への闘い」テッサ・モーリス-スズキ編『ひとびとの精神史2 朝鮮の戦争――一九五〇年代』岩波書店、二〇一五年。また前掲「沖縄史の日本史からの自立」では、この三者に象徴される「いのちの思想」を、「「死の渦から」と「命どぅ宝」と「海を殺すな」が結びついたところに、辺野古以降の闘いが位置づけられる」と整理している（一四〇頁）。

(35) 同前、一一四頁。前掲『沖縄の戦後思想を考える』四三～四四頁における阿波根への言及も参照。

(36) 鹿野「田中正造――その人民国家の構想」（『展望』第一一四号、一九六八年六月、⑥所収）等の正造論を参照。

(37) 阿波根たちの闘いの強さを、農民の土着性や「前近代的共同体秩序」に求める解釈については、新崎盛暉もいち早く一九六〇年代半ばに批判している（新崎「占領下の伊江島――その苦難と闘いの歴史」『世界』第二二四号、一九六四年八月、同『未完の沖縄闘争――沖縄同時代史 別巻 一九六二～一九七二』凱風社、二〇〇五年、一〇一頁）。また近年の阿波根への着目の仕方については、拙稿「沖縄戦の記憶が今日によびかけるもの」（成田龍一・吉田裕編『記憶と認識の中のアジア・太平洋戦争――岩波講座アジア・太平洋戦争 戦後篇』岩波書店、二〇一五年）一八三～一八四頁でも言及した。

(38) 前掲『近代社会と格闘した思想家たち』一〇頁。

【付記】本稿は、科学研究費助成事業（学術研究助成基金助成金）・基盤研究（c）（一般）課題番号15K02870（研究代表者・戸邉秀明）を受けた研究成果の一部である。

あとがき

本書は、日本現代思想史研究会（以下、思想史研）参加者による共同研究にもとづく論文集である。思想史研は、少人数のサークルとして発足して以来、すでに三〇年以上継続しているが、一九九〇年代に入ってからは、通常の例会活動と並行して、何年かごとにテーマを設定して共同研究を組み、一定の成果を論文集や雑誌（年報）の特集のかたちで世に問うてきた。近年では、『年報日本現代史』第一八号・特集「戦後地域女性史再考」（現代史料出版、二〇一三年）、赤澤史朗・北河賢三・黒川みどり編著『戦後知識人と民衆観』（影書房、二〇一四年）を続けて刊行しているように、戦後の思想史・社会史・運動史が交叉する地点で探求を進めてきた。後者の「あとがき」でも述べているように、両書は、「以前から、知識人の思想と民衆意識・民衆思想の両者に関心を向け、また女性史にも取り組んできた」この研究会の軌跡をそのまま表現したものといえる。

そうした関心を持つ私たちにとり、鹿野政直という歴史家とその著作は、多くの示唆を与え続けてくれる重要な存在である。序説でも述べたように、思想史研参加者の鹿野との関係はさまざまであり、その評価にも多様な立場と方向性がある。とはいえ鹿野の研究は、日本近現代史の社会・文化・思想等のほとんどの領域にわたり、その根底には広く歴史学批判の構えが見られる。それゆえ、鹿野思想史の方法と思索にいったん正面から「向きあう」ことは、それぞれにとって避けがたい課題であった。そこで鹿野思想史そのものを次なる共同研究のテーマにしようと決まったのが、二〇一五年四月であったと記憶する。

鹿野思想史は、それを構成する著作が膨大なため、一人ではとても全貌が見渡せない。量的な意味で膨大である以上に、さまざまな分野を独自の視点で掘削してきたがゆえの裾野の広がりがあるからだ。したがって、多分野の研究者がゆるやかにつながる思想史研の集いのかたちは、鹿野思想史の読み解きを集団的に可能にする条件としてふさわしい面もあったように思う。実際の共同研究は、『思想史論集』の各巻を中核として、そこに至る研究の軌跡、そこからさらに伸びていく芽をできるだけ視野に収めつつ、鹿野の著作を読み込んでいく作業となった。二〇一五年六月より一七年一月にかけて、共同研究の参加者全一一人により一三本の報告を重ねた。同時に、例会の折に互いの研究の進捗を確認し、内容上の重複の調整をはかるなどして、昨年後半より各自本格的な執筆に入り、ようやくここまでこぎつけることができた。

もっとも、読み手としてではなく、書き手として取り組んでみると、その著作の懐の深さと持続する意志の確かさ、そして豊かな発想の全容は、今回のような共同研究でも、なおつかみがたいことを痛感する。共同研究の出発時点に想定していた主題、たとえば家永思想史と鹿野思想史との関係、鹿野思想史が育まれる条件としての早稲田大学の歴史学の系譜など、重要でありながら、取り組むことのできなかった主題も少なくない。また当初は、牧原憲夫さんにも、ご自身の民衆史研究、あるいは山代巴論の観点から、鹿野思想史に対する論評をお願いしたが、牧原さんは闘病の末、昨年七月、不帰の客となられた。実現すれば示唆深いものになったであろう両者の〝対話〟は、もはや私たちがそれぞれに思い描くしかないのは残念である。ここにあらためてご冥福をお祈りしたい。

なお本書では、『近代日本の民間学』に代表される民間学論、ならびに『高群逸枝』『戦前・「家」の思想』によって示される戦前期を対象とした女性史研究について、それぞれ担当する論考を予定していたが、いずれも執筆予定者の都合により成稿に至らなかった。そのため、本書は九人による計一一本の論考で構成することとなったものの、第六章では戦前期に関する鹿野女性史の展開についても遡及して検討してもらうなどして、『思想史論集』の各巻が私たちに投げかけた問題群について、おおよそはたどれるようになった。

もちろん、本書全体の構えや各論文の議論の当否については、それぞれの読者にご判断いただくよりほかないが、鹿野思想史のみならず、いわゆる民衆思想史研究を論じるに際して、いま必要と思われる観点のいくつかは提示できたかと思う。とりわけ歴史家たる彼らの著作に対して、一箇の〝作品〟として取り組む際に、どのように「読む」ことが可能か。この点について、戦後歴史学に関する従来のやや平板な説明には収まらない読み方が各論文でなされている。その意味では、本書は、いわゆる「史学史」には収斂しない〝歴史学の思想〟への向きあい方を示した試みともいえよう。なお今回、私たちは共同研究に際して、鹿野政直ご本人から聞き取りをすることをしなかった。検討しなかったわけではないが、それをもとにして書かねば、という意識でもなかったように思う。それはなによりも、鹿野が著した作品から私たちが触発される瞬間に現れる作用にこそ、まず眼を凝らすべきであるとの志向が、共同作業を通じて分け持たれたからではないか。詳細な事実関係を追究する史学史は、民衆思想史研究を含めた戦後日本の歴史学全体に対して、今後いっそう必要であることはいうまでもない。だが、歴史家の作品が抱懐する内実を徹底的に「読む」ためには、必ずしも史学史的関心に限らない読解の方法が試されてよいし、試されるべきであろう。本書の試みが、そうした機運へのきっかけともなれば幸いである。

思想史研の共同研究を初めて世に問うことができたのは、日本経済評論社からほぼ四半世紀前に出していただいた『文化とファシズム――戦時期日本における文化の光芒』（一九九三年）である。本書の出版を再び同社にお願いすることができたのは幸いであった。栗原哲也前社長は、歴史家の作品とその思想を論じるという、ある種メタレベルの地味な企画について、その意義を認められ、刊行を快く引き受けてくださった。また、柿﨑均現社長は、企画の進捗について常にご配慮くださり、折にふれ暖かい声をかけてくださった。実際の編集をご担当いただいた吉田桃子さんは、報告の場にも足を運んでくださり、執筆者・編者との煩雑なやりとりも的確にさばいてくださった。最終盤を中心に、新井由紀子さんにも随時編集のご支援をいただいた。私たちの執筆・編集が捗らないため、特にこの半年近くは心配のかけどおしであったが、ここまでこぎつけたのは、以上の方々をはじめとする同社のみなさまのおかげである。すべては、同社が堅持されている、批判的社会科学の継承・発展に関する深い理解の賜である。あらためて、心よりお礼を申し上げたい。

最後に、本書が対象とした鹿野政直の〝現在〟について、補足的にふれておきたい。鹿野は今日、ますます旺盛に著作と発言を続けている。ただしその旺盛さは、この社会が、「戦後」にまがりなりにも育て、あるいは守ってきた「いのち」を、国家権力が台なしにすることへの危機感、そしてそのような状況を等閑視し「いのち」を見殺しにしようとするこの社会そのものに対する危機感に発している。

その焦点が、沖縄、特に辺野古や高江で振るわれている国家の強権に絞られた結果、一昨年秋には、本土の沖縄現代史研究者四名の連名で声明（略称「戦後沖縄・歴史認識アピール」『世界』第八七七号、二〇一六年一月）を発表し、さらに昨秋には高江や辺野古で座り込みに参加するに至っている。また今春には、アピールに賛同して署名を集められた人びととともに、沖縄の現状を深く知るために、むしろいまこそ日米安保体制の内実を剔抉しようと「日米地位協定をよむ会」を開き、参加者の議論に耳を傾けている。並行して発表されている新聞・雑誌上の発言はさらに多い。今月も、沖縄で抵抗を続ける若い世代の思想家／文学研究者との対話が刊行されたばかりである（新城郁夫・鹿野政直『対談 沖縄を生きるということ』岩波現代全書）。

このようにして、日々自らを更新しながら、「人びと」の一人として、己の加害性に深く切っ先を突き立て、その貫いた先を私たちに示し続けている一人の歴史家の生き方から、なにを、どのように学びうるか。私たちはこれからも、鹿野思想史に触発され、その問いかけに応答を繰り返すなかから、それぞれの歴史への参加を模索していきたい。

二〇一七年六月

編者を代表して　戸邉秀明

執筆者紹介（執筆順）

小林瑞乃（こばやし みずの） 四

青山学院女子短期大学現代教養学科准教授。

主要業績：『中江兆民の国家構想――資本主義化と民衆・アジア』（明石書店、2008年）、「中江兆民――国家の「道義」をめぐって」（趙景達・原田敬一・村田雄二郎・安田常雄編『講座東アジアの知識人第1巻　文明と伝統社会』有志舎、2013年）

上田美和（うえだ みわ） 五

早稲田大学文学学術院非常勤講師。

主要業績：『自由主義は戦争を止められるのか――芦田均・清沢洌・石橋湛山』（吉川弘文館、2016年）、『石橋湛山論――言論と行動』（吉川弘文館、2012年）

和田　悠（わだ ゆう） 六

1976年生まれ。立教大学文学部准教授。

主要業績：「松下圭一――高度成長期の変革思想」（大井赤亥・大園誠・神子島健と共編『戦後思想の再審判――丸山眞男から柄谷行人まで』法律文化社、2015年）、「昭和史論争のなかの知識人――亀井勝一郎、松田道雄、遠山茂樹」（大門正克編『昭和史論争を問う――歴史を叙述することの可能性』日本経済評論社、2006年）

高岡裕之（たかおか ひろゆき） 七

1962年生まれ。関西学院大学文学部教授。

主要業績：『総力戦体制と「福祉国家」――戦時期日本の「社会改革」構想』（岩波書店、2011年）、「近現代日本の地域医療と岩手の医療保健運動」（大門正克・岡田知弘・河西英通・川内淳史と共編『「生存」の東北史――歴史から問う3·11』大月書店、2013年）

小沢節子（こざわ せつこ） 八

早稲田大学非常勤講師。

主要業績：『「原爆の図」――描かれた〈記憶〉、語られた〈絵画〉』（岩波書店、2002年）、『第五福竜丸から「3.11」後へ――被爆者　大石又七の旅路』（岩波書店、2011年）

編著者紹介

赤澤史朗（あかざわ しろう） 八

1948年生まれ。立命館大学名誉教授。
主要業績：『近代日本の思想動員と宗教統制』（校倉書房、1985年）、『靖国神社――「殉国」と「平和」をめぐる戦後史』（岩波書店、2017年）

北河賢三（きたがわ けんぞう） 一

1948年生まれ。早稲田大学教育・総合科学学術院教授。
主要業績：『戦後史のなかの生活記録運動――東北農村の青年・女性たち』（岩波書店、2014年）、『戦後知識人と民衆観』（赤澤史朗・黒川みどりと共編、影書房、2014年）

黒川みどり（くろかわ みどり） 序・三

静岡大学教授。
主要業績：『創られた「人種」――部落差別と人種主義《レイシズム》』（有志舎、2016年）、『描かれた被差別部落――映画の中の自画像と他者像』（岩波書店、2011年）

戸邉秀明（とべ ひであき） 二・一〇

1974年生まれ。東京経済大学経済学部准教授。
主要業績：『あま世へ――沖縄戦後史の自立に向けて』（森宣雄・冨山一郎と共編、法政大学出版局、2017年）、「マルクス主義と戦後日本史学」（『岩波講座日本歴史第22巻　歴史学の現在』岩波書店、2016年）

触発する歴史学——鹿野思想史と向きあう

2017年8月12日　第1刷発行　　定価（本体3900円＋税）

編著者　赤澤史朗
北河賢三
黒川みどり
戸邉秀明
発行者　柿﨑均

発行所　株式会社日本経済評論社
〒101-0051　東京都千代田区神田神保町3-2
電話03-3230-1661　FAX 03-3265-2993
URL：http://www.nikkeihyo.co.jp
組版・装幀＊閏月社／印刷＊文昇堂／製本＊誠製本

乱丁本・落丁本はお取替えいたします

Printed in Japan　ISBN 978-4-8188-2459-1